电网企业
培训师能力培养

DIANWANG QIYE
PEIXUNSHI NENGLI PEIYANG

国网宁夏电力有限公司培训中心　组编

内容提要

依据《国家电网有限公司师资管理办法》（国家电网企管〔2021〕70号）、《国家电网有限公司网络培训资源开发技术规范》（国家电网企管〔2021〕289号）等文件，并借鉴培训先进理论和技术，基于专职培训师能力素质模型，结合公司对专职培训师的要求、专职培训师自身的培训需求等，为专职培训师能力成长提供依据和指引。本书主要内容包括概述、学习理论、内容开发、教学设计、课程讲授、项目管理六章，核心内容包括成人学习理论、前沿学习技术、培养需求调研、课程内容开发、案例经验萃取、教学内容设计、课件内容制作、课堂表现技巧、课程引导技巧、技能培训授课、培训项目策划、培训项目管理等小节，全方位搭建培训师学习体系，帮助专职培训师标准化、规范化开展培训。

本书可作为电力企业内训师、专职培训师授课技能提升培训教材，也可作为培训行业从业人员参考书。

图书在版编目（CIP）数据

电网企业培训师能力培养 / 国网宁夏电力有限公司培训中心组编．— 北京：中国电力出版社，2023.8

ISBN 978-7-5198-7042-3

Ⅰ．①电…　Ⅱ．①国…　Ⅲ．①电力工业－工业企业管理－职工培训－能力培养
Ⅳ．① F407.616.15

中国国家版本馆 CIP 数据核字（2023）第 112350 号

出版发行：中国电力出版社
地　　址：北京市东城区北京站西街 19 号（邮政编码 100005）
网　　址：http://www.cepp.sgcc.com.cn
责任编辑：冯宁宁　（010-63412537）
责任校对：黄　蓓　郝军燕
装帧设计：王红柳
责任印制：吴　迪

印　　刷：三河市万龙印装有限公司
版　　次：2023 年 8 月第一版
印　　次：2023 年 8 月北京第一次印刷
开　　本：710 毫米 ×980 毫米　16 开本
印　　张：17
字　　数：268 千字
定　　价：70.00 元

电网企业培训师能力培养

编委会

组 编 单 位：国网宁夏电力有限公司培训中心

主　　　任：李朝祥

副　主　任：欧阳怀　贾黎明

成　　　员：谢正宁　吴培涛　王　成　闫敬东　田　蕾
李晴霞　韩世军　刘　洋

编写组组长：冯　洋

编写组副组长：侯　峰　白　莉

成　　　员：叶　赞　李真娣　余金花　毛燕荣　朱　静
杨　勇　杨　猛　赵一凡　徐　涛　李　丽
邢　雅　张馨月

前言

专职培训师作为内部智慧传授的坚实力量，在教育教学、课程研发、项目开发、专业授课等方面发挥着重要作用。为大力实施人才强企战略，培养和打造一批专业理论扎实、教学技能精湛的专职培训师，加快公司人才培养和人才梯队建设，提高专职培训师能力素质，进一步推动人才战略的全面展开和深入落地，本教材依据《国家电网有限公司师资管理办法》（国家电网企管〔2021〕70号）、《国家电网有限公司网络培训资源开发技术规范》（国家电网企管〔2021〕289号）等文件，并借鉴先进培训理论和技术，基于专职培训师能力素质模型，结合公司对专职培训师的要求、专职培训师自身的培训需求等，为专职培训师能力成长提供依据和指引。

出版本教材的目的，一是为各公司专职培训师提供培训方法理论指导及实用工具模板，帮助专职培训师在课程开发、教学设计、课程讲授、项目实施方面提升技能；二是助力培训组织单位提升培训实施的规范性，提高培训教学效益。

本教材是以场景化为导向的专职培训师教学技能提升工具书，聚焦专职培训师实际工作任务场景，从理论、方法、应用三个层面将培训教学理念与方法融入实际授课中。本教材共包括概述、学习理论、内容开发、教学设计、课程讲授、项目管理六大章节，核心内容包括成人学习理论、前沿学习技术、培养需求调研、课程内容开发、案例经验萃取、教学内容设计、课件内容制作、课堂表现技巧、课程引导技巧、技能培训授课、培训项目策划、培训项目管理等小节，全方位搭建培训师学习体系，帮助专职培训师标准化、规范化开展培训。本书可作为电力企业内训师、专职培训师授课技能提升培训教材，也可作为培训行业从业人员参考书。

本教材在策划编写过程中，限于作者水平加之时间紧张，难免存在遗漏、错误之处，敬请读者批评指正！

编　者

2023 年 2 月

目录

概 述

一、专职培训师的工作角色定位

（一）角色定位

专职培训师角色定位集培训教学、培训管理、专业研究三项职责于一体，即“T”型人才。T 是针对国家电网有限公司专职培训师工作职责分析而来，“丨”代表以纵深的专业研究工作为基础扎根，“一”代表左右横向开展培训教学和培训管理两项职能工作，同时“T”还代表“Teacher”。

在培训教学方面，包含课程开发、课件制作、课程讲授、教学设计、案例开发等内容；培训管理方面，包含培训需求调研、培训方案制定、人员组织协调、学习资源准备、班级管理、培训考核及评估、资料收集整理、实训室建设维护等内容；专业研究方面，包含本专业知识、专业技能、政策研究分析、前沿技术理论等内容。专职培训师角色定位见图 1-1。

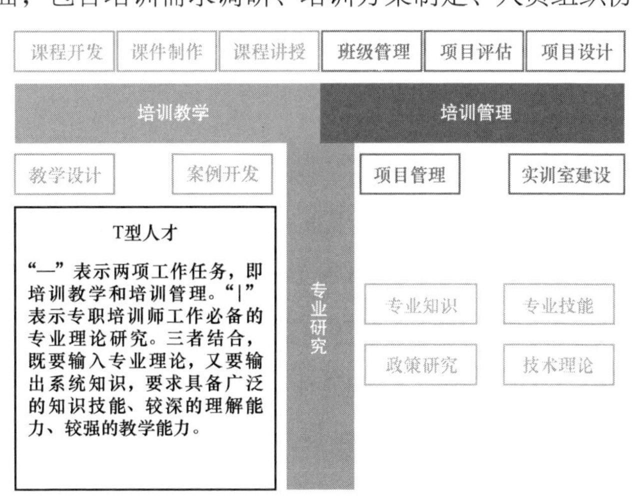

图 1-1 专职培训师角色定位

（二）不同阶段角色能力定位

专职培训师不同阶段角色定位见图 1-2。

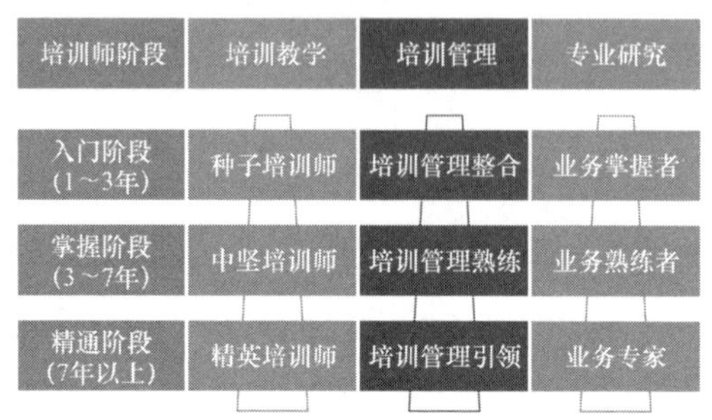

图 1-2　专职培训师不同阶段角色定位

依据专职培训师的职业生涯发展，将专职培训师的成长分成入门、掌握和精通三个阶段，入门阶段对应入职 1 ～ 3 年，重点工作在于专业理论学习与研究、培训班级管理、承担少量授课任务；掌握阶段对应入职 3 ～ 7 年，工作任务涵盖授课、班级管理、项目管理、实训设备等内容；精通阶段对应 7 年以上，工作重点为授课、大型项目的牵头，同时承担较少量的督导、教学质量管控任务。

根据不同阶段岗位角色进行定位，入门、掌握、精通阶段的专职培训师培训教学角色分别为种子培训师、中坚培训师、精英培训师；培训管理角色分别为培训管理整合、培训管理熟练、培训管理引领；专业研究角色分别为业务掌握者、业务熟练者和业务专家。

二、专职培训师的能力素质模型

（一）能力素质模型的概念

能力素质是知识、技能及职业素养的整合，与绩效有所关联。它是个体的一种潜在特质，它与一个人在工作中或某一情境中所表现出的与绩效关联的有效的或高绩效的行为有着明显的因果关联。简单的说，它可以预测一个人在一般的、常见的情境下和在一个持续的、特定的时期内的行为方式、思维方式。

能力素质模型是指为了达成组织整体绩效目标，针对特定工作岗位所需要具备的能力素质的总和。

根据常见的能力素质冰山模型（见图 1-3），可以将能力素质这座冰山分为海面以上的知识和技能，和海面以下的能力、行为倾向和个性特质与态度等。研究表明，海面以下的能力、行为倾向和个性特质与态度，提供长远成功的驱动力，与工作中的绩效有高度的因果关系。基于冰山模型建立的能力素质模型，使专职培训师能力素质模型更加科学化、规范化，后续形成的课程体系、培养方案也更加系统全面。

图 1-3 能力素质冰山模型

（二）专职培训师能力素质模型

依据国家电网有限公司文件要求，结合专职培训师岗位实际需求，并综合专职培训师不同年限能力素质，最终形成的专职培训师能力素质模型包含专业能力、岗位能力和综合能力三部分，见图 1-4。

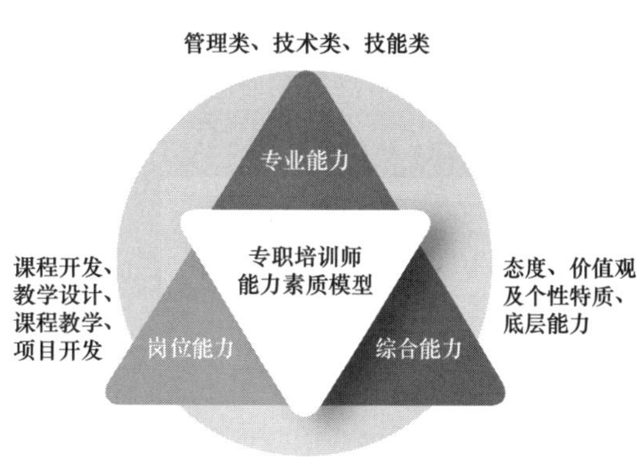

图 1-4 专职培训师能力素质模型

本教材主要聚焦岗位能力部分，着重讨论课程开发、教学设计、课程教学、项目开发四项能力，其中课程开发与教学设计容易混淆，课程开发指的是针对具体内容的开发，而教学设计聚焦互动教学设计。岗位能力的能力素质项具体见表 1-1。

表 1-1 专职培训师的能力素质项

序号	能力维度	能力素质项	能力素质定义
1	课程开发	成人理论	掌握教学基本原理，熟悉教学的组织形式和基本环节，掌握成人培训教学原则和方法
2		需求分析	充分调研，运用有效的学员需求分析方法、业务痛点分析方法，选择可训练的绩效问题作为课程主题和主体内容
3		内容开发	基于课程目标，开发课程结构，并利用课程开发的通用模型和基本技术，开发课程内容
4		案例开发	能够多渠道、多方式收集案例，有效捕捉典型案例，提炼知识技能点，开发出贴合学员实际工作需要的案例教学资源
5	课程教学	授课技巧	掌握课程内容，设计合理有效的教学活动，例如案例分析、角色扮演、视听练习、示范操作等，激发教学对象的练习热情和培训现场的学习氛围
6		管理教学（管理类）	紧扣管理场景实施教学，实现理论知识与实际场景有效衔接，培养学员在不同场景下的管理能力
7	课程教学	技术教学（技术类）	结合实际应用场景，运用多种教学活动开展技术技能理论与实践教学，将枯燥难懂的知识点转变成让学员易于接受的工作常识，提高解决实际工作问题的能力，拓宽技术视野
8		技能教学（技能类）	有效分解技能动作，为学员进行全方位、多角度演示，进行刻意训练和辅导。合理运用特殊情况应对技巧，处理挑战事件等（来自培训师、来自教学对象及其他特殊情况）
9		控场技巧	掌控讲授时间、讲授内容、现场反应等发挥培训师的主导作用，并合理处理突发情况及挑战事件等（来自教学对象及其他特殊情况）

续表

序号	能力维度	能力素质项	能力素质定义
10	教学设计	互动教学设计	基于常见的教学技巧，依据成人学习理论，学习进阶版互动教学设计活动，能够创新设计贴合课程内容的教学活动
11		引导技术	通过学习世界咖啡、团队引导等多种引导技术，对教学内容进行创新教学设计，提高学员收获感
12		课件制作	课件 PPT 制作美观大方，符合教学设计，并适当配有图表、多媒体工具等
13	项目开发	项目策划	根据培训需求，开发切合实际的培训体系、计划，编制培训方案
14		培训项目管理	有效管控培训项目实施及评估，包含一类项目管理，二三类项目管理，针对特定培训项目选择适用的评估层级及评估方法，正确开展培训项目评估，保障项目实施成果
15		实训室维护（技能类）	掌控实训室设备和工器具的真实状态，并进行有效维护和升级

如何让课程受欢迎——学习理论篇

第一节　以终为始：成人学习理论

一、学习目标

1. 知识目标

（1）能够简述成人学习原则和成人教育理论。

（2）能够正确阐述电网企业成人教育特点。

2. 技能目标

能够结合成人学习特点进行课程开发、教学设计与授课，提高学员学习兴趣和培训成效。

3. 态度目标

认可成人学习理论在企业培训中的重要性。

二、学习内容

与传统的学校教育相比，企业培训的对象更多的是成人，这就要求我们在培训前，充分了解成人的学习原则，掌握成人的学习特点，才能让学员愿意学、主动学，并将学习成果运用到实际工作中，从而最大限度发挥出培训的价值。

（一）成人学习原则

成人学习是在复杂的生活经历中进行的，有自我感念和学习的愿望，因而能自我发展，而且，也有以解决问题为主的时间观念。作为培训师，只有了解成人的学习规律和原则，才能帮助学员更好地完成学习过程，Malcolm Knowles在西方被称为成人学习理论的始祖，他提出了成人学习六原则，见图2-1。

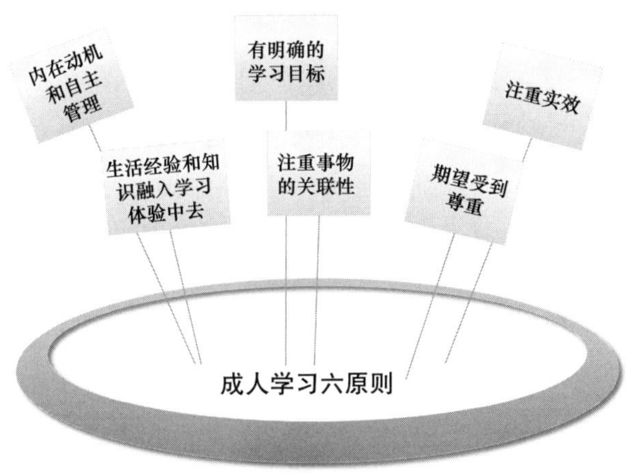

图2-1 成人学习六原则

1. 成人有内在动机和自主管理能力

教育者在学习活动中，从多讲转向少讲、责任少转向责任多、直接指导多转向直接指导少，多与学生接触，鼓励提问和探讨概念。对学生的想法和观点感兴趣，主动和仔细倾听学生提出的任何问题，并给学生提供具有建设性和具体的反馈。同时还要鼓励学生使用各类资源，如图书馆、期刊、网络等，给他们布置那些能反映出兴趣的项目和任务。最后，还要与学生一起回顾目标并确认完成情况。

2. 成人将生活经验和知识融入学习体验中去

成人希望在学习中能有机会运用已有的知识和经验，并将它们应用到新的学习体验中去，因此教育者要帮助学生在解决问题、反思和应用逻辑分析过程中借鉴这些经验，并为学生创造更多的让他们进行反思性学习的机会，以利于学生有效地学习。

3. 成人有明确的学习目标

为了更好地应对现实生活中遇到的任务和问题，当成人学生体会到一种学习的需要的时候，便准备好开始学习了。一个教育工作者的角色在于帮助学生准备好为了解决问题而学习，并增强学生对于需要知识和技能的意识。因此，在教学中，可以提供一些真实的案例分析，这也是成人学习理论的基础。

4. 成人注重事物的关联性

成人学习者想要了解他们正在学的和他们想要实现的学习目标之间的距离，也想了解为什么他们要学习。因此，在教学中可以请学生反思，如：在体验前他们想要学习什么、学习后学到了什么、他们又将如何将其所学应用到今后的学习中去、如何用他们所学到的去帮助他们实现学习目标。提供不同的学习方法，这样更有可能使学习反映出学生的兴趣所在。

5. 成人注重实效

通过实践经验和回顾真实的生活场景，学生们从课堂和课本模式转向解决实际问题，这样学生们能直接认识到他们所学的是如何应用到实际生活和工作中去。因此，要鼓励学生积极参与，让学生更多的尝试，而不仅限于观察。为他们提供实践机会，让他们得到技能、信心和能力的提高。

6. 成人学习者期望受到尊重

期望得到他人的尊重是人的一种基本需要，教育者必须要尊重学生，要认同他们的经验，多鼓励他们随时发表观点、推理和反馈，并和学生建立和谐的师生关系。

（二）成人教育理论

基于成人的学习心理与学习特点，形成了不同的学习理论，这些理论从不同角度研究成人教育规律，为培训开发与教学提供理论指导。其中最具有代表性的是行为主义、认知主义、人本主义、社会学习与建构主义。

1. 行为主义

美国心理学家博尔赫斯・弗雷德里克・斯金纳是行为学习理论的创始人。

行为主义把学习定义为行为上的变化，其研究重点是外显行为，即针对环境刺激而产生的可测量的反应。培训师的作用就是在学习环境中安排可能出现的刺激并强化，这样预期的行为就能发生。

行为主义学习理论可以用来指导培训教学工作。在学习过程中，给予学员一定的教学信息即刺激后，观察学员的反应，通过适当的教学手段强化学习的效果。例如，培训师可以在教学中设计互动环节，让学员更多展现出学习反应；在教学中采用积分、小奖品等奖励方式，强化学员学习过程中的良好表现，达到更好的教学效果。

2. 认知主义

美国教育心理学家、认知心理学家杰罗姆·布鲁纳是认知主义的杰出代表。与行为主义形成对照，持认知主义观点的研究者重视的是个体的内部心理过程而不是外显行为。认知主义者感兴趣的是人的头脑如何理解环境产生的刺激，即信息是如何加工、存储和提取的。

认知主义认为，外界的刺激是否引起学习者的注意或被加工，主要取决于学习者内部的心理结构。个体在以各种方式进行学习的过程中，总是在不断地修正自己的内部结构。因此，教学设计要符合认知过程。例如，在课程开始前，培训师经常会让学员思考并回答“你对今天课程的期望是什么”，这样的问题可以引发学员思考与课程有关的知识，建立学习目标，带着问题进入学习，激发学习兴趣；在学习过程中，培训师应该设计大家普遍认知的错误观点，引起认知冲突，从而引发学员的高水平思维。

3. 人本主义

人本主义学习理论建立在人本主义心理学的基础之上，对人本主义学习理论产生深远影响的心理学家分别是美国心理学家马斯洛和罗杰斯。人本主义理论的核心是以学习者为中心。人本主义强调人的本性、人的潜能、人的情绪和情感。人本主义理论家确信，学习不仅与认知过程和外显行为相关，学习也是动机发挥作用的结果，而且还与选择和责任直接相关。教学的目的是帮助学习者激发自己的学习动机，充分发展自我潜能和积极向上的自我概念、价值观和态度体系。

人本主义提倡对知识的灵活理解而不是消极地被动接受，倡导由学习者自我评价学习过程和结果。人本主义在教学设计中也有很多体现。例如，在做培训需求调查分析时，企业培训师不仅要关注组织需求，也要关注学员需求，了解学员教育背景、工作背景、知识技能等基本情况，让教学更具针对性；在教学互动中，培训师要注意自己的语言和肢体语言，让学员感到被尊重、被接纳。

4. 社会学习

社会学习理论是由美国心理学家阿尔伯特·班杜拉提出的。社会学习理论与前三种理论的视角不同，它强调学习发生的社会场景，重视人的行为和环境的相互作用。从这种视角来看，学习是通过观察自身所处环境中他人的行为而发生的，而且学习是人、环境、行为三者相互作用的产物。相同环境下产生不同的行为，可以运用特殊的人格特征与环境刺激所发生的独特的相互作用来解释。

社会学习理论对成人学习的贡献在于它强调了社会情境的重要性，并解释了榜样模仿和导师辅导的过程。现代成人教育倡导的社群学习以及学习型组织建设就是社会学习理论的体现。

5. 建构主义

建构主义的最早提出者可追溯至瑞士心理学家皮亚杰。建构主义的基本观点是，学习者是从经验中建构自身知识的，学习被看作知识建构的过程，教学的作用是帮助学习者对学习内容理解并建构意义。

基于这样的观点，建构主义更多地强调以发现为导向，而不是以说明告知为导向，学习环境中的情景必须有利于对所学内容的意义建构，学习者之间的协作和交流是达到意义建构的重要手段。建构主义理论在教学实践中有很多具体的体现。例如，在教学设计中，经常使用到模拟演练、小组研讨等方式，引导学员探索问题的解决方案，合作完成任务，以此达到让学员自己完成认知重构的目的。

（三）电网企业成人教育

1. 电网企业成人教育特点

在电网企业的成人教育中，不仅需要遵循成人学习原则及成人教育规则，还应因地制宜，关注电网企业自身的特点。

（1）对接公司战略。培训是企业的一种重要投资行为，是为满足公司战略发展和生产经营对人力资源的需要，为满足员工高水平完成本职工作对知识、技能、态度、经验的需求，为产生高绩效而采取的组织行为。因此，电网企业培训的内容需要与公司内外环境变化密切相关，紧密连接组织绩效；培训的结果需要重视工作实践转化，以提高企业员工的知识技能、能力素质、工作绩效为目标。

（2）学习形式多样。近年来，终身学习的理念对组织和个人的影响越来越深入，无边界企业大学建设为企业培训的显著发展趋势。科技的发展与培训技术的进步，进一步催生学习形式的多样化。电网企业成人教育的形式与时俱进，在广泛借鉴、融合的同时，也在突显着鲜明的行业特色。

1）仿真实训。电网企业教育培训面向企业全员，其中一线员工占比最高，针对一线员工，现场实操技能是工作中的基本能力。重视实操能力训练是电网企业培训的传统，仿真实训在电网企业培训中占有重要地位。以持证上岗促进业务培训，以职业技能竞赛促进岗位成才，围绕岗位职责，采取课堂面授、双向交流、实操演练、参观考察等方式开展培训，着力提升一线技能人员的岗位胜任能力。

2）在线学习。电网企业将在线学习作为集中培训的补充，利用网络大学实施跨地域、立体化、全方位的在线教学，开发共享渠道、共享平台和共享机制，最大程度地集成各类信息员，满足员工在任意时间和地点实现学习新知、提升技能的需要。在线学习成为解决工学矛盾、节约培训成本、提高培训效率的重要手段。借助通信技术，以交流协作的方式实施教学，在移动教学的方式下，员工可以在任何时间、任何地点，利用移动设备进行任何内容的学习，使教学脱离固定场地。

3）在岗实践。倡导岗位成才在电力企业有悠久的传统和良好的实践，师徒制是应用范围最广泛的在岗实践方式。由于生产经营的压力，电力员工尤其是新员工的技能成长大部分还是在实际业务操作中完成的，发挥传帮带的作用，为关键岗位中的新员工指定一名导师，可通过导师与学员签订《师带徒培训协议》的方式形成一种契约。在培训过程中，导师对学员的工作进行一对一指导与讲解，通过一对一或一对多的模式完成经验的传承。

2. 电网企业培训实施策略

电网企业员工的教育培训工作，经历了强调以发展个人技术与态度为主的传统理论培训和以注重个人与他人之间关系的行为科学理论培训阶段，当前培训实施策略主要体现在以下三点。

（1）培训人员的全员参与性。培训的对象包含企业全体人员，通过全员性培训，极大提高企业员工的整体素质和水平，有效推动电网企业正常发展，全员培训是提高电网企业整体素质的重要一环，是推进技术革新与技术创新不可或缺的重要组成部分，是企业走向兴旺发达的绝对元素。

（2）培训工作具有较强适用性。电网企业的培训主要是针对企业中存在的问题进行培训，因此在培训前需要制订切实可行的培训方案，培训过程中要有针对性，要解决工作中的实际问题。对于正在开展的新型技术与设备控制技术，需要充分利用“全仿真”培训，让每一位参培人员能够在将来的工作中解决实际问题。针对问题进行培训，有利于工作的整体推进，有利于员工素质再上新台阶。

（3）电网企业培训具有多面性。根据对成人教育学习的分析，电力培训的过程中要学会从课堂延伸到现场操作，让现场操作人员在培训过程中提出他们的困惑。在培训时，既要有理论学习，又要有现场实践；既要有师傅带徒弟的现场学习，又要有“订单式”的合同培训。

三、应用案例

案例：党史沙盘课程开发及应用

党史是必修课。“历史是最好的教科书。学习党史、国史，是坚持和发展中

国特色社会主义、把党和国家各项事业继续推向前进的必修课。这门功课不仅必修，而且必须修好。”

传统的党课不好玩、不好记、不好用，排排坐，不新颖，得不到党员们的认同。所以为了提高党员的党性修养，温故历史、分析史实、践行工作，使学习过程和学习结果双收益，达到课程收益“金字塔”。

党史情景沙盘是一门全情景课程，以“你”为角色，还原一个热血青年从1921—1949年中经历的5个阶段19个重要历史情景，最后成长为我党高级将领的过程，回顾我党28年的重要发展历史。党史情景沙盘课程见图2-2。

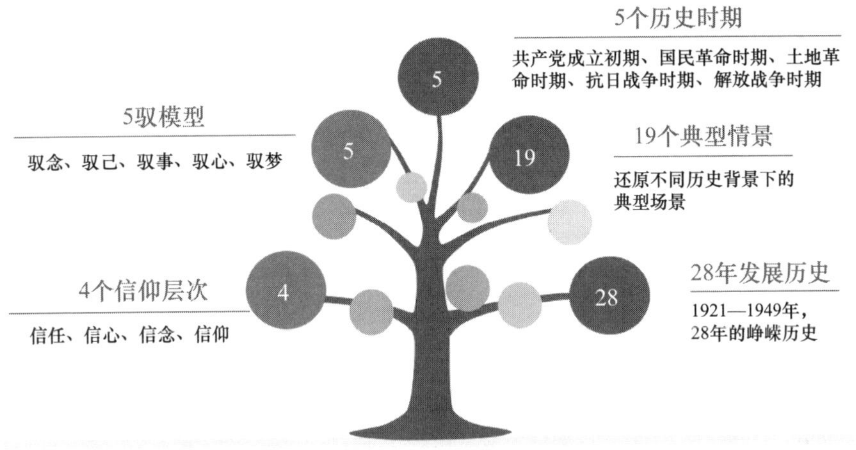

图2-2　党史情景沙盘课程

此课程充分遵循成人教育的规律，紧扣成人学习的特点，主要体现在以下几个方面：

（1）采用全情景沙盘教学，19个典型场景还原我党从诞生到成熟，从弱小到壮大的每一个关键节点面临的冲突和挑战，从1921—1949年，28年的艰苦卓绝在情景中得到淋漓尽致的体现。

（2）课程基于建构主义的教学设计，关注学员情景带入和思想碰撞，讲师不讲大道理，在战争中学习战争，在学习中升华党性。

（3）跌宕起伏的历史事件再现，别具一格的历史角度还原，火花四溅的党史思想碰撞，润物无声的教学内容转化。让学员“学起来有意思，用起来更高效”。

该课程是一次很好的培训技术与教学方法的创新，课程遵循成人教育规律，通过讲授、情景演练、小组 PK 等多种教学方法综合应用，具有较高的创新性。

第二节　知己知彼：前沿学习技术

一、学习目标

1. 知识目标

（1）能够阐述 5 种前沿学习技术的定义和主要内容。

（2）能够理解并掌握学习方式匹配模型。

2. 技能目标

能够根据学习方式匹配模型，选择合适的学习技术。

3. 态度目标

认可前沿学习技术的重要性及价值。

二、学习内容

优秀的培训项目不应该只采用单一的集中培训方式，而是混合式的培训方式，才能帮助学员解决从“知”到“行”的鸿沟，帮助学员更好地转化和应用，达到最佳的学习效果。因此，了解前沿的学习技术对于专职培训师的能力提升至关重要。

（一）常见学习技术

1. 翻转课堂

（1）翻转课堂的定义。翻转课堂是一种颠覆传统的新型学习模式，将学习的决定权从培训师转移给学员，在这种教学模式下，学员自主规划学习内容、学习节奏、学习风格，培训师则采用不同的辅导方式来满足学生的需要和促成他们的个性化学习，最终实现学员线上轻松学知识，线下体验促行动，教与学翻转，知与行合一。

（2）翻转课堂的特点。区别于传统的培训课程，翻转课堂有三大特点：

1）时间更短。传统培训一般要 2 ～ 4 天，翻转课堂线下集中的时间一般为半天。

2）效率更高。翻转课堂充分利用业务时间和碎片时间进行线上课程预习与测试。

3）转化率更高。因工学矛盾等现状，翻转课堂可以用于线下结构化研讨、体验、连接知识与实践、触发未来行动，知行合一的转化率大幅提高。

（3）翻转课堂的要素。翻转课堂的四要素可以总结为 PECA 皮卡模型（见图 2-3），P 代表结构化知识（Programmed Knowledge），E 代表体验（Experience）、C 连接（Connecting）、A 行动（Action）。

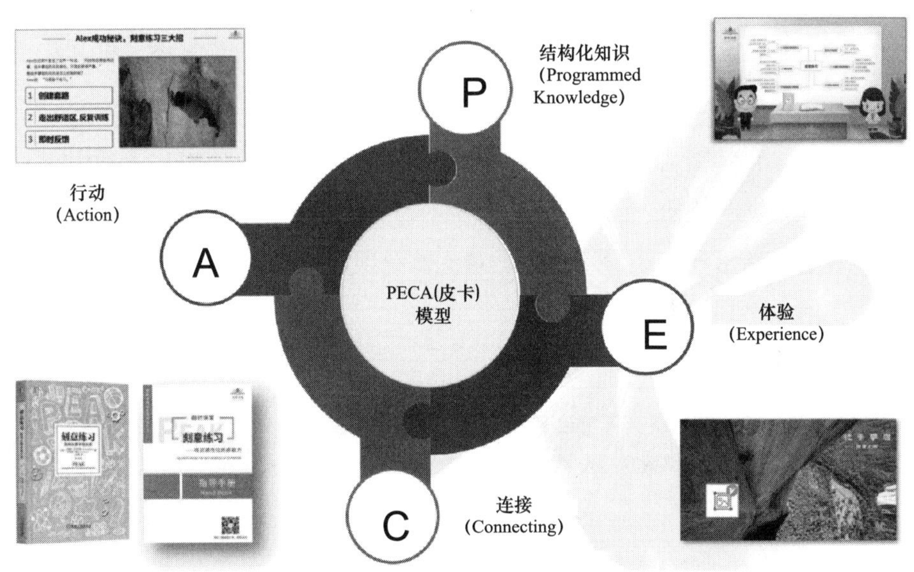

图 2-3　翻转课堂 PECA 皮卡模型

2. 行动学习

（1）行动学习的定义。行动学习（Action Learning），是英国管理思想家雷格·瑞文斯（Reginald Revans）开创的一种解决实际问题的方法。行动学习是组织学习的承载方式之一，人们组成团队来解决真实的、重要的难题或挑战，并在过程中实现个人、团队和组织的能力提升。从行动学习的定义中，可以提炼出两大目标，即能力提升和业务发展，也就是“边学边做边反思，能力业务齐发展”。

（2）行动学习的要素。完整的行动学习具有五大要素。

要素一：挑战。行动学习研究的是真实的、重要的且团队有权限的课题（团队无权限的课题则无法实践，无法实践便不能闭环，最后只能成为理论研究，这会大大削弱行动学习的威力）。这个课题可以是某个挑战，也可以是一个难题，或者一项任务。

要素二：团队。围绕着真实的课题，相关人员组成团队，紧密协作。团队成员一般以 6 ~ 8 人为宜。人数太少，多元性不足；人数太多，研讨效率难以保证。

要素三：行动。解决方案需要落实到行动计划上，并在真实工作场景中进行实践检验，并持续迭代和推进。

要素四：反思。在行动学习过程中，要综合运用倾听、复述、提问和反馈等方式，进行质疑和反思，进而促进团队成长，催生更好的解决方案。

要素五：行动学习专家。行动学习专家负责规划整个项目、主导研讨过程及为课题推进提供帮助。

（3）翻转课堂与行动学习对比。对比传统课堂（集中培训）、翻转课堂及行动学习，形成表 2-1。

表 2-1　成人学习六原则

项目	传统课堂	翻转课堂	行动学习
主导者	培训师：知识 / 技能传授者	教练：学习引导者、促进者	促动师：引导专家、团队教练
学员	被动接受者	主动体验者	问题解决者
教学形式	课堂讲解	线上课前学习 + 线下课堂研讨	结构化研讨
课程内容	知识性内容为主	结构化知识 + 体验 + 连接 + 行动	结构化研讨流程
学与动占比	讲授 70%，互动 30%	讲授 30%，体验和研讨 70%	讲授 10%，结构化研讨 90%

3. 数字化学习

（1）数字化学习的定义。数字化学习狭义上是指依托数字和多媒体信息技术的网络学习，通常指学员通过网络技术进行学习的模式，最早称为网络学习或 E-learning。从广义上来说，数字化学习与传统学习最大的区别在于是不是发生在工作场域中，也就是说其是由数字信息和网络技术支持的工作场域中的学习。这里的工作场域，并不一定指学习发生的地方，可以是学习发生的地点、学习需求或内容来源。

（2）企业数字化学习的特征。数字化学习应用于企业中，使得企业数字化学习具备五个特征，分别是精准高效、即时便捷、高覆盖度、智能化和社会化。

1）精准高效。应用场景化学习技术，准确识别或匹配学员工作场景中的需求或问题，快速给予支持，达成高效益学习。场景化是指匹配工作对应场景的学习，比如一线营销人员在使用 AI 智能陪练时，系统能自动识别营销人员在特定场景下的话术或操作错误，即刻反馈，并带动营销人员修正与练习，固化为当前场景下的必备技能。

2）即时便捷。数字化学习对学习者的需求给出迅速反应。比如学员通过数字化手段即可快速获取知识信息或者专家反馈，通过手机或其他移动设备能快速看到，不受时间和地点的限制。

3）高覆盖度。数字化学习能够突破面授学习对于人数和场地的限制，使得学习内容或学习过程能一次性覆盖更多目标受众。

4）智能化。通过学习数据分析，自动匹配适应学习者的个性化需求，并提供最佳学习内容和策略。

5）社会化。学习者、工作群组之间通过网络实现随时随地交流互动，共享信息，达成合作，从而推动更多人参与学习过程。

数字化学习并不等于在线学习，数字化学习对数据和智能化的要求更高，随着数字化学习技术的不断发展和实践，行业专家对数字化学习在企业里的应用有了更精准的定义。在电网企业中，用数字化技术重塑以学员为中心的学习体验，以数据驱动学习设计和运营，是最大程度上提升学习效率和效果的一种全新学习模式。

4. 在岗训练

（1）在岗训练的定义。在岗训练是指在工作岗位中，在有上级领导或师傅的指导下，一对一有计划地培养学员特定工作技能的训练过程。在电网企业指的是师带徒的形式，师带徒不仅仅是传承技能、经验的有效方式，还是传承企业文化的一种有效形式。在岗训练的教学方式需要具备四种特征，一是在工作岗位上进行的，二是在上级领导或师傅的指导下进行，三是按计划逐步推进，四是针对性强，培养学员特定的工作技能。

（2）在岗训练的操作流程。在岗训练是让人快速记住操作流程、工作方法的教学方式。其按照培训师操作示范讲解、学员实际操作演练、师生总结讨论、学员再次操作的步骤进行教学。

第一步：培训师操作示范讲解。培训师对辅导内容进行操作示范，并讲解操作要点及理由。在讲解过程中可以使用“教学三句话”加深学员的理解：第一句话“我将讲解操作步骤及要点，一边示范”；第二句话“××操作可分为 N 个步骤”；第三句话“第一个步骤是××，其操作要点有 N 点，第一点为××，第二点为××。”

第二步：学员实际操作演练。学员进行实际操作练习，培训师从旁指导纠正。在学员实际操作练习过程中，培训师必须要求学员边操作边讲解，确认学员的操作步骤和要点是否正确。培训师可以采用“这样做就更好了”“这部分不充分”“这样做才安全”等方式纠正学员错误。在学员做的好的时候，培训师要及时表扬，肯定学员的学习成果，激发学员内在的动力和信心。

第三步：师生总结讨论。师生就学员操作演练过程存在的问题进行总结讨论。培训师总结学员实际操作存在的错误和问题，并再次讲解，使学员真正明白操作的要点。

第四步：学员再次操作。学员再次进行实际操作，将培训师的讲解融会贯通，运用到实际操作中，直到学会正确的操作。培训师在学员学会正确操作后，根据实际情况安排学员完成部分工作。

5. 混合式学习

在国网系统中，部分电力公司对于上述学习技术的应用已非常成熟，但还需进行全面普及。结合常见学习技术，总结出混合式学习方式需要包含三种方式：

（1）线上线下的混合。为解决工学矛盾，采用线上学习手段和线下学习手段的混合，让学习效率最大化。

（2）学与习的混合。为最大化应用知识，采用知识学习和实践练习的混合方式，设置一系列工作任务，让学员学到的知识能转化为实际的工作行为。

（3）学习与业务的混合。为解决工作中的实际挑战，采用训战结合、课题研究等学习方式，让学习的知识点能够嵌入真实工作场景中去。

（二）学习技术匹配

无论哪一种学习技术，都应该匹配合适的知识类型，这里借鉴学习设计专家张立志老师建立的学习方式匹配模型（见图 2-4），针对公司实际进行微调并展示。

图 2-4　学习方式匹配模型

该模型从两个维度将学员学习的知识划分为四个象限，即四种类型。

横向以学员成熟度区分，分为学员有经验和无经验两种，新员工可能对于业务基础、技能知识都属于无经验的状态，即为成熟度低，但老员工不一定在所有知识技能都属于有经验，例如一些新业务的处理、智能设备的操作等。

纵向以知识成熟度为区分，分为成熟度低和成熟度高两种，即劣构知识和良构知识。劣构知识是指没有标准化的解决方法和技巧，如新的战略或新的环节下出现的业务难题，尚未形成公认的方法论。良构知识是指在此领域下已有标准化的解决方法和技巧，得到大多数的认可，如技能作业的标准流程。

针对四种不同类型，可以应用匹配的学习技术，运用不同的培训方式，达到培训效果最大化。

1. 第一象限：学员有经验的良构知识

针对第一象限学员有经验的良构知识，虽已有经验但尚需进一步提高，这里需要解决的问题是，如何将学员的低绩效行为改善至高绩效的行为，将不标准的操作流程改善至标准化的操作，从而高效解决工作实际问题。

此象限学员可采用的学习技术按顺序可包含：线上学习、翻转课堂、师带徒 / 在岗训练。

线上学习。由于学员具备一定经验，因此可以将标准内容前置，通过 E-learning（网络学习）或 M-learning（移动学习）的方式提前对标准化的内容进行自学及测试，做到心中有数，通过线上学习记录与个人经验冲突的地方，带着问题进入下一阶段学习。

翻转课堂。针对有经验的老员工采用传统的面授学习方式很难引发兴趣，因此，采用翻转课堂的形式，让学员根据工作经验及前期线上学习的结果提出挑战性问题，并通过学员互相分享及培训师引导讨论等方式形成解决方案。在课堂上，学员还可以分享成功或失败的案例，对照讨论形成的解决方案进行复盘，寻找可以标准化的经验和需要改进的措施，形成下一步行动计划。

师带徒 / 在岗训练。学员结合所学内容及形成的行动计划，开展师带徒形式的在岗训练，与此同时，部门或领导也应创造工作任务和机会给予学员训练的机会。

2. 第二象限：学员无经验的良构知识

针对第二象限学员无经验的良构知识，是最容易解决的问题，类似与新员工标准化岗位技能培养，或老员工做新的工作任务学习标准操作步骤。

此象限学员可采用的学习技术按顺序可包含：线上学习、面授学习、游戏化学习、师带徒/在岗训练。

线上学习。通过线上学习及测评的方式学习标准化的基础知识，让学员达到入门状态，比如岗位基础理论知识，技能操作必备工器具等内容。

面授。线上学习只能解决纯知识类的问题，技能训练还需要通过面授来实现。学员通过线上学习后再到课堂上通过面授把知识转换为技能，培训师在课堂中给与辅导和反馈。如技能类岗位，需要通过面授进行演练实操及一对一辅导；培训师也需要通过线下试讲训练，职业讲师给予针对性反馈。

游戏化学习。为选择性使用学习技术，让培训课堂寓教于乐。当前 VR 等虚拟技术在培训领域中逐渐建立了稳固地位，但是由于内容制作门槛高，落地成本贵等因素限制了其在培训行业的发展，而游戏化学习便成了一种有力的补充，它能很好的缓解传统培训让学员抵触的情绪，通过游戏化的思维吸引学员，引入排位、闯关、盲盒等有趣的激励机制与反馈机制，建立持续的学习氛围。

师带徒/在岗训练。上述方式为知识输入与模拟实操环节，针对实际应用还需要进行在岗训练，才能转化为实际工作行为和绩效，与此同时，部门或领导也应创造工作任务和机会给予学员训练的机会。

3. 第三象限：学员无经验的劣构知识

针对第三象限学员无经验的劣构知识，是最不容易解决的问题，需要从无到有建立新内容，将隐性知识转化成显性内容。

此象限学员可采用的学习技术按顺序可包含：专家分享或对标标杆、研讨式学习、行动学习。

专家分享。即采用请进来走出去的方式，针对请进来的方式，可请内外部有相关经验的专家来分享，以线下讲座或线上直播的方式进行，走出去，一方面可以去对标公司进行参观交流，比如互联网思维可以学习华为公司，另一方面是参加行业交流会、高校联合会等论坛。

研讨式学习。需要因地制宜地落地应用，还需要围绕电网企业的实际现状进行团队研讨，通过头脑风暴、团队共创等方式梳理出初步的方法论和标准，通过行动学习的方式进行验证。

行动学习。围绕特定主题或聚焦问题，带着团队研讨出的解决方案应用到实际工作中，验证方案的有效性，行动学习之后，需要进行复盘，让员工从工作中提出有效经验，并将劣构知识优化为良构知识，不断进行迭代和创新。

4. 第四象限：学员有经验的劣构知识

针对第四象限学员有经验的劣构知识，是指学员都有一定经验，但尚未形成标准化的解决方案，如一些技能专业的特殊故障处理，很多专家都有成熟的经验，但在公司及组织层面没有进行梳理总结，未形成流程化的解决方案，因此需要通过提炼总结，将劣构知识形成良构知识。

此象限学员可采用的学习技术按顺序可包含：经验萃取、线上课程开发、行动学习。

经验萃取。由人资部或培训中心组织，筛选出 1 ～ 3 名经验萃取师，选择有经验的学员集中完成经验萃取，通过经验萃取师引导的方式，分享工作痛难点，并总结出解决方案和成功案例，形成经验案例集或经验方法论。

线上课程开发。针对前期形成的经验成果，选择某一个具有挑战性的工作任务进行线上课程开发，包括微课和标课，将学员根据主题进行分组，通过聚焦课程主题、撰写视频脚本、制作线上课程、课程上架的流程完成微课或标课的制作。例如，针对兼职培训师课堂控场主题，就如何处理学员不回答问题、学员问题回答错误等情形制作微课。

行动学习。根据萃取而成的微课内容进行工作实践，不同情况可能有不同的解决方案，学员需要通过模仿学习、转化成自己的能力。行动学习的过程中，可以通过建立线上社群渠道，让学员提出在实践过程中的问题，培训师和其他学员给予帮助，最后通过复盘形成最终解决方案。

三、应用案例

学习方式匹配模型针对不同的情景设置了不同的学习技术，针对学员面临的多个复杂问题，没办法通过单个学习技术方式解决，需要设置长期性、大型的学习项目。

下面以某电力公司开展过的青年员工系列学习项目为例进行展示。

1. 策划背景

习总书记在十九大报告中深刻指出“青年兴则国家兴，青年强则国家强”，省公司发布《青年员工职业发展能力素质考核意见》文件指引，同时，项目基于技能培养项目突破点，聚焦打造可复制的技能培训品牌、切实提高员工实操技能水平两项目的策划并且落实。

2. 策划体系

项目根据青年员工职业发展需求将整体培养体系划分为 4 个阶段（见图 2-5），分别为入职 1 ～ 3 年的种子期、入职 3 ～ 5 年的萌芽期、入职 5 ～ 10 年的生长期和入职 10 ～ 15 年的生态期，其培养目标分别为达到中级工、高级工以及青年英才等技能水平，培训天数因内容不同进行调整。

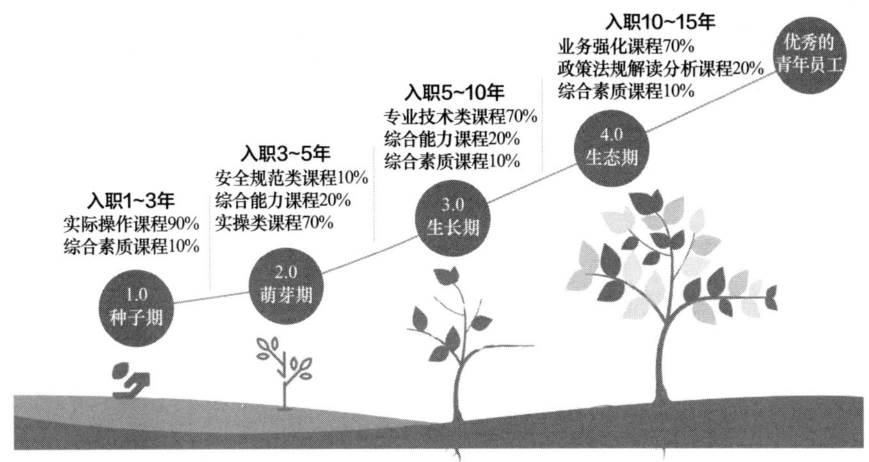

图 2-5　青年员工培养体系

在项目策划上，因学员入职年限不同，种子期、萌芽期、生长期和生态期的培养方式和应用的学习技术也有所不同，以前三个阶段为例，其项目特点分别为：

（1）种子期：入职 1 ～ 3 年。业务场景化。以每个专业的工作业务场景为引入点设计课程，开发更有针对性的学习资源。

学习游戏化。根据学员的年龄特征，设计趣味性、闯关性学习活动，激发学习热情。

（2）萌芽期：入职 3 ～ 5 年。混合式学习。通过集中培训、线上社群、网络大学等多种学习方式取得最优化的学习成果。

社群化运营。构建学习型社群，借鉴拆书帮 RIA 学习法，营造自主学习氛围。

（3）生长期：入职 5 ～ 10 年。案例式学习。聚焦工作任务典型情景和挑战，构建工作场景知识网络，开发案例手册。

交互式运营。沿用 2.0 社群化运营方式，增加网络交互课程，使学员深度参与，持续分享。

3. 学习技术

这里以学习游戏化设计为例，项目将培养工程背景设置为“冒险岛”，将考核任务设置为解救任务，按实训基地设定成不同的“小岛”，为不同专业青年员工匹配不同的角色和技能，通过学员成长档案形成完善的学习生态圈，做到环境沉浸。

其次，在闯关过程中，将课堂参与、课程考核、心得与分享等与学员直接产生关联的环节剥离出来，形成学习任务，并匹配不同的金币数量值。学员会被清楚地告知任务的难度、目的及收益，获得有形化、可量化的即时反馈，通过每周发布金币排名及组织课堂拍卖活动满足学员尊重、社交的需求，促发学员持续的参与感，并将金币数量作为考核评分的直接依据，使知识的获得、转化以及评价得以实现，充分调动学习积极性，实现学习沉浸。

最后，在培养期结束后，将培养基本信息、“金币”走势、考核情况、员工自我岗位能力评估、班主任综合评估通过“一页纸”战绩报告呈现给相关人员，以便于了解学员在培养期的表现，以及实操能力的情况，实现“训对准战，训战结合”，做到考核沉浸。

4. 项目成果

此项目产生了三项重要成果。第一，学员实操水平有效提高，培训中实操比例由过去的 30% 增加至现在的 60%，同比增加一倍，学员实操成绩从完全不会到熟练运用。第二，培训项目管理形成规范，并完善了配套学习资源，形成了五步闭环式的项目管理，形成一系列项目操作手册。第三，品牌效应影响范围大，青年员工学习氛围日益浓厚。

如何提炼核心内容——内容开发篇

第一节 “挖掘”：培养需求调研

一、学习目标

1. 知识目标

（1）能够正确阐述需求调研的目的和主要内容。

（2）能够正确阐述需求调研的 5 种方法及其优缺点。

（3）能够正确阐述需求调研的具体步骤。

2. 技能目标

（1）能够根据实际需要选择合适的需求调研方法。

（2）能够基于需求调研具体步骤和技巧有效开展需求调研。

二、学习内容

（一）需求调研概述

1. 需求调研的目的

（1）培训能解决的问题。开展培训的前提是明确培训能解决问题，但不能解决所有的问题，需要培训师判断哪些问题能够通过培训解决，问题一般分为四类，即应不应该、知不知道、会不会做、想不想做。培训四种问题类型见

图 3-1。其中，知不知道、会不会做分别属于理论和实践层面，可以通过培训解决，想不想做主要由于制度及激励决定，培训只能起到微乎其微的作用，而应不应该无法通过培训解决，是职责和流程的问题。

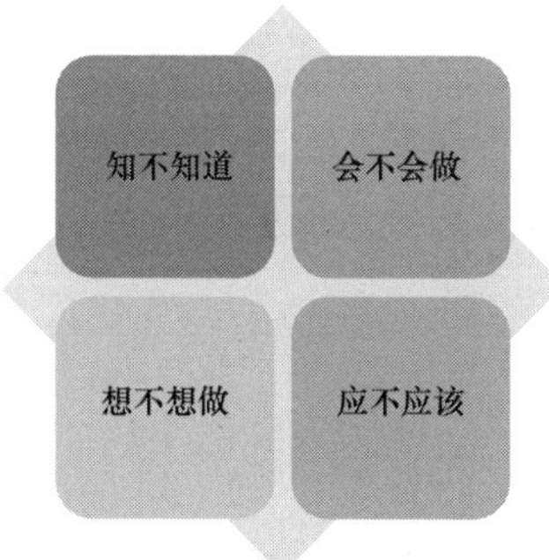

图 3-1　培训四种问题类型

结合上述四种问题类型，可以通过 TEC 思考模型判断找到培训核心点。TEC 思考模型见表 3-1。

表 3-1　TEC 思考模型

Target：目标	即，你要解决什么？你的目标是什么
Expand：全面性	即你要达成目标，有哪些途径？ 或者问题的出现，有哪些原因
Contract：优先级	即在各种途径中，哪一项是最值得先做的。 或者问题的原因中，哪一项是最主要的，最核心的

（2）确定培训需求目标。培训需求调研的目标是回答关于开展培训的 5W1H，具体包含：

Who：培训对象是哪些岗位？包括培训对象基本信息，比如部门、职位、岗位等。

When：什么时间组织培训？培训时长是多少？晚上是否适宜安排学习活动？

Where：在哪里开展培训？

What：培训什么内容，主要有哪些业务场景？学员的痛点是什么？

Why：为什么要培训这些内容？培训要达成什么目标？

How：如何开展培训，外出培训还是集中培训？

培训需求调研目标见表3-2。

表3-2 培训需求调研目标

培训对象	培训日期	培训时长	培训地点	培训内容	学员痛点	培训目标	培训方式

2. 需求调研的内容

培训的目的在于保证员工能满足企业发展、岗位工作要求和自身职业发展的需要。培训师在开展项目需求调研时，需要从组织战略入手，分析公司要求，以岗位工作任务为指导，结合员工个人需求，以确定需求调研的有效性。因此，项目需求调研需要从三个层面即组织层面、任务层面、员工层面进行。组织层面主要包括组织战略和人力资源方面的内容；任务层面包括岗位职责、岗位任务、岗位绩效等内容；员工层面包括员工的能力提升需求、员工的工作能力、工作态度等。培训需求调研层面及内容见表3-3。

表3-3 培训需求调研层面及内容

调研层面	调研人员	调研内容
组织层面	高层管理者	明确当前外部市场环境、企业的组织战略目标、公司运行情况及现有资源
任务层面	学员上级	明确岗位职责及工作任务、岗位发展目标、岗位绩效及部门业务需求对员工的要求
员工层面	学员	了解目前所掌握的知识技能和能力，明确现状及差距，询问员工职业发展需求

（1）针对高层管理者的提问清单。

1）根据公司今年的战略目标，您认为对××部门提出了哪些具体的要求？

2）这些要求对不同层级和岗位的员工来说，需要采取哪些具体举措？

3）您认为 ××× 部门员工在哪些方面需要提升？

4）您希望培训项目对他们产生什么影响或效果？

5）您对培训工作还有哪些具体的建议？

6）您认为目前的培训资源还缺少哪些内容？

（2）针对学员上级的提问清单。

1）根据公司今年的战略目标，您认为对 ×× 部门提出了哪些具体的要求？

2）您认为部门员工在哪些方面需要提升？

3）这些工作任务中哪些是存在挑战或困难的？或者绩效存在差距？

4）这些挑战主要出现在哪些工作场景中，能否举一个具体的案例？

5）您认为员工在 ×× 任务下应该达到什么样的水平，是否有案例或标准可以说明？

6）哪些挑战是因为知识或技能不足造成的？

7）您希望培训后学员的行为有哪些改变？

8）您认为目前的培训资源还缺少哪些内容？

9）您可以在此次培训中对学员的改变做出哪些支持？

10）为了保证培训效果的落地，您觉得可能会有哪些障碍？您有具体的建议和方法吗？

11）您对培训开展还有哪些建议？

（3）针对学员的提问清单。

1）您的岗位职责主要包含哪些？

2）您工作任务主要包含哪些？

3）这些工作任务哪些您认为是存在挑战或困难，新人很容易出错的？

4）在实际任务中，您会在哪些具体工作场景下面临这些挑战，是否有具体案例？

5）您认为需要学习哪些知识和技能来应对这些挑战？

6）您希望参加这次培训后有哪些收获？

7）您认为目前的培训资源还缺少哪些内容？

8）您对培训开展还有哪些建议？

3. 常用的需求调研方法

在电力企业，培训项目需求分析常用的方法有五种：资料分析法、访谈法、问卷调研法、观察法与专家讨论法（见表 3-4）。每种需求调研方法适合的场景各不相同，因此，在培训项目需求调研时，需要结合不同调研方法的优缺点，采用混合式调研方式，弥补相互之间的劣势，提高调研成果的有效性。

表 3-4　　培训需求调研常用方法

需求分析方法	定义	步骤	优点	缺点	注意事项
资料分析法	通过对公司的文献资料、人力资源规划文件以及员工的档案资料进行分析并获取培训信息的方法	（1）列出所需资料类别及清单； （2）收集所需清单； （3）整理资料并挖掘培训需求	（1）用时短； （2）成本低； （3）便于收集； （4）信息质量高	（1）多反应过去的情况而非当下； （2）无法显示问题产生的原因与解决办法	可建立资料库，方便资料的储存和提取
访谈法	调研人员直接与被调研者进行交流，深入了解实际情况，可分为线下访谈和线上访谈两种形式	（1）明确访谈对象的范围与人员； （2）撰写访谈提纲； （3）实施访谈并记录； （4）访谈结果整理	（1）有利于发现问题的真实原因； （2）为被访谈者提供更多自由表达的空间	（1）用时长； （2）成本高； （3）需要调研人员有较高的访谈技巧； （4）整理任务重，分析难度大	提前明确好需要获得什么信息，在访谈过程中把控交流方向，确保不被带偏
问卷调研法	针对同类对象设计同一种问卷题目，多采用线上问卷的形式获得信息	（1）明确问卷调研目的及主题； （2）设计调研问卷； （3）发放调研问卷； （4）回收并分析	（1）信息数量多； （2）用时短； （3）成本低； （4）便于收集； （5）较为客观	（1）无法深入沟通，信息质量低； （2）很难收到详细具体的意见，无法判断问题本质原因	问卷设计需要考虑问题是否合理，更多设计选择题

续表

需求分析方法	定义	步骤	优点	缺点	注意事项
观察法	调研人员去培训对象的实际工作岗位上去观察其工作技能、态度、表现以及在遇到问题时的具体情况，得出培训需求的结论	（1）明确观察内容，确定观察对象；（2）制订观察计划；（3）实施观察并做好记录；（4）整理观察结果并分析	（1）调研结果与培训需求相关性较高；（2）可不妨碍被调研者的工作任务	（1）花费时间长；（2）观察者主观因素影响大	调研人员需要了解被调研者的具体工作，能够给予准确评判，且不影响其工作开展
专家讨论法	集中相关专家，采用共同研讨、思考和分析的方式，确定问题产生的原因，得出培训需求	（1）确定讨论主题并筛选参与专家；（2）组织研讨开展并记录讨论结果；（3）整理并分析讨论结果	（1）头脑风暴，专家意见可以互相参考；（2）综合不同意见，利于最终决策	（1）公众场合可能收集不到真实信息；（2）专家成本较高	提前明确讨论主题及内容，专家人数5～8人即可

注（1）资料分析法。资源分析法不仅包含调研前期的数字化信息库资料盘点、公司发布的相关文件研读，还包括讲话文件、岗位任职资格说明等文件。

（2）访谈法。访谈人力资源部、培训中心、学员上级、学员代表以及专职培训师与兼职培训师等角色，验证并调整培训需求。

（3）问卷调研法。调研问卷一般用于目标学员或学员上级的基本信息和培训需求等通用型问题的调研，调研问卷模块说明见表3-5。

表3-5　调研问卷模块说明

序号	模块	调研内容
1	基本信息（单选）	层级、岗位、年龄、文化程度、专业背景、本岗位工作年限
2	培训需求调查	培训内容、过往培训、培训方式、培训时间、培训频率、师资
3	培训期望调查（开放题）	培训期望、培训建议

（二）访谈调研步骤

需求访谈是培训师、培训管理者等培训岗位的必备技能，在进行培训需求调研时，一项非常重要的技能是访谈技能，基于培训需求访谈特点，形成了访谈的六个步骤。培训需求访谈六步法见图 3-2。

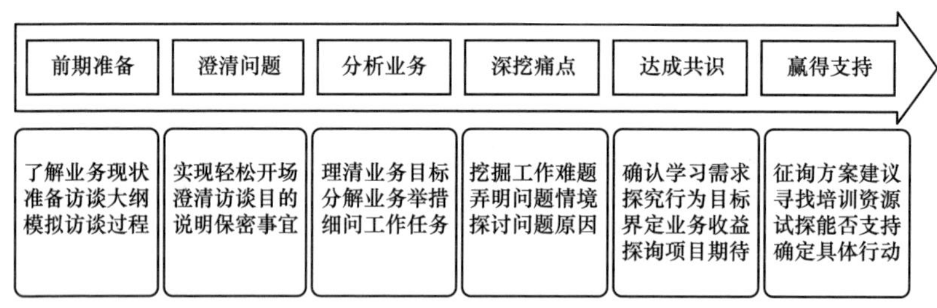

图 3-2　培训需求访谈六步法

1. 调研准备

（1）了解业务现状。凡事预则立，不预则废。一个优秀的培训师，不会打无准备之仗。前期准备越充分，越能体现一名培训师的专业度。这里的准备包含对公司新的战略目标、受训学员的业务状况、部门业绩绩效差距等问题和挑战要十分熟悉，甚至对大概的问题和产生原因有一定假设。

（2）准备访谈问题。基于前期的了解准备访谈问题，访谈问题的作用并非一步一步按照问题来访谈，而是明确访谈的目标和内容包含哪些，防止遗漏重要维度，并且帮助我们在流程上有节奏地把控。

（3）模拟访谈过程。作为访谈经验不足的培训师，模拟访谈是非常必要的步骤，否则会耽误双方的工作时间，我们可以模拟任何性格的被调研者，这样可以有针对性地找到应对措施。例如：对方可能不太愿意直接说出真实想法，应该如何通过提问引导？对方可能很爱表达，我们应该如何把访谈对话拉上正轨？

2. 澄清问题

澄清问题的目的是建立亲和与信任，让对方认识到大家的目标是一致的，我们是希望来帮助业务成长而不是收集大家的听课需求的。如果业务部门不配合访谈，问题不在于访谈技术如何，而是前期没有和业务部门建立好良好的信任关系，或之前的培训项目没有给业务部门提供太大的价值，让对方感觉不信任，因此，访谈和培训都至关重要。

（1）实现轻松开场。轻松开场是为了使双方不要太拘束，聊聊天气，谈谈最近出现的热点等，如果对方已经有充足的准备，就可以省去这个步骤。

（2）陈述访谈目标。陈述访谈目标是为了让对方意识到我们是来解决问题的，不是来获取培训需求的，常用的话术可以参考：

“看看我们能够在培训方面帮助咱们业务部门解决哪些困难。”

“为了更好地支持业务工作，我们来向您学习。”

“为了让我们的培训项目更有针对性，希望能挖掘出更多的真实痛点和原因。”

避免的问题是直接问对方有什么培训需求，这样对方很容易说出我们不用访谈也知道的很模糊的需求，比如沟通等。

（3）说明保密事宜。说明保密事宜的目的是让对方可以放心地参与访谈，不必担心说出真实情况、敏感信息后，我们透露个人信息，常用的话术可以参考：

“我们将为您提到的敏感信息保密，您可以放心和我们说。”

“我们仅记录其中与培训需求相关的内容。”

3. 分析业务

如果培训师对岗位业务非常熟悉，这一步可以省略并自行分析，若不太熟悉，则需要详细访谈，先了解部门或业务目标，分解工作任务，形成任务场景。

（1）明确业务目标。聚焦业务部门的业务或绩效目标，目的是让业务部门知晓我们和他们的思维逻辑是一致的，都是为了帮助实现业务目标，而不是为了培训而培训，也不是仅仅为了提升员工的能力。

（2）划分工作职责。基于业务目标划分工作职责。作为访谈者，需要具备层层拆解的逻辑思维，将被培训岗位的工作职责进行拆分。

常用话术可以参考：

“对本岗位而言，当前五个最关键的工作职责是什么？”

“您认为在业务技能水平上，您需要完成哪些工作？”

（3）细分工作任务。基于工作职责细分工作任务，常用话术可以参考：

“为了做好（某项工作或目标），需要 ××× 具体做哪些工作任务？”

以培训师的工作任务为例，可以询问：

“培训师的核心工作主要是培训项目管理和教学实施工作。其中培训管理除了需求调研分析、培训方案编制、培训项目评估还有其他内容吗？”

“教学实施工作除了课程开发、课程包制作、课程讲授还有其他工作吗？”

这些问题是为了让对方从泛泛而谈转变为不断细化思考，深化对岗位的认知。但在实际操作中，很多访谈者可能直接略过这一步，直接挖掘痛点。这样的风险是：对方可能说出很多不是培训能解决的问题，或者不是基于员工工作情境提出的需求。

4. 深挖痛点

深挖痛点是非常关键的环节，也就是员工在实际工作中遇到哪些挑战和易出错的地方，这是培训需求的出发点。这里需要围绕前面分析出的工作任务来挖掘工作难题。

（1）挖掘工作难点。需要围绕前面分析出的工作任务来挖掘工作难点，避免重新开启提问，常用话术可以参考：

“您提到财务员工的第一条工作任务是 ×××，在这方面他们的表现怎么样，有什么困难吗？”

“我了解到您刚刚说的 ×× 工作任务，对于普通员工来说可能会比较难，您认为主要是因为哪些方面呢？”

“能否具体描述下绩效优异的员工和普通员工的执行差异点在哪些地方？”

（2）聚焦问题场景。挖掘工作难点时，需要避免泛泛而谈，比如，被访谈者回复“因为员工的沟通能力较差”或“情商较低”等形容词，这里的回复是没有科学依据，且是主观臆断，因此，作为访谈者需要进行追问，问清楚问题发生的具体场景，常用话术可以参考：

“是因为员工有哪些表现让你觉得沟通能力差？”

“您可以具体举一个例子吗？”

比如，被访谈者可能会回答：在和上级沟通时，不能够快速说出结论和中心思想，一大段发言里找不到重点，这里可以看到，员工并不是沟通能力差，而是逻辑思维能力差，同时，我们可以把场景聚焦到与上级汇报，这样访谈的结果才是有效的。

（3）探讨问题原因。不论是哪方面的痛点，都需要分析产生问题的原因，也需要判断这是一个员工的问题还是大多数员工的问题？是否有接受过类似的培训？公司的制度规定是否清楚？因此，此环节需要和被访谈者达成共识，找到产生问题的真正原因。常用话术可以参考：

“产生这个问题的员工多吗？大概占比多少？”

“他们在做这项工作的意愿度是怎么样？”

“员工是否有接受过此类培训？效果如何？”

“培训效果不好的原因您觉得有哪些？”

“您觉得哪些问题是公司原因导致的，哪些是员工可以改进的？”

5. 达成共识

为了避免访谈者出现理解偏差，因此需要在访谈的最后一个环节把得到并总结到的信息和对方进行共识，以确保调研分析的结果是准确的。常用话术可以参考：“根据您的说法，我认为，财务新员工是不是在 ××× 方面需要加强，其中经常出现的工作痛点是 ××× 吗？”

“请问我的理解是否正确，针对青年员工，您认为他们在沟通能力、公文写作、逻辑思维上还需要进一步加强，他们在向上汇报、跨部门沟通协作、撰写年终工作总结时的表现需要学习和提升，对吗？”

最后，如果以上信息都能达成共识，在访谈最后的环节感谢被访谈者，以表尊重，可以说“感谢您的时间，今天的访谈让我们了解到了很多信息，为项目后续的策划和开展提供了有力支撑，后续若有需要可能会进一步打扰您，再次感谢！”

（三）调研报告撰写

调研结束后，需要对调研内容和数据进行分析和整理，形成正式的调研报告，明确培训项目具体需求，并总结出是否需要培训，培训的内容和方式，形成需要开发的课程体系。

调研报告的撰写一般包含以下几个方面：

（1）调研背景。阐述项目产生的原因，说明项目开展的重要性和缘由，一般从国家层面、公司层面、部门及员工个人层面三个方面进行背景撰写。

（2）调研目的。说明培训需求分析的目的，对公司、部门和员工个人都有哪些帮助，明确项目作用。

（3）调研方法。介绍项目调研使用的方法，如文献分析法、问卷调研法、访谈法等，每种方式调研的群体受众。

（4）调研结果分析。对不同调研方法形成的结果进行分析，包含但不限于问卷数据统计、文献分析结论、访谈调研整理等，找到明确的培训需求与解决方案。

（5）调研结论。根据结果分析进行总结，阐述培训开展的理由、培训方式、培训内容、培训时间、培训资源等。

（6）附件。涵盖需求分析撰写的调研方案、访谈提纲、问卷调研提纲、文献分析清单等文件。

三、应用案例

（一）调研方案编制

案例：专职培训师培养项目需求调研方案

一、调研背景

专职培训师作为内部智慧传授的坚实力量，在教育教学、课程研发、项目开发、专业授课等方面发挥着重要价值，是企业人才培养的战略资源。为贯彻公司人资重点工作的有效举措，提升专职培训师的综合素质和业务水平，促进专职培训师尽快成长为思想过硬、业务精良、能担重任的教育教学能手，特开展本次专职培训师能力提升策划项目。

为全面掌握专职培训师培养管理现状，了解专职培训师培养管理痛点及诉求，挖掘管理人员对管理类、技术类、技能类专职培训师的要求与建议，项目将运用多种调研方式，对三类专职培训师队伍素质现状、管理现状、能力要求、培养需求、学习资源等维度进行综合调研，为确保调研过程顺利完成，调研结果更有助于项目实施，现制订本项目调研方案，为项目实施路径、内容以及方式方法等提供科学指导。

二、调研目的

1. 了解培养管理现状

收集并分析公司专职培训师相关文件，全面了解省公司及地市公司专职培训师数量、质量及结构分布情况，掌握专职培训师培养及管理现状，了解专职培训师在选拔、培育、使用、激励、考核等维度上的具体要求，明确专职培训师培养体系建设方向。

2. 明确能力提升方向

基于公司发展战略、岗位要求等内容，盘点专职培训师基础能力现状，挖掘专职培训师的能力短板，尤其是针对管理类、技能类、技术类的不同要求，明确各类别专职培训师能力提升方向与内容。

3. 收集分析培养需求

在组织层面和个体层面开展需求调查，了解三类专职培训师学习诉求，结合能力提升方向、培训现状、培训期望等，配置科学的培训内容、选择合理的培训方式、评价方式等，准确把握培训需求。

4. 盘点学习资源情况

盘点专职培训师现有培训课程、教材、微课等学习资源，结合专职培训师能力提升方向，查缺补漏，进一步明确开发范围，针对性开发课程资源。

三、调研方法

本项目调研运用资料分析、调研访谈、问卷调研等方法，对专职培训师、地市公司人资部及培训中心管理人员、省公司人资部等群体开展多维调研。资料分析调研具有实效性高、效率较高等特点，能通过前期分析进一步掌握对项目的了解程度，便于后期开展现场访谈；现场访谈调研能通过与访谈对象的直接交谈，简单并全面地收集多方面的工作资料，了解行为背后深层次的动机和思考，使得访谈内容更加具体准确；线上问卷调研具有调研范围广，实施快捷、方便，收集信息高效等特点，完成对前期调研成果的补充收集；项目结合三种调研方式，及时查漏补缺，更全方位了解专职培训师培养管理现状及实施痛点。

1. 资料分析

收集并分析公司发展战略、专职培训师工作职责、专职培训师培养管理文件、培训管理体系、现有培训资源等相关内容。深入分析文件内涵，挖掘公司对于专职培训师的能力要求，加强对专职培训师现有培训体系的认知，提高后续调研和项目实施的针对性。项目资料提取清单见附件 1。

2. 现场访谈

分别对专职培训师、地市公司人资部及培训中心管理人员、省公司人资部等群体实施调研访谈，掌握管理类、技术类、技能类专职培训师队伍现状、培养管理现状、能力短板、培训需求及资源开发需求等，深入分析专职培训师培养情况，提高项目实施成果质量。调研访谈提纲见附件 2。

3. 问卷调查

通过问卷的形式，针对培训方式、学习资源、能力弱项等方面开展调研，将前期收集的信息进行再次佐证和回顾，并对相关信息进行进一步细化明确，收集信息数据。

四、调研组织安排

1. 资料收集与分析

于 5 月 11 日前，完成资料收集工作（参照《资料收集清单》提供资料）。

2. 调研访谈

运用“自下而上”的调研方式，分别调研专职培训师、地市公司人资部及培训中心管理人员、省公司人资部，结合一对一访谈、现场座谈、电话访谈等形式，于 5 月中下旬开展调研，拟定调研访谈计划见表 3-6。

表 3–6　　调研访谈计划

访谈对象	预估人数	访谈重点	访谈时长	访谈方式
专职培训师	5～10 人	队伍素质、培养现状、培训需求、资源开发期望	约 30 分钟	一对一访谈 现场座谈
培训中心	4～8 人	队伍素质、培养及管理现状、培养要求、资源开发要求	约 45 分钟	一对一访谈
地市公司人资部	6～8 人	队伍素质、培养及管理现状、培养要求	约 45 分钟	一对一访谈 电话访谈
省公司人资部	1～2 人	队伍素质要求、资源开发要求	约 45 分钟	一对一访谈

3. 问卷调研

问卷调研涵盖专职培训师与培训中心及人资部管理人员，预计在 5 月 20 日前完成问卷设计工作；5 月 23 日，正式下发网络调查问卷；5 月 26 日前回收所有问卷。开展数据分析整理工作。

五、附件

（二）问卷调研编制

案例一：人资管理人员培养模式调查问卷

为实现管理经验资源共享，帮助解决管理难题以及进一步提升人资管理人员能力，提高培训转化效果，从而为公司打造一批优秀的人资管理人员队伍。现邀请您结合人资工作经验、日常工作情况，据实填写该问卷，为后续培训提供有效指导，非常感谢您的反馈！

第一部分：基本信息

1. 您的姓名？

2. 您所在单位和职务？

3. 您从事人资管理工作年限？

4. 您觉得自己在人资管理工作方面还存在哪些不足？请详细描述。

第二部分：培训反馈

1. 在您参加的培训中，对您来说最有效的培训方法是什么？

A. 集中培训　B. 课堂演练　C. 案例分析　D. 研讨交流

E. 自我阅读　F. 线上学习　G. 经验交流　H. 其他

2. 在您参加的培训中，对您来说最有效的训练方法是什么？

A. 交流分享　B. 成果汇报　C. 课堂演练

D. 实践锻炼　E. 技能竞赛　F. 上级辅导

G. 在职锻炼 / 项目训练　H. 其他

3. 在 ××× 年参加的人资训练营培训中，您觉得哪个阶段的学习安排是您比较认可的？

A. 第一阶段：问题收集　B. 第二阶段：线上培训

C. 第三阶段：课题研究　D. 第四阶段：成果汇报

4. 关于 ××× 年人资训练营培训，您认为每个阶段哪些内容设置还有欠缺，有什么优化建议？

5. 通过 ××× 年人资培训后您哪些方面的能力得到了提升或者解决了哪些管理难题，请简要描述。

第三部分：培训建议

1. 关于培训形式，您希望采用哪些方式来帮助提升（训前、训中、训后）？

2. 关于培训内容，您认为还需要学习哪些内容能够帮助您更好的开展人资工作，解决当前难题？

A. 绩效管理　B. 人力资源规划　C. 薪酬福利管理

D. 劳动关系管理　E. 人资相关制度及政策

F. 人资管理通用管理知识　G. 其他补充

3. 对于人资训练营的培训过程管控方式，您有哪些建议或意见？

案例二：财务新员工培养模式调查问卷

您好！为系统设计财务新晋员工三年培优项目策划方案，清晰财务新晋员

工能力现状及了解培训需求，我们特邀您参加此次问卷调查。本问卷采用匿名填写的方式，您的真实反馈将成为项目开发的重要资料。填写问卷需占用您少许时间，衷心感谢您的合作与支持！

第一部分：个人基本信息

1. 您的学历？

A. 本科　　　B. 硕士及以上

2. 您的专业工种？

A. 预算管理　　　B. 会计核算　　　C. 财务信息化

D. 财务报表　　　E. 稽核内控　　　F. 财税管理

G. 电价管理　　　H. 资金管理　　　I. 工程管理

J. 资产管理　　　K. 其他

第二部分：培训现状调查

1. 您认为公司在财务培训方面还需要怎么加强？【最多选 3 项】

A. 财务理论学习需更具针对性

B. 入职的培训内容太多，收效低

C. 需要增加贴合工作实际的实操培训

D. 系统操作学习次数可适当增加

E. 培训次数太少，可适当增加

F. 理论培训太多，可适当减少

G. 培训时间安排需合理

H. 其他

2. 您目前的学习状态是怎么样的？【单选】

A. 主动学习，有计划地推进　　　B. 主动学习，但没有养成习惯

C. 有学习的打算，但很少行动　　　D. 很少有学习的打算

3. 您目前通过什么方式学习？【多选】

A. 省公司组织的培训　　　B. 地市公司组织的培训

C. 外部培训机构组织的培训　　　D. 自学

E. 向前辈请教　　　F. 其他

4. 您参加过的专业能力提升培训一般是哪些方式?【多选】

A. 集中授课　　B. 实操演练　　C. 国网学堂观看视频

D. 师带徒　　E. 任务式培训　　F. 专业技能竞赛

G. 员工互讲　　H. 其他

5. 您参加培训的时长一般是多少天?【单选】

A. 半天　　B.1 天　　C.2 ～ 3 天

D.3 ～ 7 天　　E.7 ～ 15 天　　F.15 天以上

6. 您觉得公司提供的财务培训在哪些方面最有帮助?【单选】

A. 财务理论培训形式多样，能够促进学习吸收

B. 财务实操讲解深入，与工作贴合度高

C. 讲师专业知识丰富，授课通俗易懂

D. 时间安排比较合理，能够让员工做到工学平衡

E. 其他

7. 您认为在提升工作能力的过程中面临的问题有哪些?【最多选三项】

A. 工学矛盾，工作太忙，没时间参加需要的培训

B. 培训内容脱离实际，与财务工作差距太大

C. 培训主题不感兴趣

D. 培训形式缺乏吸引力

E. 培训考核流于形式

F. 培训讲师水平有限

G. 重复日常的工作没有成就感

H. 团队整体氛围不太好，内部沟通不畅

I. 其他

第三部分：培训需求

1. 您认为最有效的学习方式是?【最多选三项】

A. 脱岗集中培训

B. 任务式学习（带着工作任务学习）

C. 现场实践（主要是业财融合方面的工作）

D. 情景演练

E. 外出学习

F. 实操（系统操作）

G. 案例分析（以往财务典型案例分析）

H. 技能竞赛

I. 线上微课理论学习

J. 师带徒

K. 兄弟单位交流

L. 其他（请补充）

2. 您认为财务新晋员工采取下列哪些方式学习财务制度更有效?【最多选两项】

A. 以考促学

B. 参与专项检查，对照制度发现问题

C. 分阶段学习制度，循序渐进

D. 部门内部分享

E. 其他（请补充）

3. 您认为财务员工在 1 ～ 3 年的分别应提升哪些通用能力?【每年至少选三项】

综合能力项	第 1 年	第 2 年	第 3 年
公司规章制度			
企业文化			
沟通技巧			
授课能力（培训技巧）			
公文写作			
结构化思维和表达			
统筹协调			
团队协作			

续表

综合能力项	第 1 年	第 2 年	第 3 年
数据分析			
问题解决			
目标管理			
时间管理			
学习方法			
风险预测和分析			
复盘能力			
办公软件操作			
其他	（请补充）	（请补充）	（请补充）

4. 您个人的专业能力培训需求主要在于哪些方面？【最多选三项】

A. 财务基础理论知识　　B. 业财融合

C. 财务整体框架体系　　D. 财务基础数据分析

E. 财务系统操作　　F. 业务流程

G. 财务规章制度　　H. 其他

5. 对于通用技能的学习，讲师安排您倾向于哪一类？【最多选两项】

A. 实战派知名企业专家，有标杆企业经验

B. 学院知名教授，理论功底深厚，知识渊博

C. 职业培训师，丰富的授课技巧和经验

D. 咨询公司高级顾问，丰富的项目经验

E. 本职位优秀专家人才，对公司业务很了解

F. 其他

6. 您认为怎样的评估方式是有效的？【最多选三项】

A. 理论笔试　　B. 实操演练测试　　C. 问题汇报研讨　　D. 任务式考核

E. 结构化面试　　F. 案例场景考核　　G. 其他

7. 请描述您在财务岗位工作中经常遇到或急需解决的问题与困惑（至少列举一项，表明问题并描述具体现象）：

第二节　“萌芽”：课程内容开发

一、学习目标

1. 知识目标

（1）能够正确阐述课程选题的类型和原则。

（2）能够正确简述课程大纲设计主要内容。

（3）能够正确简述知识萃取的类型和操作步骤。

2. 技能目标

（1）能够运用 ABCD 公式撰写课程目标。

（2）能够运用课程大纲设计方法构建课程大纲。

二、学习内容

（一）确定课程选题

课程开发的第一步就是确定所要开发的课程主题，培训师在课程开发中，往往存在以下问题：①课程选题太大，培训师很难驾驭，也很难在短时间之内完成，最终的结果可能就是课程演变成烂尾课程。②课程没有什么实用价值，课程的应用市场太小。这样的课程开发出来，投入产出比较低。

1. 两类课程选题

在实际培训过程中，通常将课程选题分为两大类，需要根据培训需求，合理规划。

（1）知识主题。知识主题不包含动作及动作对象，它往往是一些名词概念，比如《电力营销业务知识简介》《住宅小区供配电设施建设要求》《四川电力发展史》等。学校教育的课程大多数是知识主题类的选题，出于学科教育的传统惯性，很多培训师习惯将自己的课程选题描述为一个知识主题，以知识主题作为课程选题，通常的问题是知识主题过于宏大，不具体，需要分解。

作为培训课程来说，若知识主题选题太大，需要将知识主题进行分解，比如《新人职场知识介绍》，这个主题很显然太大，可以分解为《公司企业文化》《公司发展史》《公司规章制度》等。

（2）任务场景。任务场景就是工作任务和应用场景的有机组合，其中工作任务是达成结果的一个过程，通常以一个动宾结构来表示。应用场景是一个包含有具体画面的任务，画面主要有两类要素：动作对象和环境画面（包含时机、场合以及地点）。例如：《变电设备巡视方法》《变电操作票规范填写》《如何更换变压器呼吸器硅胶》。

工作任务和应用场景的区别在于具体的程度，工作任务一般不具体，如果要开发为培训课程，需要聚焦到一个具体的应用场景，比如抢修线路，这是一个工作任务，因为动作对象不具体，也没有环境画面。如果换成抢修高压线路，或者雷暴天气抢修低压线路，这就是应用场景。比如时间管理，这是一种任务的表达方式，但是管理是很宽泛的，需要进一步解释管理的具体动作，例如，具体化管理之后，时间管理的场景就变成了：如何处理日常事务；如何定时完成工作；如何提高时间的产出效能等。

2. 课程选题原则

（1）任务场景优于知识主题。在工作场所，培训的目的是解决问题，完成工作。所以培训课程的第一目标是能够帮助学习者完成工作场景任务，解决业务问题。如果一个知识主题能够找到应用这个知识主题的工作任务和应用场景，就应该选择后者。比如《财务管理制度》的课程选题，分析之后，发现这个课题的学员对象是各部门的专责，他们应用财务管理知识的地方是：部门项目预算立项以及帮助各部门人员借款和报支，所以这个课程选题可以改为《部门预算立项与告知》。

（2）选题的组成部分具体、可辨认。这是课程选题的具体化原则，也就是课程选题的组成部分，应当聚焦到可辨认、可操作的程度。一般来说，一门培训课程可以聚焦一个应用场景或一个知识主题，聚焦的衡量标准是：

1）工作任务需要聚焦到工作任务对应的应用场景中。

2）知识主题需要进行分解，分解的标准是最多分解两层就可以直达学习内容，也就是知识点。

（二）分析学员画像

学员画像分析是指，当课程选题确定之后，对课程的目标学员进行详细的分析，用来确定谁将是课程的最合适的目标学员，他们的主要特征是什么？他们对培训的具体需求是什么？对这些问题的分析可以帮助我们详细地了解目标受众的情况，决定参加培训的合适人选，以及如何根据特定的对象，设计和开发针对性更强的课程，以满足他们的学习需求。

对学员画像的分析主要包含三个维度的分析：基本信息、经验水平、学习风格。

1. 基本信息

是指学员的人口统计学信息、职务基本信息和生理特点等。这里面一般包括学员的岗位、年龄、工龄、司龄、学历、性别、性格、职级等一系列要素。

2. 经验水平

主要是围绕着学员在该培训主题下所具备的经验和短板来分析，主要包括4个方面：差距短板、知识储备、培训经历、学习动机。

（1）差距短板：指学员在该主题下会面临哪些痛点、难点或雷区？

1）痛点：如果学员做不好该项工作，达不到岗位的要求，完成任务有偏差，容易引起的严重后果有哪些？

2）难点：如果学员不会做该项工作，完成任务的技术难关或关键环节有哪些？

3）雷区：学员完成任务，经常忽略或犯错的地方有哪些？

（2）知识储备：是否有与培训主题相关的主要的认知误区以及有哪些具体的误区？

（3）培训经历：过往是否曾经学习过即将培训的内容？已经了解哪些与培训主题相关的内容？还应当了解什么？

（4）学习动机：是否主动要求参训？是否愿意/渴望参训？是否知道为什么参加培训？以往的参训经历是否积极？

3. 学习风格

学习风格就是学员在研究和解决其学习任务时，所表现出来的具有个人特色的方式。通常有四种典型的学习风格：反思型学员、理论型学员、务实型学员和行动型学员，每种类型学习风格的学员的行为特征如下：

（1）反思者。“反思者”类型的学员通过直接体验感知学习内容，通过反思加工学习内容。他们最爱问的问题是“为什么”，他们的“反思能力”出色。他们的行为特征是：“先观察”“再思考”“逻辑性强”“谨慎”“眼见为实”“提炼总结能力强”。他们坚信用心反思是构建知识的内在价值的主要方法。反思者类型恰好与教学传递策略“激发动机”相吻合，因而，培训师应在课程设计与教学中通过合适的活动促动学员进行高质量的反思。

（2）理论家。“理论家”类型的学员通过抽象概念化感知学习内容，通过反思加工学习内容。他们最爱问的问题是“是什么”，他们的“概念化能力”出色。他们的行为特征是：“系统化思维”“全面了解”“模型建构”“权威证言”“专家证言”“学者风范”。他们坚信用系统的学习方法建构自己的专业或学术品位。理论家类型恰好与教学传递策略“讲解新知”相吻合，因而，培训师应在教学时和实施中，针对这类学习风格，提供更加系统化、逻辑化、结构化和模型化的学习内容，以此帮助学员能更好地理解学习内容，促进其概念化的形成。

（3）务实者。“务实者”类型的学员通过抽象概念化感知学习内容，通过行动学习加工和转化学习内容。他们最爱问的问题是“如何做”，他们的“做中学”出色。他们的行为特征是：“实用导向”“对工作和生活有价值”“内容与业务匹配”“有挑战性”。他们关注课程的经济效用和体验机会，“做中学”是他们最喜好的方法。务实者类型恰好与教学传递策略“练习体验”相吻合，因而，培训师应在教学和教学实施中，针对这类学习风格，提供更好的体验、练习和应用机会，以此帮助他们学以致用。

（4）行动派。“行动派”类型的学员通过直接体验感知学习内容，通过行动学习加工和转化学习内容。他们最爱问的问题是“如果情况变了，应该怎样”，他们的“创新和变革行动力”出色。他们的行为特征是：“执行力强”“主动参与”“反应快速”“挑战现状”“有时候凭感觉做事”。他们关注课程带给他们真实的体验。行动派类型恰好与教学传递策略“转化应用”相吻合，因而，培训师应在教学和教学实施中，针对这类学习风格，创造真实或接近真实的情境，聚焦问题，寻求各种可能的新知应用途径，以此帮助学员融会贯通和创新运用所学的新知识新技能，解决实际问题。

（三）撰写课程目标

课程开发是一个旅程，如同旅游活动，需要从最后的学习成果出发做各种相应的活动，因此课程目标是用来确定希望在课程结束之后达到的具体的成果。在培训师完成学习需求评估，对这些信息进行分析以及确定课程需求的定位和题目后，就要开始撰写课程目标了。课程目标是专门为学员制定的、可见的预期行为表现与成果，因此课程目标界定了课程结束之后，学员在特定情境下所展示的外显性的行为。换句话说，课程目标要清晰明确地界定学员在具体的情境下完成的具体的工作任务，以及为完成这个任务所必须掌握的知识与技能。

1. 布鲁姆认知目标分类框架

1956 年，本杰明・布鲁姆等人的《教育目标分类学　第一分册：认知领域》正式出版，被誉为教育和学习领域的划时代事件。该书清晰阐明学习的认知过程是一个逐级上升的维度，共分为 6 个层级，分别是记忆、理解、应用、分析、评价、创造。并且每个层级都建立在前一个等级之上，台阶的最底层是“记忆（知识）”，然后逐级上升，学员必须在“理解”之前具备“记忆”，在“应用”之前具备“理解”，在“分析”之前具备“应用”，以此类推。这个逐级递进的台阶型分类框架也被人们称为“课程目标金字塔模型”，见图 3-3。

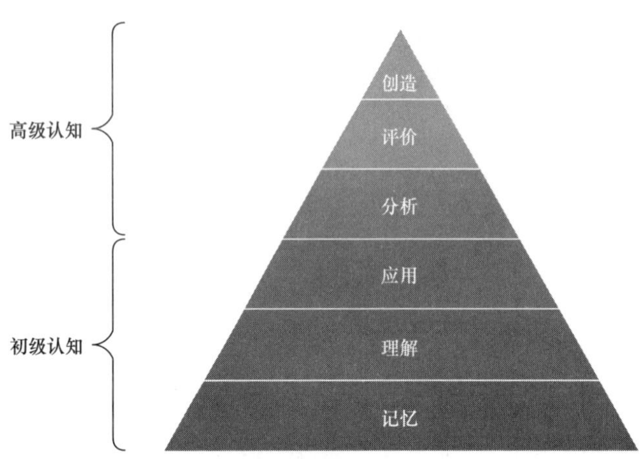

图 3–3 课程目标金字塔模型

具体每个层级的含义和说明，见表 3–7。

表 3–7 学习的认知过程层级释义

学习的认知过程层级	释义
记忆	从长时记忆库中提取相关知识，用于产生定义、事实或列表，或背诵或检索材料
理解	从口头、书面、图像、视频等多种形式的教学信息中建构意义
应用	在特定的情境中执行或实施一个过程，或学到的东西通过产品被使用，比如模型、演示、访谈和模拟
分析	将材料或概念分解为它的组成部分，确定部分之间的相互关系，以及各部分与总体结构或目的之间的关系
评价	依据准则、标准或规格作出判断
创造	将各要素加以组合以形成一致的、功能统一的整体或形成一个原创的产品，或将要素重新组成为新的模式、模型、体系、结构或格局

2. 课程目标公式

当我们了解了布鲁姆的课程目标六个层级后，就需要根据前期我们对学员画像的分析结果撰写课程目标，一般课程目标撰写需要按照 ABCD 公式进行：

课程目标 = 培训对象（Audience）+ 行为条件（Condition）+ 行为方式

（Behavior）+ 行为程度（Degree）

这个公式，用一句话呈现就是：什么人将会在什么情况下做 / 说什么事情到什么程度或结果。这句陈述中包括的四大要素（简称为 ABCD）如下：

（1）培训对象（Audience）：描述词，明确课程的学员是谁，他们是课程的直接客户。

（2）行为动词（Behavior）：可观察动词，培训对象会做什么，通过使用正能量的、主动性的行为动词，界定学员在培训结束后展现出的具体、清晰、可操作、可见的行为变化。

（3）条件（Condition）：说明培训对象的上述行为和成果在什么条件下（到什么时候、什么背景或一些其他方面的明确条件）发生。

（4）程度（Degree）水平（行为和结果的程度）：培训对象做得如何，达到什么样的最低标准，明确了学习成果的准确性、熟练性或一致性。

3. 课程目标示例

"课程结束之后，班组长应能够借助设计好的结构化面试表模板，运用 STAR 面谈技巧，获得候选人的真实项目运作信息。"

本例中的 A（培训对象）是"班组长"；B（行为）是"运用"和"获得"；C（条件）为"结构化面试表模板"；D（程度）为"真实…信息"。

在上面的示例中，认知过程层级为"应用"层级和"评价"层级，选择的动词为"运用"和"获得"。

通过运用 ABCD 公式，撰写出课程的学习目标，使学习内容具体化，学员行为可观察，加入必要的评价条件，加入具体、可衡量、真实的标准，从而凸显出重要的学习结果。

4. 课程目标行为动词库

课程目标最重要的是描述出学员接受培训后，展现出的具体行为，因此针对行为的精确描述尤为重要，表 3-8 是各认知层级所对应的常见的行为动词库，供培训师在描述行为时作为参考使用。

表 3-8　课程目标行为动词库

学习认知层次	行为动词样例
记忆层	定义、讲述、命名、标识、背诵、连线、描述、识别、标注、列表、匹配、总结、辨认、挑选、提取、陈述
理解层	重述、重写、举例、识别、总结、描述、解释、概括、澄清、释义、转化、辩护、区别、估计、示例、实例化、例证、分类、归类、归纳、推断、断定、外推、内推、预测、比较、对比、对应、配对、说明、延伸、诠释、转换
应用层	预测、解决、展示、操作、举例说明、建构、适用、变化、计算、结构、发现、修改、经营、准备、生产、执行、实行、实施、使用、运用、显示
分析层	比较、对照、分类、绘图、列提纲、细分、区分、分解、对比、图解表示、分化、确定、说明、推断、辩别、区分、聚焦、选择、组织、整合、概述、构成、归因、解构、分离、发现连贯性
评价层	筛选、预测、分级、解释、判断、说明、支持、检查、比较、总结、对比、批评、评论、协调、查明、监控、检验、判断、解读、关联、总结
创造层	产出、设计、发展、开发、重组、结合、组成、建构、发明、产生、假设、计划、生成、创建、修改、组织、重新排列、重建、写作

（四）构建课程大纲

有过家庭装修经历的人都知道，在装修工程开工前，先找家装公司进行功能格局上的规划设计，各空间界面的装饰设计，后期软装设计会给你出一些设计图，向你视觉化展示房间各部分的功能、装饰风格、色彩搭配和总体效果。也会给你一份清单，在上面具体列出顶面、地面、墙面、书房、衣帽间、玄关、阳台等部位的装饰用材、施工方法、验收标准、施工顺序、施工周期等内容。课程开发也与家装设计有类似之处，在设计教学传递策略和开发教学材料前，应设计一份清单，也就是通常所说的课程大纲，用于指导、监督、评估后续的课程开发和实施阶段的备课蓝图设计工作。

1. 课程大纲的功能

课程大纲是课程的概要设计，它是知识内容设计与教学流程进行有机融合的一套双螺旋结构物。课程大纲是培训师以学员为中心，对课程的多种关键要素进行整合，设计出来的课程蓝图，一张表简明扼要地呈现出了课程的基本架构。课程大纲是课程设计与开发成果中的纲领性材料。按照课程大纲运作，能确保教学传递策略设计、课程材料开发、教学实施、学习过程监控等工作更顺畅进行，从而提高学习效率和有效性；大纲能提高学习目标、内容、活动、工具、材料、时间分配等要素的匹配一致性；大纲有助于全面检查课程各主要要素和环节的合理性；大纲有助于把培训师要做的和学员要做的放在同一张视图上，有助于培训师洞察学员在课堂上的情绪和能量变化，灵活调控学习节奏。

2. 课程大纲设计模版

课程大纲是课程的逻辑框架，是课程整体的全貌，它清晰地展现出了课程主体结构和知识内容。一般课程大纲通过逻辑树的方式展示，共分为三级。第一级是课程的结构，又叫章节或单元，第二级是每个章节里面所包含的知识点，第三级是对每个知识点的详细解释和说明，见图 3-4。

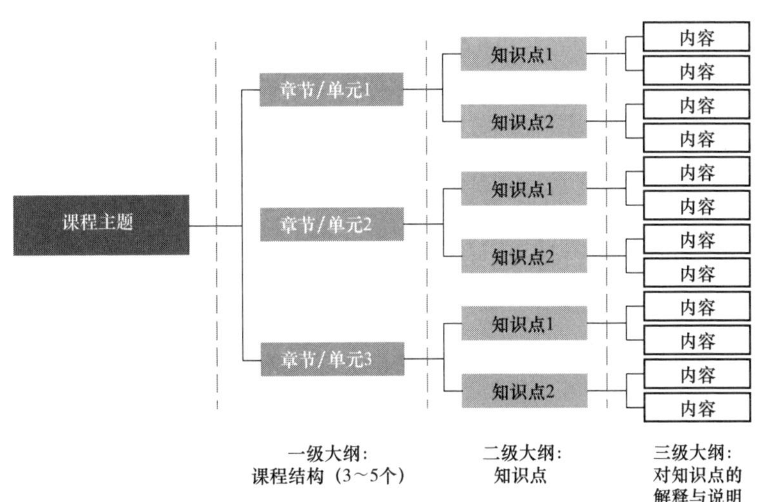

图 3-4 课程大纲三级逻辑示意图

在课程大纲的逻辑图基础上，可以对课程大纲进行细化，形成表格式课程大纲设计模板（见表 3-9）。它由课程的标识信息和核心信息共同构成。标识信息段一般包括课程名称、版本号、课程目标、学员群体、课程时长等。课程大纲核心信息段涉及决定课程质量的一些关键要素，比如课程整体结构、课程核心知识点、课程的知识内容、教学设计和教学时间等。

表 3–9 课程大纲设计模板

课程名称		目标学员		课程时长		课程版本号	
课程目标							
一级大纲（课程结构 / 章 / 单元）	序号	（二级大纲）知识点		三级大纲（知识内容）		教学设计	教学时长
	1						
	2						
	3						

表格式课程大纲设计模板各栏目填写规则说明：

课程名称：填写对该课程的具体命名。

目标学员：填写目标学员群体标识信息。

课程时长：填写课时数，通常以分钟为单位。

课程版本号：填写企业内部的课程编码。

课程目标：填写课程总体的课程教学目标，用课程目标 ABCD 公式撰写。

一级大纲：填写课程的主体框架结构，一般又叫做章或单元。

二级大纲：填写每个章里面所包含的知识点名称，一个章可以包含多个知识点。

三级大纲：填写每个知识点的解释和说明，一般用一句话进行释义和概括。

教学设计：针对每项知识内容和相应的教学传递策略，培训师要采取的教学活动。教学活动好比拍巴掌，培训师的活动和学员的活动互拍，相互促进，教学相长。

教学时长：填写每项知识内容的教学时间，包含知识讲授和教学互动所用的时长。切分整门课程的时间，可参考“90-20-8”原则，即每 90 分钟休息一次，每 20 分钟左右传递一个相对完整的知识内容，每隔 8 ～ 10 分钟变换一次教学活动方式，以保证学员的精力、注意力，同时，学员的记忆力也会得到改善。

3. 课程大纲设计方法

（1）一级大纲（课程结构）的三种类型。课程结构是课程的知识容器，不是知识点本身，主要有三种类型：

1）WWH（WHY-WHAT-HOW）：分别按照为什么、是什么、怎么做三个方面进行课程结构搭建，其中 WHY（为什么）和 WHAT（是什么）的顺序可以相互交换，一般课程的核心内容在 HOW 的部分，适用于知识主题类和任务场景类的课程选题。

2）流程型：按照流程、步骤或时间线来设计课程框架，较为适合任务场景类的课程选题。

3）要素型：围绕着课程里所包含的核心要素设计课程框架，各个要素之间是相互独立的并列关系，较为适合知识主题类的课程选题。

（2）二三级大纲构建。

1）知识分类的重要性。知识分类是构建课程二级大纲的重要方法，也是知识萃取的前提，为什么要进行知识分类，主要有以下原因：

① 知识与知识之间，天然就有差异，这种差异决定了学习方法的不同。一个人要学会游泳，最好的方法就是不断地练习，在游泳池游，在江河池塘中游，就是不能总在教室上课学理论。因为游泳是一种肌肉技能，必须通过身体练习，才能得到肌肉记忆。古巴比伦贵族，从小要学习各种法典，除了在集中式环境中（教室、寺院等）变换背诵之外，没有其他什么好办法。现在的律师，学习法律条文和案例，也是这么操作的。因为，这是一种信息，主要的学习目标就是记忆重现。知识的差异，意味着教学设计必须差异化，否则没什么效果。

② 不同的知识，内容结构也是不同的，这种差异决定了不同知识点，其内容萃取也不同。知识怎么教，固然很重要，但更重要的是，知识是什么（知识的内容）。很多时候，教不明白，其实是知识本身的内容就不明不白。比如解释一个概念：内卷化。要想让受众理解，内容上就需要有区别特征和实体两个部分。首先是实体，内卷化是社会某个领域的一种状态。其次是关键（区别）特征，内卷化的关键特征有两个：外部增量逐渐衰减和内部竞争不断加剧，两者不断重复循环激化。所以，可以将内卷化定义为：社会某个领域外部增量逐渐

衰减转为内部竞争，这个过程不断循环激化的状态。

以上的事例说明：要想有效萃取知识、准确表达知识内容，就需要对知识进行内容分类。因此，知识分类是课程开发的基石。

2）知识分类的两种方法。目前在培训领域对知识分类，主要有两种分类方法：

① 按学习结果分类：根据学习后的产出进行分类。常见的分类方法有 KSA（知识、技能和态度），主要适合用于教学设计，因为这就是瞄准学员学习结束后的目标结果。

② 按学习内容分类：根据知识点的内容进行分类。主要分为方法、原则、概念、信息工具。学习内容分类，既适合知识萃取，也适合教学设计。因为这就是从知识内容出发做的分类，这种分类方法有以下好处：

a. 很好辨认，学员能够快速对知识点进行正确分类和辨认。

b. 每种知识可以再进行细分，提炼出一般性的知识结构模板，可以用于知识萃取。

c. 非常方便地进行课程整体框架的绘制。

3）四种知识内容类型。

①方法。是指关于“如何做”的知识。就是完成任务或解决问题的流程、步骤和动作。比如：台区识别五步法（见图 3-5），就是一个方法类的知识。大部分的内训课程，如果是基于工作任务完成和问题处理解决的，那么，第一个要找到的知识一定是方法类知识。

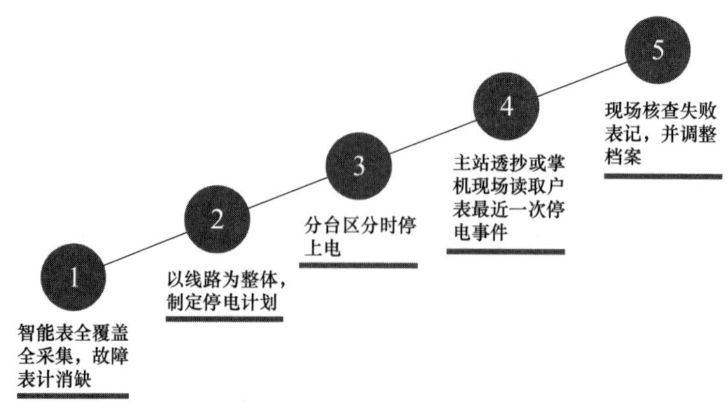

图 3-5　方法类知识——台区识别五步法

② 原理。是指探究条件要素和结果之间关系的知识，也就是解释“为什么”的知识。通常来说，原理类的知识包括以下几种：

a. 原则。是做事或达到一个结果时的行为规范。

b. 条件要素。是指达成结果所需要的条件，比如，SMART 原则，实际是好目标（结果）制定的五个条件。很多时候，××× 模型就是条件要素。比如案例编写的 STORY 模型，就是编写案例的 5 个组成要素。

c. 情境处理策略。包含在什么情况下，应该怎么做的知识。比如营业厅客户服务课程中，客户分类接待策略（不同类型客户的不同接待策略）：A 类客户应该如何接待，B 类客户又应该如何接待等。

d. 公式。这个和条件要素比较相似，都有条件因子，但公式还包含结果和公式关系。

在所有的知识分类中，原理类知识结构最为复杂，也是最为核心。一门课程知识萃取的成功程度，与这门课程对原理类知识的萃取程度正相关。

如图 3-6 所示，是“班组长的每日工作的时间管理原则”，属于原则中的情景处理策略，把每日管理工作分为日常事务、战略任务、垃圾任务和前瞻任务，针对不同的任务类型采取不同的管理措施。

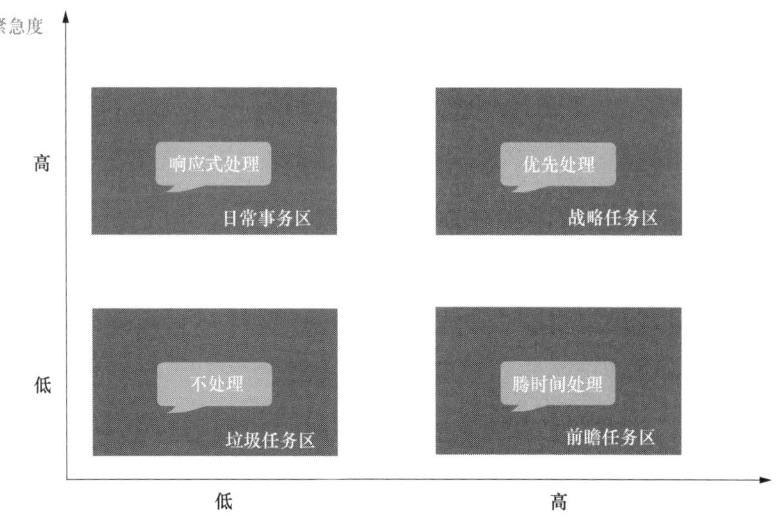

图 3-6　原则类知识——“班组长的每日工作的时间管理原则”

③ 概念。指需要解释和辨认的名称术语、分类。比如，对于成人来说，苹果是不需要理解和辨认的，它是一个信息，但对于小孩来说，这是一个概念，因为需要解释“什么是苹果？”“苹果和其他水果怎么分辨？”内训课程中，很多学习内容实际是对各种概念的解释和辨认。如图 3-7 所示，“业扩报装”就是电网企业营销人员必须要理解的概念。

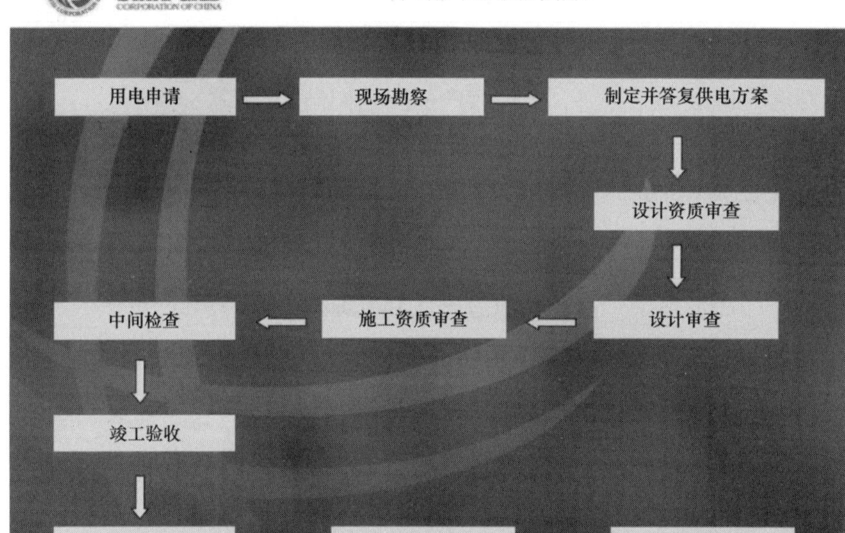

图 3-7 概念类知识——“业扩报装”

④ 信息工具。包含不需要解释的信息和作业工具。是方法、概念或原理的附属知识类型。一般包含：清单表格；作业指示图；信息结构图；操作模板或表单。

比如：深圳梧桐山的顶峰海拔是 902m，就是一个信息数据，包含了三个信息字段和三个对应的数据（地点、山峰名称、海拔）。在课程开发中，信息经常表现为工具的形式。图 3-8 中，居民电价政策就是一个计算电费的信息工具。

现行居民电价政策

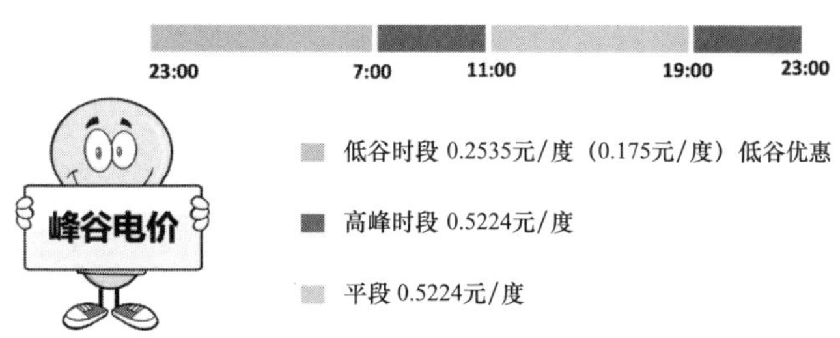

图 3-8 信息工具类知识——“居民电价政策”

还比如：在高压计量装置竣工验收时，需要验收检查表计（电能表、采集终端）—采集终端的结构图（见图 3-9）就是属于信息工具类的知识。

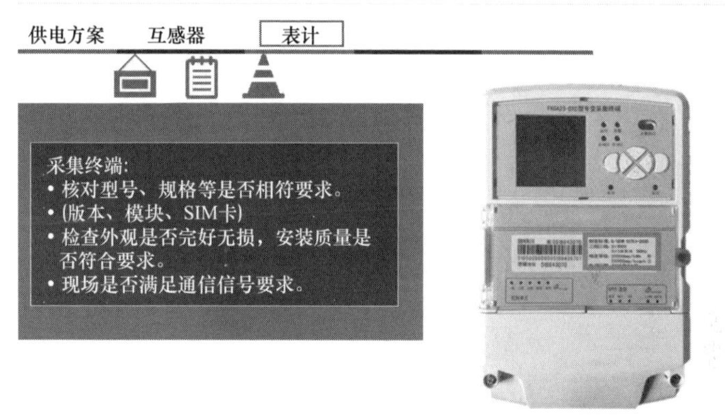

图 3-9 信息工具类知识——“表计—采集终端结构图”

以上四种知识类型，有以下三个特点：① 知识可以按照内容进行分类，分别是方法、原理、概念和信息工具。每一类知识都有自己的结构。② 四类知识之间也是有层次关联的，方法是第一层，原理是第二层，概念是三层，信息工具是第一层的附属。③ 知识萃取就是找到应用场景中的四种知识所组成的逻辑关系，并按照四种知识结构，找到结构中具体的内容。

4）生成二三级大纲。当我们已经了解了知识内容的分类后，我们就需要在一级大纲的基础上生成每章所对应的知识点（二级大纲）和对知识点进行释义

（三级大纲）。对知识点进行释义其实就是对知识进行萃取，我们将在知识内容萃取部分重点叙述，下面主要论述二级大纲的生成原则和方法。

a.“内容适量“原则。在设计知识内容要点的过程中，我们总会做无数次关于知识内容要点的保留、新增、合并、增强、移位、删除等方面的决定，而有关割舍的决定是很艰难的。这个过程很像我们出差时决定带什么物品一样，要综合考虑出差目的、目的地、出差时间、任务、季节等多种因素。比如，你想带的物品有衣服、书、工作材料、生活必需品等。每一件都是到外地生活和工作所需要的，但行李箱容积是有限的，在决定放弃每一件时都很纠结。学习内容的选择与确定是课程开发流程中最难和花费时间最多的环节之一，要设计有效的课程，还需要掌握学习内容有效决策的原则、步骤和方法。

德鲁克在其经典之作《卓有成效的管理者》中指出：“有效决策的关键要素之一就是要明确决策最低限度必须达到什么目标？至少需要解决问题的哪些部分？高效能人士深知无法满足边界条件的决策是无效和不适当的决策。”学习内容的决策应以“少即是多”为原则，求取学习内容要点数的最小值而非最大值。培训师给到学员的内容越适量，学员学得就会越扎实，这一点也被脑科学研究结果所证实，“内容适量”是符合人脑的思维习惯的。

b. 知识内容设计的 ABCDE 法。知识内容设计要直奔学习目标，所选择的知识内容不要太多，也不要太少，以“适量”为宜。问题是如何判断适量呢？对于学员而言，他们面临的最大挑战是：从乐于了解的信息中识别出应知应会的内容。对于培训师而言，应以学员为中心，找到这一个问题的答案：“目标学员要完成组织所赋予的工作任务，必须具备哪些能力？必须达到能力的哪个层级？”

应用“内容适量”原则的一个很好用的工具就是“ABCDE 法”，运用这一方法能简便、高效地将内部最佳实践萃取在内的多种渠道获取而来的学习内容进行分解，从而确定课程的知识内容。

A 类内容。所有列出的知识内容（All Contents that could be known），即根据总体课程目标和每个单元的课程目标清单，罗列出所有的方法、原则、概

念、信息工具这四种类型的知识要点。

B 类内容。学员“必须知道类”（Be necessary to know），即从上面所列出的所有知识内容（A）中，识别出学员必须要学习的内容要点，即应知应会的内容。B 中任何一项都是支撑学员完成工作任务所必须具备的。反之，缺少了任何一项，学员都无法顺利地完成相应的工作任务。因而在分解学习内容要点时，B 类内容必须保留在课程大纲中，供课堂上精讲多练。

C 类内容。通过对照学习目标进行分析，在所列出的所有潜在的知识内容要点中，有些知识内容要点会被归并到学员“最好了解类”（Contents to be optional）。对这类内容要根据课时数和学员的具体情况，决定是否保留在课程大纲中。此类知识内容可制作成翻转课堂学习材料，在课前发给学员阅读。

D 类内容。通过对照课程目标进行分析，在所列出的所有潜在的学习内容要点中，有些内容属于“参考性资料类”（Data for reference），即对学员而言，仅作参考要求。因而这类内容可作为参考性学习材料附在学员手册的附录里，或者以拓展阅读资料形式，在课前或课后发放给学员。

E 类内容。E 类内容是指对学员完成工作任务“不需要知道的”（Erase the use-lese）内容，即在所有的知识内容中，识别出哪些内容是学员不需要知道的，从知识内容清单项中删除掉。如果把 E 类知识内容也放入课程中，不仅不会促动学习，反而会成为影响学员绩效的强干扰因素。

完成上述步骤后，你将得到一份经过梳理和精练的知识内容干货清单。针对每项知识内容还应再次核对其与课程目标的一致性程度。ABCDE 法能帮你决断知识内容的“适量”性——不多、不少、不重复且重要。

（五）萃取知识内容

1. 知识萃取的定义

什么是知识萃取？通俗地说，就是在某个任务场景下，梳理知识点的内容并用一定的结构表达出来的过程，就是知识萃取。例如有这样一个场景：作为管理者，如何在公众场合进行即兴发言？可以总结提炼出公众发言的万能公式：感谢 + 回顾 + 未来愿景，并且用一个谐音表示：“赶回来”。这三个方面应该具体怎么做呢？

“赶”：感谢在座的听众。

• 要包括全体或大部分听众。

• 要有 1 ～ 3 个具体的关键听众。

“回”：回顾过去的经历、经验、成绩、教训等。

• 以具体的小故事的方式呈现。

• 如果故事与听众关联更好。

“来”：对未来的希望、祝福、梦想等。

• 提出具体的目标和期待。

• 表达信心。

以上，这就是知识萃取成果的三个内容要素。

• 知识点名称：聚会发言万能公式。

• 知识结构：三个发言点 —— “赶回来”。

• 知识结构的具体内容：每个发言点都有 2 个关键要点。

2. 知识萃取的两类方法

当我们知道了知识萃取及其成果形式，就需要把知识成果萃取出来。一般有两类萃取方法，一类叫归纳法，另一类叫演绎法。

（1）归纳式知识萃取。归纳法，就是从具体的事例中总结出一般方法的过程。也就是从事例、案例或经验中归纳总结出知识。是知识萃取的基础方法，现在应用很广，比如：我们观察电力营销业务人员在使用用电采集系统的过程，将他处理异常采集故障的过程总结为若干个步骤，与此同时，观察业务人员每个步骤的操作要点，记录为动作的方法，这个提取的过程就是归纳式知识萃取方法。这个过程可以归纳为一个流程步骤的结构，而每个流程步骤还可以总结出具体的操作要点。这个整体作为一个知识点，名叫“用电异常处理五步法”。

归纳式知识萃取的关键字是：事例 + 抽象总结。按这个逻辑，要得到知识，首先需要大量的实践事例，然后才能进行归纳总结。所以，归纳法其实就是复盘，具体的复盘方法见图 3-10。

一、回顾目标
当初的目的是什么(期望的结果)
要达成的目标 & 里程碑

二、评估结果
Highlights (结果与原来目标比要好)
Lowlights (结果与原来目标比要差)

四、总结经验
经验&规律
举措&行动计划
开始:
停止:
继续:

三、分析原因
成功关键因素(主观/客观)
失败根本原因(主观/客观)

图 3–10　复盘四步法

（2）演绎式知识萃取。归纳法比较适合即时复盘的这种情形，也就是干完一项工作或解决一个问题之后，马上进行的经验总结活动。课程开发时，业务部门的知识萃取往往都不是和业务事件一起进行的。典型事例发生在很久之前，或者业务人员频繁处理一项业务工作，工作的相关技能已经熟练，内化为自己的隐性技能了。这种情况下，业务专家其实已经可以直接进行做总结归纳了，如果先找典型案例，然后再进行知识的总结归纳反而不自然，也特别费劲。除了萃取情境的差异之外，归纳式知识萃取也有一些先天的缺陷，那就是归纳法从一个个事例中总结出来的知识比较碎片化，不够系统完整，而且还无法验证其准确性。一般这样的知识，作为经验传播问题不大，但如果作为规模复制的知识，存在比较大的风险。这也是归纳式知识萃取往往得到的是一个个“妙招”的原因。

归纳法是从具体到一般的过程。演绎法知识萃取，是从一般到具体的过程。两者的过程是相反的。核心是：知识分类 + 知识点一般结构 + 事例验证。其中，知识分类和知识点一般结构，这是知识的结构规律。也是演绎的前提，事例验证是对知识结构的证伪。这也是科学思维的一般过程，也就是说，知识萃取的科学方法就是演绎法。

3. 演绎式知识萃取具体操作方法

演绎式知识萃取方法，一共有三个步骤。首先，绘制知识框架，简称为绘制课程的知识图谱；然后，按照知识点类别的一般结构，归纳提取知识点内容，并以合适的方式呈现出知识点的内容；最后，编写事例，对步骤一和二进行进一步补充和说明。

（1）绘制知识图谱。利用知识四种分类及其关系，培训师可以很流畅地按照知识的结构规律，形成结构化的知识点图，我们称之为知识图谱。

具体知识图谱绘制步骤是：

1）写出应用场景的过程步骤。这个部分包含方法类知识，梳理出解决问题和完成工作的流程步骤。

2）画出每一个流程步骤背后使用的方法。这个部分包含原理原则类知识。

3）对应性找到完成动作流程所使用的工具，这些工具可能是表格模板，也可能是物品。

4）列出完成动作流程所需要辨认的概念。

如图 3-11 所示，就是《输电设备运维管理》课程知识图谱。

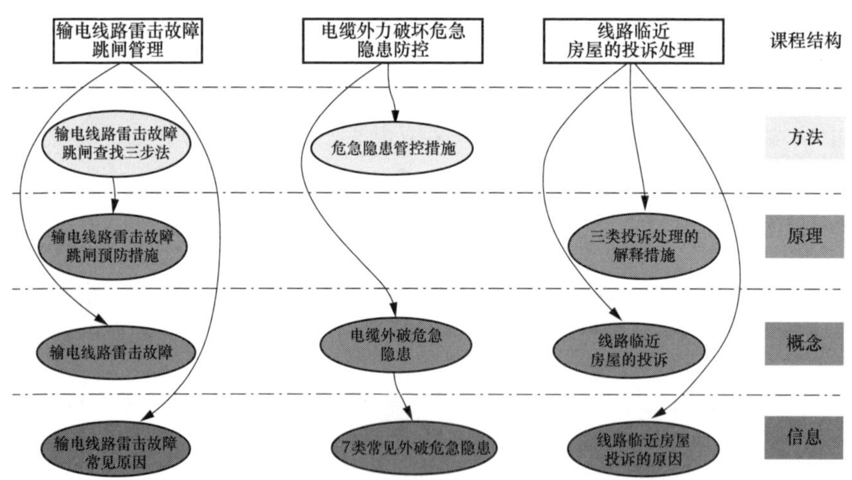

图 3-11 《输电设备运维管理》课程知识图谱

需要注意的是，在实际的业务知识萃取时，概念类知识点可能包含有清单表格、信息结构图；原理类知识点可能包含模板；方法类知识点可能包含作业

指示图、信息表单。

（2）知识点内容萃取。知识点内容萃取就是提取知识图谱中各个知识点的内容并表达出来。演绎式知识萃取，在提取知识内容方面，并不是由萃取者按自己喜好归纳，而是在知识内在结构规律的基础上进行归纳。演绎法知识萃取中，知识分为四类，知识点的一般结构大约有11种，见表3-10。

表3-10 四类知识点结构对照表

知识类型	知识点的常见结构
方法	流程步骤
信息工具	信息清单
	句式模板
	表单
概念	名词术语
	分类
原理	原则
	条件要素
	公式
	分类情境策略
	单一情境方法

萃取知识点内容，就是按照每一种类型的知识的一般结构，归纳提取内容。图3-12～图3-19是四类知识结构的常见展现形式及样例示范。

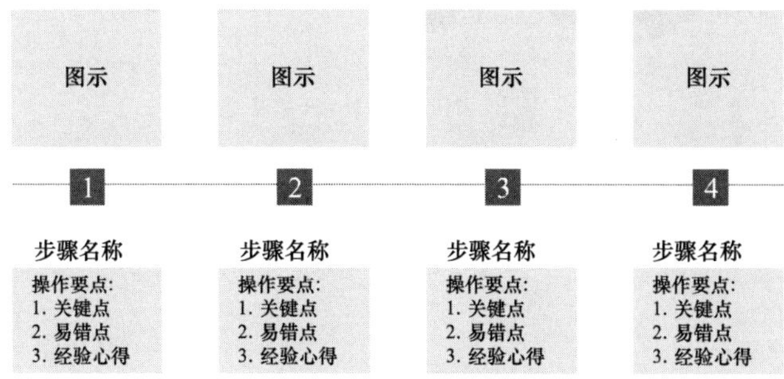

图3-12 方法类知识结构示意图

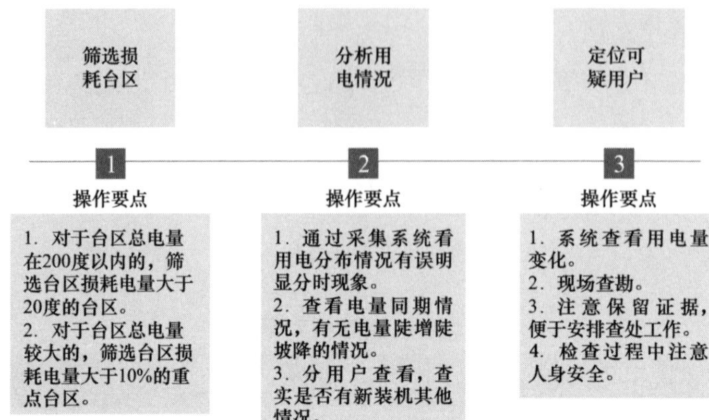

图 3–13 方法类知识样例——“快速定位窃电用户三步法”

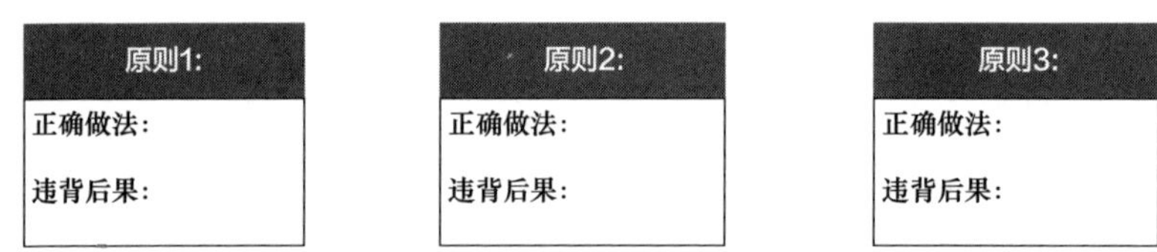

图 3–14 原则类知识结构示意图

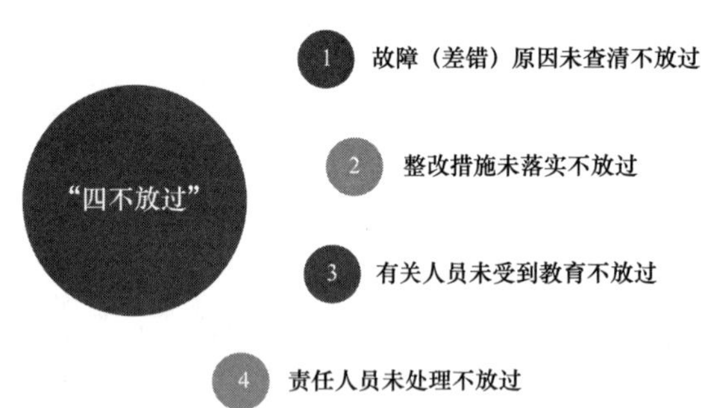

图 3–15 原则类知识样例——“计量表计故障处理四不放过原则”

×××概念

区别	概念一	概念二
特征一		
特征二		
特征三		

图 3–16　概念类知识结构示意图

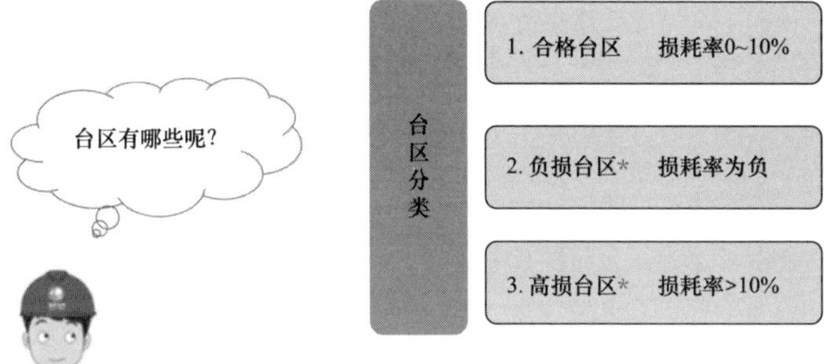

图 3–17　概念类知识样例——“台区的定义”

×××表单

数据字段 1	数据字段 2	数据字段 1	数据字段 2	数据字段 1	数据字段 2
数据	数据	数据	数据	数据	数据
数据	数据	数据	数据	数据	数据
数据	数据	数据	数据	数据	数据

图 3–18　信息工具类知识结构示意图

台区线损治理技能比武竞赛评分标准

序号	评分项目	总分值	评分内容	评分标准	评分分值
一	系统线损分析	20分	1. 应用186系统、采集系统、同期系统查询台区信息及指标完成情况，并详细记录台区档案资料（台区容量、考核计量互感器倍率、低压用户数、台区覆盖率、抄表成功率、采集失败表计只数、台区线损率）	台区信息填写不完整1项扣1分，超出3处和档案填写错误不得分	3分
			2. 应用采集系统查询台区三相负荷一次电流、电压，并记录台区连续3天的电流、电压数据；分析台区三相负荷运行情况；根据台区负荷曲线，结合查询数据准确分析	填写信息不完整1项扣1分；系统查询数据错误，分析结果不准确不得分	7分
			3. 核对186系统、采集系统、同期系统户表档案数量是否一致，同时在采集系统中查询台区零电量用户和日电量突增减用户明细、数量，并详细记录（含异常档案明细）	填写信息不完整1项扣1分；系统查询数据错误，分析结果不准确，不得分	5分
			4. 应用采集系统检查台区集中器是否存在跨台区抄表异常档案和同期系统不一致计量点明细，并详细记录异常档案数量及用户明细	系统查询数据错误，分析结果不准确，不得分	5分
二	现场治理	20分	1. 现场检查采集终端与二次接线盒（或电能表）的计量接线是否正确，核对互感器变比（照相）及外壳是否完好；用万用表核查低压出线电流、电压是否与表计显示数据一致（照相），并详细记录分析，对检查的问题进行分析整改	现场核查数据填写不规范、不完整，1处扣1分；未记录和对已发现的问题不及时整改不得分	5分
			2. 检查低压户表封印是否完好，表计止度进行逐只核对，接线检查，并现场抄录电表止度与采集系统核对，对台区内采集失败户表现场调试、采集成功率达到100%，同时对发现的异常计量装置分类进行拍照，并现场逐一整改	现场核查数据填写不规范，不完整，1处扣1分；未记录核对已发现的问题，不及时整改不得分	10分
			3. 检查低压网络电力通道，是否有树障及故障配电设备，有无窃电用户，对检查出的异常情况进行拍照，配合班组台区经理进行整改	发现问题未及时整改，未留存影像资料不得分	5分
			4. 每组现场治理人员不到位，不严格遵守劳动纪律	每天少1人/次扣5分	—
			5. 现场治理未发现问题	未发现问题，未提出整改措施，该项20分，直接计为0分	—

图3-19 信息工具类知识样例——“台区线损治理技能比武竞赛评分标准”（一）

续表

序号	评分项目	总分值	评分内容	评分标准	评分分值
三	治理成效	50分	台区线损分析准确，发现问题现场治理及时，达到采集、同期系统线损率一致合格，且台区无异常档案、覆盖率和抄表成功率均达到100%	连续3天台区两系统日累计线损率达到0～10%合格范围，台区无异常档案得满分；高损台区实属需技术改造后才能达标，线损率降至15%以下根据降损百分点进行评分；未提升指标，弄虚作假直接计为0分，并扣罚差旅、食宿补助	50分
四	完成时限	10分	台区线损治理时限剔除属地班组配合处理时间，不应超出3天	超出规定治理时限，每天扣1分	10分

图3-19　信息工具类知识样例——“台区线损治理技能比武竞赛评分标准”（二）

（3）写事例，进行解释说明。演绎法中，提取的知识图谱和知识点内容，需要通过事例进行解释和说明，帮助学员能够更好地理解知识点。比如，《电缆外力破坏危急隐患管控措施》这个课题，培训师编写了如下事例，对隐患管控的具体措施进行了解释。

事例：某天电缆运维人员小张在巡视过程中，发现某110千伏电缆隧道沿线存在一处雨水管线施工作业，对方正在距离隧道保护区3米处进行机械开挖，具有很大的安全隐患。小张在与施工方交涉过程中，施工单位的老李态度较差，不理会小张的安全告知，并表示“我们的工程是政府重点项目，工期一天都不能耽误，我们在施工中会注意安全，不会对你们的隧道造成影响！”。

小张于是向老李下发了安全告知书并同施工单位签订安全协议，在醒目位置悬挂和安装了警示标牌，并派专人定期值守；同时编制了针对性应急方案，并提醒施工单位如果后期仍然不听劝阻违规作业，将联合警务站、政府采取强制措施消除隐患。最终施工单位按照要求安全作业，未发生任何事故。

三、应用案例

在二十一世纪的今天，生活中到处都在用电，电作为一种能源被我们所利用、所普及并与人们的生活及设备的运转息息相关。然而一个事物总是有两面性，电在造福人类的同时，却也存在着诸多隐患，用电不当就会造成灾难。例如，当电流通过人体内部（即所谓的电击）时，它会对人体造成伤害，一般来说是破坏了人体的心脏、呼吸系统和神经系统的正常工作，严重时危及人的生命。当用电设备发生故障时，有时不仅会损坏电气设备而且往往因为其发生火灾。因此，作为电网企业的工作人员不仅自身要提高安全用电的思想认识，也要对所管辖的各台区居民普及安全用电的知识和传授当发生用电安全事故时的紧急救护的技能。

以下内容是根据上面的课题背景，开发的课程内容大纲（见表 3-11）：

课程名称：《安全用电与紧急救护》

课程对象：台区内所管辖的居民

学员基本信息分析：

1. 各年龄段人群都有，以中老年人员居多。

2. 人员成分复杂，用电知识水平参差不齐。

学员经验水平分析：

1. 了解部分基础电气安全用电知识。

2. 不具备触电急救基本知识。

3. 对涉电事宜容易出现极端（要么谨小慎微，要么无知无畏）。

学员学习风格分析：

务实型，希望学习实用的生活安全用电技巧，但不需要太复杂，要简单易懂。

表 3-11　　课程设计大纲

<table>
<tr><th>课程名称</th><th>《安全用电与紧急救护》</th><th>目标学员</th><th>台区内所管辖的居民</th><th>课程时长</th><th>80 分钟</th><th>课程版本号</th><th>1.0</th></tr>
<tr><td>课程目标</td><td colspan="7">学员在课程结束后，能够做到：①深刻理解安全用电的重要性；②认识到错误用电对人体造成的危害和重大影响；③根据安全用电的原则，科学使用相关电器设备；④在发生人员触电时，能够做到确保自身安全的情况下，用正确的方式帮助触电人员脱离电源，进行心肺复苏急救</td></tr>
</table>

续表

课程名称	《安全用电与紧急救护》	目标学员	台区内所管辖的居民	课程时长	80 分钟	课程版本号	1.0
一级大纲（课程结构 / 章 / 单元）	序号	（二级大纲）知识点		三级大纲（知识内容）		教学方式	教学时长
为什么要安全用电	1	什么是安全用电		科学用电的情况下，不发生安全事故		讲师讲授	2 分钟
	2	未安全用电的后果		容易发生电气火灾或人身触电事例，例如高压线下钓鱼身亡和在家里给电瓶车违规充电等事故		视频赏析	5 分钟
人身触电危害	3	什么是人身触电		指人体直接或间接接触到带电体，电流通过人体造成的现象		讲师讲授	3 分钟
	4	触电的种类		包括电击和电伤两种类型		提问发言	2 分钟
	5	触电的形式		单相触电、两相触电、间接触电、跨步电压触电		视频赏析	5 分钟
如何安全用电	6	区分危险点		违规操作、带电物体、电力线、加热类电器等		小组讨论	5 分钟
	7	安全用电的六大原则		合理合规使用电力工器具；远离带电物体，与电力线路保持安全距离；禁止在电加热设备上烘烤衣物；使用合格的保险丝；禁止违章乱建；与断落线路保持 8 米安全距离		案例分析	10 分钟

续表

课程名称	《安全用电与紧急救护》	目标学员	台区内所管辖的居民	课程时长	80分钟	课程版本号	1.0
如何安全用电	8	安全用电的十大注意事项		四个一：一个不私自、一个不替代、一个不用水、一个要看管；三用手：不能用湿手，不能赤手，不能直接用手；三开关：不能绕越开关，合理配置开关，离开要关闭开关		学员练习	5分钟
人身触电急救	9	低压触电脱离电源的方法		拉开关，切断电源线，挑导线，拽触电者，垫木板或绝缘垫		演绎示范	10分钟
	10	高压触电脱离电源的方法		尽快通知供电部门拉闸停电，不得靠近，与触电者保持8～10米安全距离		讲师讲授	3分钟
	11	触电急救的心肺复苏法		判断意识、呼吸和心跳，胸外按压，开放气道，人工呼吸		情景模拟	30分钟

第三节 “破土”：案例经验萃取

一、学习目标

1. 知识目标

（1）能够理解经验萃取的定义和价值。

（2）能够简述经验萃取的流程和要点。

（3）能够简述案例的定义以及案例编写步骤。

2. 技能目标

（1）能够按照经验萃取的流程步骤和实施要点正确开展经验萃取。

（2）能够依据案例编写步骤，将萃取的经验开发成典型案例。

二、学习内容

（一）经验萃取概述

1. 经验萃取的定义

（1）什么是经验。经验是人们从生活中多次实践得到的知识或技能。经验是可以模仿并且复制的。经验有待于深化，有待上升到理论。

在企业里，由于工作实践参与人员的不同，可以将经验分为三种类型：个人经验、团队经验和组织经验。

个人经验：是指个人在工作实践中累积的经验。在企业内部有很多技术达人、岗位绩优者、管理高手，他们身上蕴含着丰富的工作经验和管理实践，从他们身上萃取出来的宝贵经验，可以推广和复制给普通员工，大大提升组织绩效。

团队经验：是由一个部门或小组团队为单位，集众人之力，共同实践、合作完成的经验。

组织经验：是由一个企业或一个组织在实践过程中沉淀出来的经营或管理的经验。这些组织经验比个人经验、团队经验层次更高、涉及面更广，萃取的是整个组织层面企业战略调整、公司运营发展方面的经验。

（2）什么是经验萃取。在围棋中，棋手们常常在下完一盘棋之后，重新在棋盘上把对弈过程演示一遍，看看哪些地方下得好，哪些地方下得不好，哪些地方可以有不同甚至更好的下法，等等，这个把对弈过程还原并且对双方攻守进行研讨、分析的过程叫做复盘。通过复盘，棋手们可以从全局的角度来观察整个对弈过程，了解棋局的演变，总结出自己擅长和战胜不同对手的经验，或者找到更好的下法，从而使自己的棋力得到提升。

在企业的经营与管理中，经验萃取就像围棋的复盘一样，是指培训师复盘业务专家的经历，将业务专家大脑中的隐性经验转化为显性知识的技术。就是通过一系列有效的方法，对某人或某个团队在特定情境中的表现进行分析和总结，通过解构和重构，得出一套易学、易记、易模仿和掌握、易操作的标准化模式，以达到对表现的有效复制、反省和传承。

2. 经验萃取的价值

（1）经验萃取是企业智慧传承的重要方法。经验萃取对于企业的价值正如文字对于人类的价值。人类发展的关键在于有了文字记录，文字传承了人类的智慧，记录了历史的变迁，推动了社会的进步。通过文字的记载，后人总结了前人历练的精华，这使后人在短时间内能迅速掌握前人累积的知识和技术。经验萃取减少了员工不必要的探索，使企业的优秀基因被传承下去。

经验萃取使企业师徒制的优秀基因得以延续。员工的成长过程，从本质上来说，是员工系统地学习企业经验的过程，而师徒制正是一种有效的经验萃取的组织形式。在工作过程中，徒弟会观察和模仿师傅的行为方式，理解并体会师傅的思维过程，然后自己亲自操作、反复试验、不断思考，由浅入深地逐步建立对工作方法和技能的认知，直至掌握并熟练运用全套操作工艺和思维方式；师傅会给徒弟提供观察、模仿的机会，通过演示、说明、讲解，让徒弟理解其中的工作原理、掌握解决问题的诀窍，并在徒弟独立操作的过程中给予指导。实际上，师徒制是徒弟萃取和延续师傅的经验，并在师傅的帮助下快速成长的一种人才培养方式。这种师徒制的学习过程，就是对经验的萃取过程和应用过程，徒弟通过观察、模仿师傅的行为，在“做与学”中吸收师傅的隐性经验。

（2）经验萃取是加速员工成长的关键技术。一个部门虽然只有十几个人，但如果企业没有对部门经验进行汇总，好的经验得不到推广，员工就需要从头开始学习。如何加速企业员工的成长？其中一个有效的方法就是萃取。爱因斯坦曾经说过，人并不能在相同的认知水平上解决原来的问题，因为这样的认知水平，正是产生问题的原因。一个人的学习与成长通常是这样一个过程：通过对自己过往的经历与已有的经验进行反思，从中萃取出一般性的原则和规律，在新的工作与生活中自觉遵守与运用这些原则和规律，以使自己快速成长。

业务专家之所以能够更快、更有效地解决问题，是因为他们具备以下能力：

第一，掌握了解决问题或解决部分问题所需要的行动顺序；第二，能够在表面看起来完全不同的问题中，发现其相同的本质；第三，能够把外显的陈述性知识转化为可以直接应用的程序性知识。所以，企业不仅要对有形资本进行管理，还要将业务专家大脑中的隐性经验萃取为可传承、可复制的显性知识，然后将其作为企业的知识资产供员工学习和使用。

（3）经验萃取能有效降低企业经营成本。在生活中，如果要下厨炒菜，有经验的主妇和没经验的主妇炒同一个菜，比如红烧肉，出来的结果会有很大的不同。研究表明，有经验的主妇和没经验的主妇不管是在沟通效率，还是在时间效率、经济效益方面，都是不一样的。同样的道理，在工作中，同一岗位上做同样工作的两个员工，有经验的和没经验的做出来的结果也会有很大的差距，有经验的员工所耗费的成本要低于没有经验的员工。所以，萃取的经验如果能复制给没有经验的员工，就能大大降低企业的成本。

（二）经验萃取的方法

1. 经验萃取的流程

培训师在进行经验萃取时，一般按照明确萃取主题，选择萃取对象，实施经验萃取这三个步骤进行。经验萃取流程见图 3-20。

图 3-20　经验萃取流程

（1）明确萃取主题。没有主题，萃取技术就无法应用。主题，需要选择那些组织需要、学员需要、标杆擅长的主题。在经验萃取前就要确定“人与主题”，这样在培训中才能做到人与主题的深度关联。

（2）选择萃取对象。经验都隐藏在企业的标杆人群身上，找到携带经验的人是萃取经验的前提。企业里的高效率人群往往都是经验携带者，比如管理干部、业务专家等，需要基于主题找到一定数量的标杆人群。

（3）实施经验萃取。找到了人与主题之后，就要进入到萃取环节。萃取做到的是“人与经验”的分离，使用自助式、访谈式、共创式等萃取经验的方法将经验从标杆身上萃取出来。做到了这一步，就基本将个人经验变成了组织经验。萃取经验是最为重要的环节，没有萃取，就没有经验。根据人数、时间的不同，选择一种萃取经验的方式，重在主要经验的确定，然后拆分为具体的操作步骤。

下面分别对以上萃取流程进行详细论述。

2. 明确萃取主题

萃取主题是让培训师应用萃取技术聚焦发力的目标，有了主题，团队的智慧才能汇集，个人的最佳实践才能归集。

（1）萃取主题的类型。萃取主题主要包括事件、项目、岗位、课题、问题这五种主题类型。

1）事件主题。一个创纪录的事件，比如某个客户的投诉终于解决，某个创意得到客户的表扬，某个事件得到行业的认可等，公司或部门按照季度或年度盘点、征集公司级或部门级的纪录，萃取“牛事”背后的成功之道，形成场景经验。

2）项目主题。针对内部的项目，比如人员绩效考核的建立、青年骨干员工的培养、中层干部的管理能力提升等；针对外部的项目，比如客户满意度的提升、重大安全事故的抢修项目等，取得最大收益、得到广泛好评的最佳项目，复盘项目经历，萃取最佳实践，形成项目管理方法论。

3）岗位主题。企业里的岗位很多，但关键岗位很少，基本都是个位数，关键岗位对于企业的发展至关重要，一个经验都不容流失。召集关键岗位的业务精英，梳理岗位职责、工作事件，建立工作流程、标准，整理工作错误、误区，最终形成关键岗位工作经验手册。

4）课题主题。部门或公司级有一个明确需求，就是狭义的主题，比如执行力、优质服务、创新变革、安全生产等，只要需求是具体的，颗粒度在二级目录以上，就可以作为一个主题，进行经验萃取，形成主题方法论。

5）问题主题。企业急需解决一个问题，可以萃取内部专家，找到解决问题的经验和方法，转化成相应的流程、工具，最后形成方案、方法论等成果。比如如何降低 10kV 线路跳闸，如何提升资产管理水平，如何承接 35kV 变电站运维工作等，这些主题是组织需要的，此时就需要萃取内部经验，然后再结合问题的实际情况进行解决。

（2）萃取主题的选择。没有主题，经验萃取就成了大杂烩，就不会聚焦产出经验。主题的确定需要考虑组织方面、标杆方面、受众方面的需求，三者交集会产生最适合的主题。

1）组织方面。组织方面包括组织需要和紧迫要用两个维度。

维度一：组织需要。组织需要，是指主题契合组织的战略目标或转型需要，是关键的、重要的，比如企业今年要进行数字化转型，那么萃取大数据管理这样的主题经验就比较适合；或者是企业当前普遍要解决的某个难点，比如公司一直想要把项目经理的经验做系统的整理，但一直没有实现，那今年的萃取主题定为项目管理的经验萃取就比较适合。

维度二：紧迫要用。组织需要的主题，不一定都是紧迫要用的。紧迫是指在近期就会应用，比如下个月要用到的一批课程，那么本月作为萃取主题就是紧迫要用的。一般来说，三个月之内要用到的主题，都是紧迫需要萃取的。比如某公司安全事故频发，那么安全生产的主题就比较合适。从组织层面来看，那些组织需要且紧迫要用的主题，可以优先考虑。

2）标杆方面。标杆方面包括标杆擅长和标杆有利两个维度。

维度一：标杆擅长。组织经验萃取，主要还是萃取内部专家的最佳实践，因此，对某个主题具有一定数量的专家是关键，因此，培训师要对主题是否有标杆擅长做一下调研，如果主题很重要，但当前没有足够数量的擅长专家，那也是要暂时搁置的。标杆不擅长，是无法萃取出组织内部经验的。

维度二：标杆有利。组织经验对组织是有利益的，标杆是经验贡献者，开始是做奉献，组织应该给予一定的奖励。非物质激励的措施可以多考虑，比如贡献最佳实践的员工有提干的优先权，可以晋升为内部讲师，作为优秀员工或干部的评选指标之一，优先的外派培训机会等。在经验萃取中能够促进自身的成长，标杆也会自愿主动参与。比如，有的标杆携带培养人的经验，但自身在用人方面需要提升，那么当用人经验萃取出来后优先给其学习，也可以激发其的参与动机。从标杆层面，擅长是第一原则，擅长主题就可以参与经验萃取。若主题对标杆有利，或者提供给标杆有利的奖励行为，会更促进标杆贡献经验。

3）受众方面。受众方面包括受众需要和落地易用两个维度。

维度一：受众需要。组织需要的主题不一定是员工当前需要的主题，因为员工与组织是不同步的，尤其是在战略的理解上，员工更看重当前工作绩效要求的事情。经验萃取之后主要是某类目标员工在应用，所以要考虑到受众员工的需求和想法。比如，企业想要萃取数字化经营管理的经验，但很多员工对数字化管理还不够了解，那就先萃取低一点的主题，例如数字化班组建设，这样就比较符合当前员工的需求。

维度二：落地易用。经验要想在受众应用时得到高频率的复用，就要考虑到经验主题是否落地，经验的操作是否可行。接地气的主题，往往是受众急需解决的痛点，主题的颗粒度要小而具体，不能宏大理论化。从受众层面，那些受众需要且落地的主题是非常合适的。

（3）萃取主题的确定。经验萃取，首先要保证的是能够萃取出来，这时要以标杆擅长为第一考量因素，标杆擅长就是主题选择时必须要契合的因素。组织需要是经验萃取项目得以开展的保证，学员需要是经验能够得以应用的保证，因此，这两点至少要契合一点。组织需要＋标杆擅长，组织当下有需要，又有相应的专家擅长，这两者的交集就可以确定主题；学员需要＋标杆擅长，企业里有一批学员需要某个主题的经验，虽然不是组织当下最需要的，但却是这批学员急需提升的方面，恰好有一些业务专家又擅长，这样的主题也可以；当然，如果三个层面的需求都得到满足，这样确定的主题是皆大欢喜的。

在主题选择时，如果碰到几个候选主题拿捏不定，那么可以使用《萃取主题评估表》（见表 3-12）进行评估，每个考量维度的分数是 1 ～ 3 分，1 分最低，3 分最高，根据企业实际情况赋予不同的分数，总分最高的主题就是最佳选择。

表 3-12 萃取主题评估表

候选主题	组织层面		标杆层面		受众层面		分数合计
	组织需要	紧迫要用	标杆擅长	标杆有利	受众需要	落地易用	
	1～3分	1～3分	1～3分	1～3分	1～3分	1～3分	
主题一							
主题二							
主题三							

3. 选择萃取对象

（1）四类萃取对象。二八定律在企业中无处不在，企业的绩效大抵也是由20%的精英人士所创造，在企业里一般存在着这四类人群：冲在一线的业务专家、带一批人的管理干部、身兼重任的关键岗位精英、能干又能说的内训师，他们是企业常见的经验携带者。企业如果要萃取组织最佳实践，避免“人走经验没”的经验流失，排除“人在经验隐”的最大浪费，就可以把这四类人作为萃取的开端。

1）管理干部。管理干部是某个部门或团队的带头人，他们需要带领一批人完成公司分配的业绩指标，在公司里的作用至关重要。他们管事理人的最佳实践急需萃取，他们的经验一旦被复制就会影响很多人，如果一个领导接受了萃取技术，就会带动一个部门的经验萃取。企业可以专门组织萃取技术的干部班培训，先给管理人员普及萃取技术。一个部门的员工也遵循二八定律，20%的优秀员工做出的80%的业绩，他们身上拥有宝贵的经验，但如果进一步“压榨”他们，业绩的提升也是有限的，因此，更应该推动70%以上的中游员工，这个群体基数大，每人进步一点，对于部门的整体绩效的提升是显著的。管理人员是希望部门的整体绩效上升的，因此他们有支持萃取经验的动力。

2）岗位精英。一个公司有很多岗位，但称得上是关键岗位的往往是个位数，他们是离客户最近的客服专家，他们是离收益最近的业务高手，他们是离企业未来最近的创新能人，关键岗位本来就不多，宝贵经验一个不能丢，关键岗位的经验萃取，强调的是全部经验。集结关键岗位的精英，集中几天时间，结合岗位说明书，梳理工作职责和事件，固化工作流程，提炼最佳工作经验，常犯错误，开发工作工具，最后形成岗位工作的经验地图。

3）业务专家。专家路线与管理路线，是现在很多企业给员工发展提供的两条路线。关键岗位之外的其他岗位的精英都可以统称为业务专家。比如一个企业有 30 个业务岗位，但只有 2 个岗位属于管理岗位，那么其他 28 个岗位的精英人士就被统称为业务专家。每个岗位都有优秀的员工，有职级评定的企业更可以轻松认定谁是业务专家。专家的经验价值千金，他们都是身怀绝技的骨干精英，他们的工作效率、工作质量和工作业绩都是一级棒，他们的工作经验是多年工作的经历和多个错误所凝结的，他们的经验急需萃取出来，按照岗位或者主题进行经验萃取，呈现为案例、微课等多种方式，制订内部经验的传播计划，让更多的员工学习经验，提高整体的工作效率、工作质量和工作业绩。

4）内部讲师。内部讲师是管理干部、业务专家、岗位精英的集合，除了企业培训部门的专职内训师之外，大多数讲师都是工作岗位之外兼任传道授业解惑的，将他们培养成内部讲师也是企业重视内部经验传承的体现。当前企业的内训师培养，都会学习课程开发、演讲呈现，独缺经验萃取。经验萃取提供的是内容，然后才能开发成课程，最后才是内训师的讲授。一些企业已经开始在为内训师补上经验萃取这一课，培养内训师成为组织经验萃取师。内部讲师的培养，可以通过课程开发来锻炼。先萃取经验，开发成微课，然后合成大课。开发课程的讲师讲授课程，完成基于课程的讲师认证，从而达到“因人萃课、以课育人、人课合一”的多赢局面。

（2）筛选萃取对象。以上四类人群是企业经验的携带者，但要具体选择哪些人来做经验萃取，就应该选择“三高人员”：高绩效、高能力、高意愿。

1）高绩效。一段时间内工作业绩排名前列的人就是高绩效人员，他们创造公司或部门纪录的事件，不时被员工津津乐道。一般来说，至少是综合考量年度或半年度的工作业绩，选择那些业绩持续稳定的人更好，这意味着他不仅仅是幸运星，更靠的是综合实力。

2）高能力。在某一方面有所专长，尤其是对当前萃取的主题特别擅长；他们是公司培养的高潜力人员，他们的工作业绩中等偏上，他们爱岗敬业、做事靠谱，他们的长期表现得到身边人的一致好评，他们的上司竭力在培养打造他们，这些就是高能力的人员。

3）高意愿。组织经验萃取是对组织发展壮大有长远利益的，但对于当下的个人来说，就是一种无私的奉献。如果他们是被动的、不配合的来到经验萃取现场，不但无法贡献最佳实践，还会破坏现场氛围，干扰他人的经验萃取。高绩效、高能力的人在企业或许很多，但在组织经验萃取时，必须要加上高意愿，他们愿意奉献自己的经验，他们希望参与经验萃取，他们积极配合公司要求。

4. 实施经验萃取

（1）三类常见的经验萃取方法。在企业中开展经验萃取，最常用的三种方法分别是自助式萃取、访谈式萃取和共创式萃取。

1）自助式萃取。每个人都是经验携带者，在多个领域都有最佳实践，应用自助式萃取，就可以持续萃取自身的经验。如果在经验萃取项目中，标杆人员是高度配合、时间充分的，就可以考虑使用自助式萃取，这样可以同步产生批量的经验。自助式萃取的优势在于参与经验萃取的学员每个人都是独立作战，都可以贡献一个经验。挑战在于如果学员萃取经验过程中配合度不高，经验萃取就会中途流产，会有一定比例的学员不会输出完整的经验。自助萃取的操作步骤相对简单，分为撰写典型案例、总结主要经验、分析操作步骤三个环节。自助萃取是萃取经验效率最高、最为方便的方式。培训师在成长初期，就要应用自助式萃取，随时萃取自身的经验，这个动作用得越多，越有利于掌握访谈式萃取、共创式萃取的方法。毕竟，要萃取别人，先萃取自己，自己体悟深了，就容易与学员产生共鸣。

2）共创式萃取。共创式萃取是最难、最综合的提炼方式，是最考验培训师能力的萃取方式。自助式是业务专家萃取自己，共创式是培训师通过引导技术带领多个业务专家一起研讨萃取。培训师在共创式萃取时要坚守尊重、分工、聚焦、充分、同步五个原则，既是对自己的要求，也是对在场学员负责。这样才能最快、最大化地汇集团队的智慧。共创式萃取，培训师需要先明确流程，然后再引导萃取。一般操作流程分为确定主题、界定范围、团队共创、整理汇总、确认成果等五步。

3）访谈式萃取。访谈式萃取是经验萃取的核心力法，是三种萃取方法中培训师必须要掌握的技能。一般来讲，企业主要的萃取结果都是从访谈中得来的。然而访谈却并不是一件容易的事情，因为一旦开启访谈，对话的方向就不是访谈者一个人能够控制的。如果访谈者自己没有清晰的思路，会发现问了一会儿就没什么可问的了，感觉有很多技能还需要去发现，却不知道从何处撕破一个口子。还有的时候，如果访谈者缺少足够的能力把控对话进程，就会发现自己只能随着被访者的回答而摇摆，虽然被访者洋洋洒洒地说了很多，但访谈者回来整理内容的时候，却发现对自己有用的信息少之又少。更多的时候是专家们似乎总是答非所问，回答的内容非常简短，我们不知道该如何能让专家变得健谈，吐露出更多有用的信息，所以下面我们重点讲如何进行访谈式萃取。

（2）访谈式萃取技巧。访谈式萃取的流程包括准备访谈萃取、实施访谈提问、整理访谈成果三个关键环节。

1）准备访谈萃取。培训师在访谈前的准备要从访谈主题、访谈对象、访谈物品三个方面进行准备。① 访谈主题。一次访谈只确定一个主题，培训师一定要对萃取主题做一些必要的了解，不一定要达到某种程度的理解，就是为了拉近与访谈对象的距离，能够与访谈对象比较畅快地交谈。与访谈对象确认访谈的时间，一般在 30 ～ 60 分钟，确定交流的地点，一般在访谈对象方便的地方。② 访谈对象。访谈前，培训师需要对访谈对象进行一定的调研和了解，以便营造访谈的良好氛围。比如访谈对象的工作信息、个人信息、直接领导、最佳实践等方面，如果这四点都不知道就应该停止访谈，做好准备了再去。在访谈时一定不能搞错访谈对象的姓名和工作岗位，这种低级错误是不可原谅的。如果访谈对象在访谈时才知道要聊什么，这就是培训师不合格的表现。仓促地交流，往往是失败的开始。培训师自己有充分准备了还不够，也要让访谈对象有一定的准备。访谈对象在访谈前必须要明确五个方面的内容：明确时间，知道何时访谈，访谈的时长；明确主题，知道要萃取何种主题的经验；明确流程，知道访谈交流的问题大纲；明确方式，知道是面对面的访谈交流；明确态度，知道访谈时不可以处理其他事务，要专心地交流。③ 访谈物品。因为业务专家很忙，见面访谈往往也就一次，其余的交流可能通过电话或网络的方式，因此培训师一定要把握面访机会。在访谈时，一定要做好记录，携带纸笔做好要点的记录，同时准备好录音设备，比如录音笔和手机。如果能携带一个小礼物，在访谈结束之后送给访谈对象就更完美了。

2）实施访谈提问。访谈提问是访谈式萃取的最关键环节，培训师需要高度重视这段短暂的访谈时间，它直接决定了能否萃取出经验。在访谈中，培训师要做到“心中有框架，嘴上提问题”，能够在谈笑风生中快速提炼到标杆的经验。一般按照事件、经验、步骤、难点这样的访谈框架进行访谈。

a. 事件。培训师在访谈时，要与访谈对象共同回顾他基于主题的成就事件，这样赋予访谈对象以自信，而且经验也隐藏在成就事件中。培训师通过提问要搞清楚并记录下事件的背景、冲突、行动、结果。

背景，是指访谈对象在什么情况下做出的成就事件，比如客户投诉后、业绩指标增加时等。

冲突，是指在事件处理中遇到的困难、瓶颈、问题等不顺利的情况，比如上司的批评、客户的刁难、自身的能力不足等。

行动，是指在处理冲突时，访谈对象所采取的行动，比如请求上司的帮助、寻求同事的支持、紧急学习、查找资料、客户拜访等。

结果，是指访谈对象在采取了一系列行动之后所取得的结果，一般是指良好的结果，比如客户满意、上司夸奖、完成任务指标、顺利通过评审、如期达成目标等。

关于事件具体如何提问，可以参考表 3-13《事件提问清单》。

表 3-13 事件提问清单

背景	• 这个事情发生在什么时候? • 这个事情为什么会发生在那时? • 这个事情在什么情况下产生的
冲突	• 出现了什么问题? • 那时你遇到的最大挑战是什么? • 你需要解决什么难题? • 在这个过程中碰到了什么瓶颈
行动	• 你采取了什么行动? • 你做了哪些行为的改变? • 你增加了哪些措施? • 你认为必须要做点什么
结果	• 最后的结果是什么? • 任务是否完成了? • 项目组成员是怎么庆祝的? • 这个项目完成得怎样

b. 经验。访谈式萃取重在找到事件成功的主要经验，但直接让访谈对象说哪个是主要经验，这样的提问也是不靠谱的，因为业务专家虽然能够把事情做好，但往往不容易找到主要经验，或许是因为不善于表达。这就需要培训师引导访谈对象逐步分析出主要经验。

访谈式萃取主要用漏斗法来确定主要经验。漏斗法是指在分析典型案例时，采用一步步过滤的方式，最终确定主要经验的方法。漏斗法从罗列经验、区分内外、区分主次三个方面过滤，最后留下一个主要经验。首先引导被访谈者分析事情成功的诸多要素，这个环节不限制条数、不考虑逻辑，多多盘点即可。然后，区分哪些因素是自身可以影响和控制的内部因素，过滤掉外部因素；接下来按照重要、次要区分内部因素，过滤掉次要的内部因素；盘点剩下的内部重要因素，如果只剩下一个，就是主要经验；如果剩下两个以上，就再次进行重要、次要的区分，最终只留下一个。表 3-14 是漏斗法提问的参考问题清单。

表 3–14　　漏斗法提问的参考问题清单

罗列经验	• 你觉得因为在哪些方面做得好，才会取得这样的效果呢？ • 必须在哪几个地方做到位，才能取得成功呢？ • 你可以列一下取得成功的所有要素，不限制数量。 • 还有呢？你可以再补充几条其他方面的成功要素吗？ • 除了这几条，还有别的要素吗？
区分内外	• 如果把这些经验按照发生主体的内部和外部来划分，你会怎么划分呢？ • 你觉得哪些是内部可控制、可影响的因素呢？ • 你觉得哪些是外部不可控的因素呢？ • 除了这几个，还有哪些因素是内部因素呢？ • 关于这个因素，你觉得是属于内部因素还是外部因素呢？
区分主次	• 按照重要、次要两个方面对刚才的内部要素进行划分，你觉得哪些是？ • 你觉得这些经验中，哪几个是更重要的？ • 先排除几个不重要的因素，你认为是哪些呢？ • 如果只选择五个以内的重要因素，你会选择哪些因素呢？ • 除了这个因素，你觉得还有哪些也是很重要的呢？ • 现在内部重要的因素就只有一个，你认为这个是主要经验吗？ • 如果只选择一个最主要的经验，你会选哪个？ • 现在有两个内部重要经验，如果采用两两比较的方式，你认为其中哪个更重要？ • 对于新人来说，你觉得哪个因素会更重要一些呢？ • 换位思考一下，你觉得其他同事会将哪个因素作为主要经验呢？

c. 步骤。主要经验确定之后，培训师就要引导访谈对象基于主要经验进行操作步骤的拆分。培训师要与访谈对象一起确认仅靠主要经验是否就可以解决问题，如果可以就直接把主要经验拆分成操作步骤；否则，就回到萃取的主题，直接进行操作步骤的拆分，要注意的是步骤中一定要包括主要经验在内。

操作步骤的拆分要遵循“四化”原则：操作流程化、步骤简单化、行为动作化、标准可量化。

操作流程化：是指步骤需要按照执行的先后时间顺序进行拆分，这样便于复制。

步骤简单化：是指操作步骤要在 4 ～ 7 条之间，步骤不能太多太复杂，否则经验就不容易推广和复制，组织经验萃取不是做学术研究，没必要面面俱到。一般来说，操作步骤不超过 7 步是最好记忆和复制的。

行为动作化：是指操作步骤要描述工作行为，要用动词陈述怎么操作，比如盘点、发起、制定、分析、总结等，不要出现疑问、模糊不清的描述，方便新员工在学习时可以直接理解到行为操作的层面。

标准可量化：是指操作步骤的具体实施内容要具体，这样可以清晰界定操作标准，以便新员工精准学习和复制。把动作执行的标准具体化、量化，不能出现少许、差不多、适量等模糊的描述。在涉及主体、数量、质量、时间、成本等方面更要清晰界定。

表 3-15 是四化原则可参考的提问清单。

表 3–15　　　　四化原则可参考的提问清单

操作流程化	• 如何把经验分成步骤？你觉得都有哪些步骤？ • 你觉得你的经验可以分成几步呢？ • 按照工作动作的先后，你认为应该分成什么样的步骤呢？ • 新员工想要学会这个经验，必须要做哪些事情呢？
步骤简单化	• 你所说的步骤有点多，能减少到 5 ～ 7 条吗？ • 你认为哪些太细节的步骤可以不要？ • 你觉得哪个步骤可以去掉呢？ • 你觉得哪些是预备性的步骤可以去掉？ • 如果再减少 / 增加一个步骤，你觉得会是哪个步骤？
行为动作化	• 如果用动词来描述操作步骤，你会用什么样的动词呢？ • 你可以用动词来描述这个操作步骤，比如分析、确定、划分吗？ • 除了这个动词，你觉得还有别的动词更贴切吗？ • 你可以用动宾结构来描述每个操作步骤吗？ • 你认为其他同事会用什么样的动词来描述这个操作步骤呢？
标准可量化	• 这个步骤的执行需要什么岗位的人来配合？ • 这个步骤需要哪些物品？ • 衡量这个步骤合格的标准是什么？ • 执行这个步骤一般需要多少时间？ • 这个步骤是否需要投入费用？大概需要多少？

d. 难点。多个操作步骤并不是同等操作难度，一定有某个步骤是比较重要或比较难的，那么培训师就应该替新员工探求到难点。一个经验的难点只列出一点就好，因为本来步骤就不多，如果强调几点就等于都没强调，而且人们也容易只记住一点。具体提问清单见表 3-16。

表 3–16　　难点提问清单

难点	• 这些操作步骤，你觉得哪一步最难？ • 这些操作步骤，你觉得哪一步最容易出错？ • 这些操作步骤，你觉得哪一步最重要？ • 这个步骤，你一般是怎么操作的？ • 新员工在操作这一步时会出现什么错误和风险呢？又要怎样应对？

3）整理访谈成果。在访谈中培训师主要按照访谈框架记录要点，访谈后一周之内还需要进一 步按照经验呈现的方式再加工，整理的时机不要在访谈后太久，否则培训师就会忘记一些重要内容。访谈整理时应该独立作业，不要多次打扰访谈对象，在整理出一稿之后再询问访谈对象，不确定的地方可以留白与备注，一次性发给访谈对象确认。

访谈对象需要对文稿进行准确性的确认以及做必要的细节完善。访谈对象做出二次完善之后，培训师一定要再次与之确认修改的地方，能够见面是最好，否则也要通过网络交流的方式进行确认。培训师不能代替访谈对象，因为访谈对象才是经验的创造者，会更懂内容，访谈对象确认后的经验才可以作为定稿。

（三）案例开发方式

上面我们学习了经验萃取的方法和步骤，经验萃取出来之后，需要一个载体才能实现复制、推广和传承的目的。在企业内部，复制和推广经验的渠道和方式有多种，比如组织经验分享会、编制案例集发给员工阅读自学、组织案例学习与研讨、作为教学素材用于培训、开发一门微课等。在以上形式中，案例因对开发人员要求相对不高、开发周期短、容易出成果而成为企业经验传承的主要载体，近年来在众多企业广受青睐。

1. 案例的定义

案例是包含有问题或疑难场景在内的真实发生的典型性事件，为学习者提供如何分析问题和解决问题的学习机会。因此，一个案例应该要符合以下四个要素才能被称作案例。

（1）问题或疑难情境：在企业内部每天都会有各种事件发生，不是所有的事件都值得开发和编写成案例，只有那些存在比较棘手问题的，或者在情境中存在尖锐冲突的难抉择的事件，才有开发和编写案例的必要和价值。

（2）真实性：案例是真实发生的事件，它不同于故事，不可以是虚构的。

（3）典型性：案例不是一个普通的事件，它是典型性的事件，可以是正面典型，也可以是负面典型。典型案例是区别于普通案例的，是值得学习和研究的事件。

（4）学习机会：案例有非常明确的学习目的，学习案例是为了让读者通过案例提升自己分析问题和解决类似问题的能力。因为案例是包含问题和情境的一个典型性事件，我们通过学习当事人的处理方式，从而习得他人的经验或者教训。

2. 案例的编写方式

（1）案例的基本结构。一个完整的案例编写结构，包含标题、摘要、正文三个部分。

标题：案例要有一个有吸引力的能反映案例实质的标题。

摘要：要有一段话概括描述案例的主要内容，起到提纲挈领的作用。

正文：展开描述案例事件的具体经过、解决办法和反思启示等。

案例的编写一般是按照正文、摘要、标题的顺序进行编写，我们先来看下正文的编写有哪些技巧。

（2）案例正文编写。案例正文的描述主要包括五大部分：背景、事件、问题/难点、分析与解决过程和启示与反思。需要将案例的所在背景及事件，以及整个过程完整地描述呈现，详细还原整个事件发生的经过、过程中遇到的问题/难点，以及当事人是如何分析与解决问题的全过程。将案例中的解决措施做相应总结和归纳，作为以后处理相应问题的指导。

1）背景。描述事件相关的市场环境、技术条件、人物特点等，体现事件典型性的背景条件。

2）事件。对事件过程进行描述，对相关过程、动作、措施、反应等内容的记录。在事件描述这一部分，很多人常常犯的错误是情节不具体，描述的过于简单抽象，大家可能搞不清楚事件要描述到什么程度，因此在描写时需要遵循一个要求：通过事件描述让读者有身临其境的感觉。可以通过表 3-17 所列的 5W1H 事件描述工具帮助培训师营造情境感，把事件描述清晰。

表 3-17　5W1H 事件描述工具

When	什么时候发生的事情
Where	在哪里发生的事情
Who	该事件涉及的人物有哪些
What	具体发生了什么事情
Why	为什么会发生这样的事情
How much	事情的严重程度怎样？发生频率怎样？造成了什么样的后果

3）问题 / 难点。提炼出事件发生后面临的问题 / 难点。案例的核心就是围绕问题进行分析和解决，使读者学习当事人的经验和教训，从而得到提升。因此，案例描述里的关键是突出问题 / 难点。

4）分析与解决过程。对事件发生后的想法、做了什么（动作、措施）、为什么这么做、做了以后的结果等内容的记录。这部分是案例描述的重点，在这个部分很多人常常缺乏分析的过程，人们不能够在案例当中清楚地看到当事人是如何思考、如何解决问题的，从而丧失了学习的目的，因此，要完整地呈现事件分析与解决的过程。

5）启示与反思。如果是正面案例，主要是对事件发生后解决措施的提炼总结，可包括：原则、具体做法、需要的话术或者工具、注意事项；如果是负面案例，则主要是对事件发生后带来的教训的总结，对以后需要改进的方面的具体想法。这一部分描写常见的问题是：方法论不清晰，这部分需要将前期经验萃取中提炼出来的经验清晰地呈现在“启示与反思”里。

（3）摘要编写。当案例正文写完后，就需要根据正文编写摘要。摘要是以提供案例内容梗概为目的，不加评论和补充解释，简明确切地记叙案例重要内容的短文。

1）摘要的两个特点。摘要具有独立性和自明性两个特点。

独立性：摘要的内容独立于正文，作为案例的一个组成部分单独存在。

自明性：所谓自明性，就是不阅读案例正文，只看案例的摘要内容，也能清晰案例的大致内容。

2）摘要的七个要素。摘要的篇幅短则几十字，多则上百字，在这么短的篇幅内要满足自明性的要求并不容易。检验摘要写的是否完整合格，就要看摘要是否包含了以下元素：时间、地点、人物、事件、问题、解决方法、结果。

3）摘要编写模板。短短几十字、上百字如何简明扼要地表达上述七大要素？看似不容易，其实案例摘要的编写是有结构的。以下是案例摘要的编写模板，培训师套用模板就非常容易写出符合要求的摘要了。

________（时间），________（哪里），________（谁），________（发生什么事情），遇到________（什么问题/挑战），采取了________（什么应对措施），事情________（什么结果）________。

举例：

2022年3月，国网××分公司供电检查人员王军接到窃电举报，发现某专用变压器客户采用高供高计计量方式，高压计动力，低压分别计居民和非居民用电，有窃电嫌疑，王军通过精心部署，周密安排，合法取证，最终查获这一长期窃电户。

（4）案例标题取名。当我们煞费苦心地把案例正文部分和内容摘要编写好后，一个有价值的案例基本完成。众所周知，“酒香不怕巷子深”的年代已经过去，想要引人注意、增加点击率，除了案例内容本身有含金量之外，还有一个不可忽视的因素就是标题一定要有吸引力。如何取一个好的案例标题呢？这里提供3种案例标题的命名方式，供培训师参考。

1）解释式标题。解释式标题由两部分构成，相当于要字诀的“头”和“尾”，“头”聚焦于主题，用词语概括；“尾”聚焦于经验，用短句解释。解释式标题的优势是突出主题，阐述经验，简明扼要。例如：《电费预存率，企业经营的主动脉》《任职资格标准，班组长不能跃过的坎》《数字化班组建设，新时代发展的必经之路》。

2）提问式标题。提问式标题，基于主题进行直接提问，引发受众的思考和好奇。提问式标题的好处在于聚焦受众的痛点，引发受众的好奇心。例如：《如何降低10千伏线路故障率？》《你还在为“培养人”发愁吗？》《你真的懂客户投诉吗？》。

3）断言式标题。断言式标题是武断泛指某个主题或经验，表示特别强调的意思，结尾往往采用感叹号。断言式标题会引发受众的强烈反思，有情不自禁打开了解的欲望。例如：《别说你不能降低线损！》《做个“鸡蛋里挑石头“的好班长！》《压降95598工单并不难！》。

三、应用案例

供电营业厅是反映电网企业整体实力的一个重要窗口，是电网企业的“门户”，是直接面对广大用电客户的第一责任部门，营业窗口工作人员的职业素质的高低、业务技能的强弱、在办理业务时面对客户的一颦一笑、甚至一个不经意的失误动作或是不到位的话语就有可能触及到客户的敏感神经，而遭到反感，严重时甚至会受到投诉，影响供电企业在社会公众的社会形象，给整个企业在未来的发展造成不良影响。因此，提升供电营业窗口优质服务质量具有十分现实的意义。

为进一步提升供电服务水平，国家电网某公司希望挖掘供电营业厅工作人员的优秀服务经验，开发出具有代表性的典型案例进行推广，让营业厅服务员工能够从这些典型案例中受到教育启示，认真吸取不良服务事件的深刻教训，充分借鉴优质服务事例的成功经验，进一步增强服务意识，提高服务技能，及时化解供电服务中出现的矛盾，努力提高服务品质，持续改善供电服务质量，展现国家电网有限公司良好的服务形象。

基于以上培训需求，培训师小刘确定了“如何处理营业厅的矛盾纠纷”这一个萃取主题，找到了某营业厅优秀营业厅经理张经理，通过一小时的面对面访谈，萃取出了“营业厅纠纷化解七步法”：

（1）让客户发泄。

（2）给客户认同感、亲切感。

（3）表示对客户的支持。

（4）真诚道歉，避免与客户正面交锋。

（5）给客户“戴高帽”，婉转指出关键问题。

（6）积极从客户角度想办法，促进意见共识。

（7）与客户形成朋友式关系。

为了让营业厅服务人员能够更好地掌握以上方法，培训师小刘根据张经理的访谈内容，将其编写成了案例，如下所示。

案例:《七步巧妙化解营业厅客户纠纷》

【案例摘要】

2021年6月的一天中午，两名客户在营业厅内发生争执，相互推搡、打架，受害人要求营业厅赔偿其经济损失。通过营业厅经理张经理的解释，化解了矛盾，让客户心情舒畅地离开。

【案例正文】

背景：

供电服务是国家电网有限公司积极履行社会责任，努力构建社会主义和谐社会的重要载体，是实践企业精神，展现公司良好服务形象的重要窗口。国家电网有限公司历来高度重视供电优质服务工作，将优质服务作为现代公司战略的重要内容之一。而营业厅服务是供电企业的生命线，是企业赖以生存和发展的脉搏，营业厅人多手杂，会出现各种各样的纠纷和矛盾，非常考验营业厅工作人员的处理能力。

事件：

2021年6月的一天中午，供电营业厅的其他工作人员都吃午饭去了，只有收费员小李当值。这时，营业厅里来了个小伙子：“你们这里能办电表过户吗？”小李回答：“我们下午两点上班后才办，现在只能收电费。”小伙子坐在柜台前说：“我中午没事，就遛达过来了，先问问情况，下午再来正式办也行。你怎么不休息啊？”“呵呵，我上到下午两点就下班，和其他岗位不一样。”两人正说着，来了一个姑娘要交电费，而且是要用现金缴费，但是当天因为系统故障，现金缴费暂不支持，姑娘就开始埋怨起来：“为什么就不能用现金呢？”还没等小李回答，小伙子就抢先说：“现在早就手机支付啦，你也太落后了吧，哈哈！”姑娘也不示弱：“你说谁落后啊？我就是要用现金，关你什么事！”说完，小声骂了小伙子一句。小伙子哪受得了被女人欺负，一拳把姑娘打倒在地，两人厮打起来。小李还是第一次见到这阵势，大喊：“别打了！别打了！”两个保安也闻讯赶到，小伙子自知理亏，迅速从大门跑了。姑娘气得大哭，拨打了110，又打电话把自己的母亲叫来。母女俩和收费员小李把经过告诉了110警务人员，小李并不认识小伙子，就提供了他的相貌特征，警务人员做完笔录后就离开了。

问题/难点：

（1）母女俩要求抓住打人的小伙子，并要求供电公司赔偿自己的精神损失。

（2）打人小伙已经跑了，而且没人认识打人小伙是谁，短时间找不到人。

（3）收费员小李是新来的员工，以前没有处理过这种情况。

分析与解决过程：

小李将事情经过告诉了后面赶来的营业厅经理张经理，张经理将母女俩请入专门的接待室，请她们坐下后，为每人倒了一杯茶：“大热天的，你们先喝杯水吧。”“不喝了，气死人了！”姑娘连嚷带哭，母亲在一旁也跟着掉泪：“我女儿从小到大就没受过这样的气，今天在你这儿挨了打，你一定要给我们个交待，找不到打人者，你们就要赔偿我们！”

张经理边记录边说：“是啊，现在都在建设和谐社会，哪有这样欺负女孩子的。您已经报警了，警察正在调查，我们一定全力协助公安部门，抓住他后好好教育教育他！我看你的伤，要不要先去医院看看？”

“那倒不用，蹭破点皮，这倒是小事！”

“我首先向你们道歉！在营业厅发生这种事儿，我们的工作人员没能及时制止，让您受委屈了。再向您解释一下，我们门口有友情提示牌——今天系统故障，现金收费确实是无法办理。”

“哦，我没看到。你们那个收费的肯定认识他，我进来的时候看到他们有说有笑的。”姑娘说。姑娘母亲也帮腔道：“经理你可得做主啊，你要是包庇自己人，我们家人都不是好惹的！他爸爸、他男朋友脾气大得不得了，他们要是知道了，还不把你们营业厅砸了！我也是干管理的人，见那些偷奸耍滑的人可多了。”

“是啊，阿姨，一看您就是明事理讲道理的人，认识问题很有高度。咱们当然不能放过一坏人，可也不能冤枉一个好人。我刚才已经批评收费员了，不应该和客户聊天那么久！不过那个小伙子她还真不认识，那是来咨询业务的。我交待一下所有服务人员，要是小伙子再来我们营业厅，一发现就给 110 打电话。我们的门卫也是经验不足，第一次碰到这种事，事情又发生得太突然，等他反应过来从大门口跑到你这里，已经晚了。真是对不起！”

“你们营业厅有责任，应该赔偿我们精神损失！”

“我们当然有责任，思想松懈、反应迟钝！妹妹啊，我可要嘱咐你啊，以后要是在马路上发生类似的事情，可不能随便骂人啊。退一步海阔天空，只要咱没伤着就是不幸中的万幸。您索要精神赔偿是您的权利，但要到法院起诉，由公安机关侦查，并找到肇事者才行。今天这事儿是您先骂对方的，也有一定责任，恐怕案子判起来又费精力、又费钱，关键是为这点儿小事儿弄得心情不好不值得。张经理一直耐心劝导，见客户心情有所缓和，又劝她们说：“要是您也觉得到法院起诉很烦人，咱们就消消气回去吧，有什么事再打电话给我，没事路过这里也欢迎来坐坐。阿姨您经历的事多，要多给我们年轻人指导，您看怎么样？”

母女俩考虑了一下后，心平气和地说：“那我们回去商量商量吧！”之后，她们再没有提任何要求。

最终，张经理有效缓解了客户的激烈情绪，防止了事态的扩大，维护了公司利益。

启示与反思：

电网营业厅来往客户较多，小磕小碰的事儿在所难免。在寄希望于社会公民整体素质提高的同时，面对各种复杂局面，拥有高超的化解矛盾的技巧，是供电企业窗口服务人员必备的能力和武器。

本案例中，张经理面对挑剔的、愤怒的客户，主要以婉转忍让、情感感化，使用“让客户发泄——给客户认同感、亲切感——表示对客户的支持——真诚道歉，避免当事人与客户正面交锋——给客户‘戴高帽’，婉转指出问题关键——积极从客户角度想办法，达成一致意见——与客户形成朋友式关系”这个七个步骤巧妙化解了客户的情绪，给客户心理上如愿以偿的感觉，维护了公司的利益和形象，值得学习和推广。

本案例也提醒我们，要加强对窗口服务人员的专业化培训，让前台服务人员掌握更多主动化解矛盾的理念和技巧。

如何设计精品课程——教学设计篇

第一节 “开花”：教学内容设计

一、学习目标

1. 知识目标

（1）能够正确阐述十种常见教学方法的定义和实施步骤。

（2）能够正确阐述五个关键教学活动的互动教学设计技巧。

2. 技能目标

（1）能够根据实际需要选用合适的教学方法。

（2）能够运用互动教学设计表，制定互动教学设计整体规划。

3. 态度目标

能够认知到教学设计是培训教学中的重要环节，与培训内容相辅相成，必不可少。

二、学习内容

设计和开发一门好课程需要两个核心的技术，第一，要学会怎样做课程内容的开发；第二，当有了好的内容之后，怎样在课堂上进行有效的知识传递。传递的终点是学员回到自己的工作岗位，能用课堂上所学方法去实践和操作。

实现这一点，对于培训师来讲，有非常高的要求，因为在课堂上培训师讲了很多内容，并不能够直接带来学员的行为改变，这时培训师就需要对课程进行科学地教学设计，把课程转化成一个以学员为中心的，以学员参与为主的互动式教学体验。

（一）教学设计的基本概念与原则

1. 教学设计概述

教学设计是指培训师根据培训任务的要求，为了最大程度地实现培训目标，对企业要求、学员培训需求、课程体系要求等系统地加以分析整理，根据学员的认知发展水平和培训目的，结合培训内容、培训目标、培训地点、课程时长、学员数量、培训资源等要素，确定最恰当的教学方式，并在培训教学实施过程中依照使用。教学设计包括教学方法分析、互动教学设计等环节，它是对将要进行的教学活动的系统规划、安排与决策，是系统设计教学的过程。

2. 教学设计意义与作用

教学设计是达到企业培训目标的必要手段，是以解决教学问题、使培训效果达到最优化、促进学员学习为目的的特殊设计活动，是提升学员获得知识、技能的效率和兴趣的技术过程。企业培训能否有效实施，能否满足企业及员工的培训需求，归根结底依赖于课程教学设计的成功与否。通过课程教学设计，培训师可以对教学活动的基本过程进行整体的把握，从而保证后续教学活动的顺利进行。

3. 教学设计原则

（1）强调以绩效为目标。绩效是连接培训与企业战略目标的关键纽带，以绩效目标为导向的理念贯穿了整个课程教学设计的各个方面。确定培训的有效性不能仅仅依据学员的培训成绩，而是应根据培训后企业的实际绩效来确定。培训师应该清楚地知道培训的最终目标是为了改善工作绩效，在课程教学设计中综合考虑影响学员工作绩效的各个因素及这些因素对学员的影响。

（2）强调学习从个人层次向组织层次的转化。社会的发展和科技的进步使个体和组织工作变得更加复杂，工作任务复杂性的不断提升已经超越了个体的认知能力，必须考虑以团队的方式进行工作。因此，企业培训的课程教学设计，不是单纯地为了提高学员的知识技能，而是为了在更高组织层次上提高绩效，在课程教学设计应该考虑有效的协作式学习方式。

（3）强调以学员为中心。电网企业培训对象是成年人，成年人的学习是一种基于反思的体验，学习是在探索和解决工作难题的同时获得新的知识，掌握相关技能，转变思想观念的过程。在企业培训课程教学设计过程中，应强调以学员为中心的课程教学设计。培训师应由知识的传授者、灌输者转变为学员主动意义建构的帮助者、促进者和引导者。

（二）十种常见教学方法简介与应用

作为培训师要想全面掌握教学设计这项技术，需要学会了解常见的教学方法的应用技巧，知道有哪些教学方式，适合用在什么样的知识内容上，以及每个教学方法的具体操作细节和在应用过程中需要关注哪些注意事项。

常用教学方法主要包括讲师讲授、提问发言、演绎示范、视频赏析、小组讨论、案例分析、角色扮演、游戏活动、学员练习及情景模拟这十种教学方式。培训师通过教学方法的学习，能根据不同的教学内容选择适当的教学方法，从而提升教学设计的技巧和应用能力。

1. 讲师讲授法

（1）讲师讲授法简介。讲师讲授法是指培训师通过语言直接向学员系统连贯地传授知识，向学员描绘情景、叙述事实、解释概念、论证原理、阐明规律等，是应用最广的教学方法，其他教学方法的运用几乎都要同讲授法结合进行。

（2）讲师讲授法的实施步骤。

1）讲授前准备。在课前准备环节，通过设计若干教学活动，例如呈现图片、音乐、视频、模型、案例等，吸引学员的注意力。

2）讲授内容导入。内容导入是在新旧知识之间搭建桥梁，使新旧知识的异同点明确显现，由原有认知推导到新的认知。课程导入的方法很多，例如复习导入、实验导入、问题导入、故事导入等。

3）课程讲授。课程讲授主要通过讲述和讲解的方式，帮助学员改造和重组认知结构。讲授过程应灵活运用多媒体、模型、实物等认知工具辅助学员认知。

（3）讲师讲授法的应用技巧。

1）充分准备讲授内容。讲授内容要具有科学性和思想性。无论是描绘情境、叙述事实，还是阐述概念、论证原理，都应当准确无误、翔实可靠、逻辑严密。

2）恰当使用教学语言。讲授对教学语言具有较高要求，还要注意吐字清晰、音调适中、速度及轻重音适宜。

3）充分贯彻启发式原则。讲授内容要具有渐进性和扼要性，应根据教学内容的内在联系由浅入深、从简至繁、循序渐进。

2. 提问发言法

（1）提问发言法简介。提问发言法是培训师根据培训目标和培训内容设计问题并向学员发问，引导学员思考得出结论，从而获得知识、发展智力的教学方法。

（2）提问发言法的实施步骤。

1）课前准备。设计问题是提问法的前期准备，培训师要在备课的时候就设计好问题。在设计问题时要注意目的性、启发性、逻辑性、针对性和适度性五大原则。

2）提出问题。培训师简练明确地提出问题，使学员确切地掌握培训师的要求。提问时要使全班学员都集中注意并认真思考。

培训师在提出问题后，不要求学员立即回答而应稍作停顿，要给全体学员一定的思考问题、组织语言的时间。根据问题的难易和复杂程度，掌握好停顿时间。

3）反馈点评。培训师在学员回答之后，应能敏锐地捕捉到学员表述的准确或错误信息，及时进行点评，指出学员回答的优缺点。

（3）提问发言法的应用技巧。提问发言法的关键要素包括提问对象、提问内容、提问方式。

1）提问对象。培训师提问应面向全体学员，然后根据教学目的、要求与问题的难易程度，有目的地选择提问对象。这样可以吸引所有的学员都积极参加思维活动，促使每一个学员用心回答问题。

2）提问内容。设计提问内容是提问法的关键。一般来说，提问内容要精心设计，注意目的性；要难易适度，注意科学性；要新颖别致，注意趣味性。

3）提问方式。提问的方式要循循善诱，注意启发性；要因势利导，注意灵活性；要正确评价，注意鼓励性。

3. 演绎示范法

（1）演绎示范法简介。演绎示范法是指培训师使用一些直观教具或实物进行演示实验，配合谈话或讲解引导学员进行系统观察，使学员对事物的现象获得感性认识，以便在感性认识的基础上理解概念和原理等，是验证知识的一种教学方法。

（2）演绎示范法的实施步骤。

1）演示准备。准备内容包括两方面：一是方式准备，二是心理准备。方式准备主要是针对教学目的和内容确定教学方式，制订演示计划，准备相关材料。心理准备是对教学预期目标的把握以及学员身心特征的了解。

2）演示管控。依照演示程序呈现媒体。这一环节要注意媒体的摆放位置，确保每名学员都能观察到，同时还要向学员介绍所使用媒体的特点或结构组成。在演示过程中要及时提出主题，引起学员的注意，明确学习目标，从而激发学员的学习兴趣，让学员进入参与演示教学的状态。

进行演示时，要注意发挥学员的主动性，鼓励学员在培训师的指导下进行观察、发现问题，并解决问题。为此，培训师演示的同时要有计划、有步骤地指导学员观察，思考现象与本质间的联系。培训师要适时提醒并指出哪些方面是重要的或本质，帮助学员抓住要点，掌握知识。在这个环节，培训师要说明演示要达到的目标，讲解演示中涉及的相关知识，布置在观察时要注意的事项，让学员在观察演示前对演示主题有基本认识，以便在观察时能把握重点，有所依循。

3）练习巩固。练习是巩固知识的必要环节。演示教学中，培训师可以提出问题，让学员围绕演示主题进一步思考，也可以让学员按照演示步骤自己动手操作演练，从而强化演示教学的效果。演示教学是为了解决具体的教学问题。学员在观看演示之后，应该进行相应的思考，把演示中看到的现象进行归纳。

（3）演绎示范法的应用技巧。

1）演示物体适宜。演示物体适宜包括尺寸的大小、摆放的位置和亮度等方面。演示材料过大或过小都不能保证课堂演示的效果。演示物体的摆放应在一定的高度上，同时还要保证适宜的亮度和颜色，使所有学员都能观察到演示的对象，并尽可能运用多种感官来认知事物的主要特征和变化。

2）演示操作规范。培训师在演示的过程中，对演示材料的指示要确切，使学员头脑中形成比较鲜明的事物表象，加深对内容的理解。演示操作应规范，突出示范性。还应把学员易出现错误或有疑问的地方有预见性地交代清楚，消除疑问，防止错误的发生。

3）演示结合讲解。培训师在演示的同时进行必要的讲解，通过语言的启发，使学员不是停留在事物的外部表象上，而要尽快使认识上升到理性阶段，形成概念，掌握事物的本质。

4. 视频赏析法

（1）视频赏析法简介。视频教学法是结合课程内容，采用录像、电影等视频教材，使学员在视觉、听觉上形成多方位的“感受”，引发学员分析、思考的教学方法。视频教学法适合用于态度、方法技巧、操作流程方面的内容。

（2）视频赏析法的实施步骤。

1）挑选视频。视频挑选应遵循两个原则。一是相关性原则，视频是为教学服务的，视频应当与培训的目标和主题密切相关，紧扣知识点，并包含一定的问题分析点，同时所选视频应尽量接近学员的岗位实际工作，尽量和专业相关。二是难度恰当性原则，视频应和学员的知识水平及分析能力相适应，难度适当，所选视频应具有一定启发性和不确定性，以达到培训目标为目的。

2）播放视频。播放视频前，交代清楚视频的背景。通常视频截取自录像或电影，而电影都是有故事情节的，如果学员不了解视频的背景，就会难以理解视频中剧情的发展。告知学员边看视频边做记录，同时提前抛出观看视频需要思考的问题。

3）分享点评。让学员基于视频所传递的信息，发表自己的观点和理解，培训师根据教学内容针对性地进行点评和反馈。

（3）视频赏析法的应用技巧。

1）视频选取要匹配课程内容。需注意视频的清晰度，清晰度太低会影响播放效果。视频长度不得超过 10 分钟，最好保持在 5 分钟之内，否则会提高对学员视频的记忆要求，传递内容易不够聚焦。

2）视频教学目的要清晰。视频播放之前，需要为学员指出观看的重点，让学员带着问题观看视频并思考，在讨论时才会更明确。

3）提前设计视频教学的方式。例如通过什么方式让学员参与讨论，是小组式还是头脑风暴、讨论时间多久、一些关键的内容是否需要重复播放录像等。

5. 小组讨论法

（1）小组讨论法简介。小组讨论法是指在培训师的指导下，学员以小组为单位围绕课程相关问题各抒己见，通过研讨的方式获得知识或形成观念的一种教学方法。

（2）小组讨论法的实施步骤。

1）讨论准备。讨论的准备包括了解学员情况、做好讨论规则设置、讨论相关资料收集等。在讨论法准备中一般要做到以下两点：① 有针对性地选题。根据教学内容梳理讨论的问题，讨论问题应与学员实际工作相关，并在实践中有一定难度或争议性，保证学员的可参与程度。② 设计讨论基本规则。不同的教学内容和学员适合不同的讨论方式，应在前期进行学员调研，根据教学内容和场地等，设计讨论基本规则。

2）宣布主题和规则。由培训师将讨论问题相关内容讲解给学员，介绍讨论问题的背景，解释与讨论问题相关的术语，规定讨论问题范围。

公布讨论规则的目的有两个：一是让学员短时间内了解、接受并愿意参与讨论教学中；二是明确讨论方法类型，公布讨论规则，做好讨论实施准备。

3）实施讨论。小组讨论法实施最重要的部分是对讨论过程的控制，即引导学员研讨，并处理研讨中出现的各种问题。在讨论过程中培训师主要担任引导者、主持者、点拨者、控制者、协调者和促进者等多种角色，有机地按照规则调控讨论进程和氛围。

在研讨结束后，将讨论的结果通过讲台呈现、图画展示、实物操作等多种方式展现出来，由培训师对学员的讨论结果进行总结提炼和点评。

（3）小组讨论法的应用技巧。

1）问题设计要恰当。好的问题可以使讨论有一个良好的开端，引起学员兴趣，提高学员参与度。

2）讨论氛围要适宜。作为讨论的控制者，培训师必须在讨论过程中全面观察学员情况，根据不同的情况做出不同的动作，以确保讨论的顺利实施并维持良好的讨论氛围。需要注意的是，培训师在控制讨论流程和气氛时，应把握一个恰当的度，既要顺利地推进讨论实施，也要注意讨论教学法要以学员为中心，讨论的主体是学员，培训师不应在讨论实施过程中过度参与，抢占学员主动权。

3）进程控制要实时。培训师在讨论过程中要做一个优秀的倾听者，不仅要听学员发言中的确切含义，还要听出言外之意，提炼学员观点，洞悉学员发言中的创新点、优点和不足，为总结提炼做充足准备。培训师在学员讨论过程中遇到问题或需要回应的情况下应进行回应，回应要及时、恰当、对事不对人，否则不但会破坏讨论教学中的民主气氛，而且会引导讨论方向单一化。

6. 案例分析法

（1）案例分析法简介。案例分析法是指培训师根据教学目标主导学员对案例进行阅读、思考、分析、讨论和交流，促使原理与实践相结合的一种互动式教学活动。

（2）案例分析法的实施步骤。

1）设计案例。案例的选择是案例教学的关键点，适合的案例可以说是案例分析法成功的一半。培训师需要根据培训的目标和主题收集相关资料，挑选合适的案例并充分了解案例的相关背景。收集案例时一定要充分利用企业的各种资源，尽可能地使案例翔实生动、引人入胜。

案例讨论的问题应与培训目标一致，不能有明显的倾向性结论，需要学员通过分析和讨论过程得出结论。问题设计时应注意问题的难易程度，问题太简单不易引起学员的兴趣，问题太难又不易保证案例分析的过程顺利进行，问题的难易程度应尽量与学员的知识水平、经验阅历接近。

2）组织分析。培训师通常首先对案例进行说明，以明确案例教学目的、激发学员兴趣，再讲授有关基本理论并展示选编好的案例，在此基础上精心组织学员进行分析讨论。

分析阶段是案例教学的核心阶段。培训师在每个案例之后一般只作简单的提示性思考建议，将讨论与参与的空间留给学员发挥。培训师应少讲，鼓励学员多说，积极引导学员参与到教学中来，让学员自己思考对案例中的问题如何运用所学知识进行解决。

讨论可由培训师或学员主持，小组代表或者个人随意发言。培训师要照顾到各组和重点学员，特别关照那些性格内向不善表达的学员，给他们一定的学习参与机会。培训师也可随机抽点，以避免“无发言任务”的学员消极参与。

3）案例点评。学员分析完成后，小组分析的结果要在小组内分享，小组内达成一致，形成小组研讨成果；小组成果还需要在组间分享，小组间对比学习借鉴，取长补短。

培训师要对各讨论小组分析结果进行总体评价。对关键点和疑难点清晰地陈述说明，不能留有歧义；对于无准确的结论性问题，点评时要说明原因；优秀的点评应具备独创性的见解。

（3）案例分析法的应用技巧。

1）注重与时俱进。案例的选择应根据时间的推移而变化。所选择的案例不是一成不变的，培训师要结合课程、知识以及企业发展形势的实际情况，对教学案例做相应的改变，选择更新、更适合的案例。除此之外，案例的选择还应根据学员的变化而变化，案例教学是互动式教学，应根据受众的不同和学员的反馈信息做相应的调整。

2）精选并优化案例。案例的质量很大程度上影响着培训的质量，无效或不相关的案例是对学员时间和精力的一种浪费。案例要能够结合授课内容，能够启发学员做到举一反三。此外，在选取案例时还需要注意案例的故事性、可读性、趣味性，以增强案例对学员的吸引力，使学员产生强烈的求知欲和高涨的热情。

7. 角色扮演法

（1）角色扮演法简介。角色扮演法属于体验式教学法的一种，这种方法强调教学环境的真实性，强调“从做中学”。其根据特定角色的情况和任务，将学习者安排到逼真的角色中，要求学习者处理可能出现的各种角色互动问题。

（2）角色扮演法的实施步骤。

1）明确教学目标。培训师要对角色扮演的过程进行精心设计，包括编写剧本、确定要扮演的角色、预告角色扮演的学习目标、提醒学生不要偏题。

2）公布扮演要求。要向角色扮演者详细描述各角色的基本规则，包括各角色的表演方式，所强调的阶段重点内容，大概的时间安排，以及其他一些特殊的说明。同样对于观众也要提出具体的要求，在表演过程中注意观察扮演者的言行举止是否规范、技能操作是否到位、回答问题是否正确和全面等。这些要求使观众在作为评估者的同时，也提高了自己的水平。

3）扮演总结指导。培训师要引导学员注意观察演示对象的主要特征和重要方面或事物的发展过程，避免注意力分散，及时提示学员注意什么，并加以分析和说明，让学员边观察边思考，抓住知识的重点和问题的本质。

在扮演结束后，组织针对性的讨论，强调所学的内容能被运用在今后的工作中，以及有哪些方面还需要改进。

（3）角色扮演法的应用技巧。

1）角色脚本应短小精炼，故事情节真实可信，语言通俗易懂，避免长篇说教。一般表演应掌握在 5 分钟左右，最长不要超过 10 分钟，以免引起表演者的倦怠和观察者的厌倦，反而淡化了重点内容，影响教学效果。

2）应强调角色扮演过程中学习有关的知识、态度和技能，不要片面追求表演本身的艺术性。有时可以设计正反两面的角色，通过对比增强说服力，加深印象。

3）在角色扮演过程中，可能会出现时间不可控的情况。面对这种情况，一方面要做好提前准备，明确时间和操作要点。例如为了限制学员的点评时间，可以要求学员只说一个观点。当现场出现时间超限的时候，培训师要根据教学目标灵活做出调整。例如友善地打断学员的发言，邀请学员高度概括自己的观点。

8. 游戏活动法

（1）游戏活动法简介。游戏活动法是指在课堂教学中根据学员对新生事物兴趣浓厚的特点，有针对性地设计教学游戏，将教学内容结合到游戏中，使学员在轻松的状态下快乐地获取知识信息、自主地提高技能。

（2）游戏活动法的实施步骤。

1）设计游戏活动。在设计游戏前要进行各个方面的分析工作，最主要的是分析学员的特征、教学目标，据此进行设计游戏。设计游戏的内容要与员工培训目标紧密相关，分析准备完成后，应当对游戏规则、得分评判标准等进行认真的设计，尽可能进行量化和细化。

2）开展游戏活动。游戏开始之前，通常由培训师将学员分为几个小组。在进行分组时需要注意保证每个小组的能力基本平衡，避免出现一边倒的情况。在分组完成后，培训师应向学员讲解游戏的规则和目标，保证游戏的顺利开展。

培训师应对游戏过程做出公正的监督和评判。在教学过程中，培训师一方面要注意游戏环节参与的程度，积极吸引学员投入游戏。另一方面，又要注意控制氛围，有效地控制学员对于游戏的投入，防止学员沉迷于游戏当中，失去教学的目的。

3）总结归纳点评。在游戏结束后，培训师对整个培训过程进行归纳和总结点评。归纳和点评的内容包括游戏中所体现的知识内容、学员应学会的内容以及游戏过程中各参与小组的表现。

（3）游戏活动法的应用技巧。

1）游戏内容应与培训目标相结合。培训师在设计和运用游戏法时，应确保游戏过程对学员完全开放，让学员在游戏中独立思考、探索学习。在设计游戏规则时，既要推动良性竞争促进学习，又要强调合作需求。同时考虑学员之间的差异性，满足不同学员的特定需求。

2）要能够有效引导和掌控。在游戏活动法的使用过程中，培训师应对游戏的进程进行引导和掌控，因此设计的游戏不可太复杂，要简单易行。另外在游戏过程中，培训师要对游戏的过程进行把控，一是要维持游戏的纪律，同时观察学员在游戏中的表现，让游戏得以顺利进行；二是要把控游戏的时间，防止时间过长或过短；三是要适当干预，保证游戏教学的秩序，确保完成教学目标。

3）应把握学习与游戏的平衡。设计游戏的难题之一是如何把握游戏中学习和游戏的平衡性。如果天平偏向游戏，就会不利于教学目标的实现；但如果天平偏向教学，就有可能无法有效调动学员游戏和学习的积极性，游戏活动法便失去了在游戏中学习的初衷。选择平衡性好的教育游戏能使游戏法事半功倍。

9. 学员练习法

（1）学员练习法简介。学员练习法是指学员在培训师的指导下，依靠一定的控制和校正，反复地完成一定动作或活动方式，借以形成技能、技巧或行为习惯的教学方法。

（2）学员练习法的实施步骤。

1）练习准备阶段。练习准备分知识类练习资源准备和技能类练习资源准备。知识类练习资源一般包括题库、案例、规章制度和技术规程等；技能类练习资源准备一般包括仿真系统、实训设备设施、工具表单等。

2）练习组织安排。合理安排练习的比重、次数、时间。练习的目的是给学员提供足够的练习机会，达到熟能生巧。理论类练习的次数和强度要符合成人学习的规律，避免出现枯燥的题海战术。实操类练习的次数和强度以学员能够使用工具熟练完成操作为目标，简单操作和复杂操作在练习的强度和数量上应有所区别。

3）评估总结反馈。在每一次练习结束后，都要对学员整体的练习情况进行总结。培训师可通过观察和批改作业等方法，评估学员总体掌握情况，并将评估和总结的结果反馈给学员。对于练习中存在共性的问题，可进行再次讲解和练习。

（3）学员练习法的应用技巧。

1）要有明确的目标。练习必须围绕特定的学习目标进行。因此，首先要让学员认识到为什么要练习，练习要达到什么要求，明确进行该项练习的意义和目标。

2）要循序渐进。练习要循序渐进，先易后难，先简后繁。对于一些复杂、困难的技能，可以采用分解练习法，将其分解为几个相对独立的单元，在掌握这些简单单元后，再进行综合练习，掌握复杂技能。分解的时候需要注意练习的可分性，掌握好练习的路线、方向和节奏。

3）要因材施教。练习要能体现教学内容的层次，要针对学员的实际情况设计和精选练习，以适合思维能力和操作能力不同的学员。

10. 情景模拟法

（1）情景模拟法简介。情景模拟法是一种通过构建以时间、空间、人物、任务为要素的模拟（仿真）情景，让学员运用所需要学习的知识技能，把抽象的知识技能转化成更加直观的体验，沉浸在场景中进行学习的教学方法。

（2）情景模拟法的实施步骤。

1）构建工作情景。首先，根据教学目标，明确情景任务，编写在该情景中需要完成的任务。其次，基于任务，描述情景信息，交代人物、时间、空间等背景信息。在背景信息中，隐藏学员可能遇到的挑战点，这些挑战点是需要学员运用我们想让学员学习的知识技能才能解决的。

2）实施情景模拟。首先，发放材料，布置任务。提前将情景演练的案例脚本、任务、操作程序以及注意事项发放给学员。其次，进行情景布置，分配角色。提前对情景模拟教室进行准备，包括桌椅摆放、道具布置、多媒体设备检查等，并进行模拟试演。最后，让学员在模拟表演区按照设计的场景、角色、台词等进行现场模拟，允许学员按照情景框架现场发挥，其他学员观摩记录，培训师监控情景模拟过程，对学员的表演进行记录并巡视其他学员的学习状态。

3）学员分享评价。由模拟学员进行自评，分享模拟过程中的体验、思考和感悟；观察记录学员谈观感和收获与疑问；培训师重点对模拟学员的主观表现、方法运用情况和情景应变能力等方面进行评价，对模拟过程中的不足提出改进建议。

（3）情景模拟法的应用技巧。

1）确保参与。为了让学员参与到演练当中，避免学员出现游离现象，培训师在操作情景模拟的时候，要留心观察全场，留意出现这种情况的学员，然后走进相应的小组，进行针对性的干预。

2）提供支持。在演练过程中，学员可能会出现畏难或者因为要在群体当中演练有压力，无法全心投入的情况。当培训师注意到这个现象的时候，需要通过鼓励、适当示范等方式推动学员参与。

3）聚焦点评。在点评环节，不管是培训师还是学员都可能会出现点评不聚焦、比较空泛的情况。为了避免这种情况发生，需要培训师提前设计好清晰的点评要点和框架。

11. 教学心电图

教学心电图是基于行为心理学和认知心理学，将以上十种教学方法通过心电图的方式（见图 4-1）直观地呈现出来，培训师可以通过心电图清晰地设计出基于成人学习习惯的优秀课程。心电图的横坐标代表教学时间，分为开场，课程主体和结尾三个阶段。课程的纵坐标代表的是十种教学方式对学员的刺激度（吸引学员注意力的程度）。1 ～ 3 种教学方式属于学员被动学习，是低刺激度的教学方式，4 ～ 10 种教学方式属于学员主动学习，是高刺激度的教学方式。

在设计教学心电图的过程中，应该基于以下三个原则：

第一，心电图至少有 50% 的区间应该在层次 3 以上，这就意味着有 50% 的教学活动应当包括小组讨论、案例分析、角色扮演等高水平活动。这也意味着一个只会在台上宣讲的老师是不合格的。

第二，心电图不能长时间保持在同一个活动上。而要像“心电图”一样，忽上忽下，至少有 3 个水平的波动，这也是心电图这个词的由来。这就告诉我们，尽管高水平的活动很重要，但是如果长时间存在，人的兴趣和参与度也会降低，这同人“喜新厌旧”是一个道理。

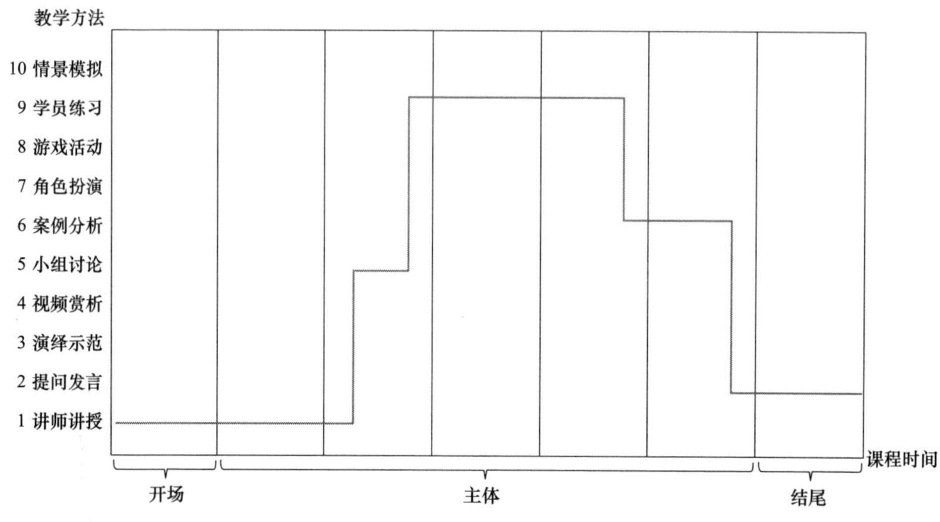

图 4–1　教学心电图示意图

第三，由于人的能量水平随着课程的进展会呈现一个清晰的 U 型。先是兴趣满满，然后开始厌倦，最后随着课程结束点的到来，又变得兴趣盎然。配合人的能量水平，我们在课程设计时，也要有意识的在课程中段多设计高水平活动，以刺激人的肾上腺素。

图 4-2 是《安全用电与紧急救护》课程的教学心电图案例示范。

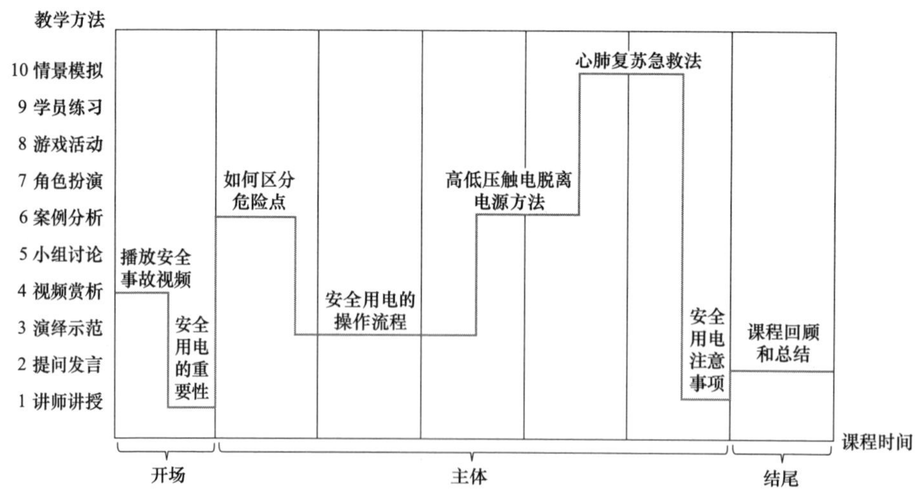

图 4–2　《安全用电与紧急救护》课程的教学心电图

（三）互动教学设计

作为培训师要想全面掌握教学设计这项技术，除了掌握常见的教学方法应用技巧以外，还需要在课程中的关键节点去设计一些教学活动，需要知道在什么节点添加教学活动，教学活动的流程和细节应该怎样去设计。

1. 教学设计整体框架

首先，需要一个教学设计框架，这是指导培训师添加教学活动的一个指南，教学框架回答了教学设计的两个关键问题：第一，哪个节点需要添加教学活动，哪种活动能够协助学员进行吸收和理解。第二，这个节点添加的活动需要达到什么目标。

一个好的教学设计框架，主要包含五个关键设计节点，见图 4-3。

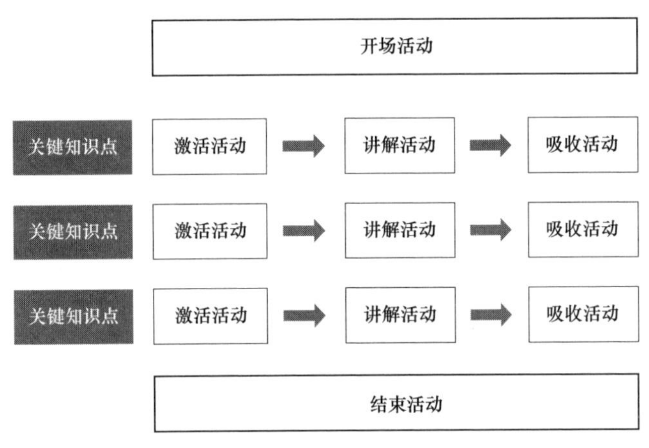

图 4-3　教学设计整体框架

（1）开场活动。开场是整个课程一个关键的设计节点，一定要让学员在一开始的时候理解课程内容和自己的关联性，并且能够有效的和自己的同学建立一些社交关联，这个是开场活动的目的和意义。

（2）激活活动。每个关键的知识点，都要先做一个激活的活动。所谓激活活动，就相当于我们在跑马拉松的时候，不会马上上场就跑，会在跑之前先做一些热身的动作，让接下来跑的过程更加的轻松而且不会受伤。因此，在让学员去学习课程内容之前，最好让学员的大脑也做一些热身的运动，让他们先去思考一下自己对这个课题是怎么理解的，自己的现有认知水平是怎样的，只要把这些信息回想起来，对学员接下来的学习就有很大帮助，因此每一个关键知识点之前需要先做一个激活的活动。

（3）讲解活动。培训师在课程开始时可能会调动学员进行各种活动，课堂气氛会非常热闹，可一旦进入内容讲解，课堂气氛就马上沉寂下来，其中一个重要原因就是培训师在进入内容讲解后，往往在几十分钟甚至一两个小时之内都是自己在讲，没有调动学员，受大脑网状激活系统的影响，学员可能已经走神好几次了。因此，培训师需要配以讲解类的教学活动，去调动学员的积极性。

（4）吸收活动。学员听到培训师讲的信息，不等于学员真的听懂了，必须要通过学员自己的交流分享和重新的建构，让学员对知识点真正的理解。这类活动就叫吸收活动，吸收活动非常的关键，往往是学习的核心环节。

（5）结束活动。在课程结束的时候，需要学员重新回顾一下自己所学内容，让学员庆祝自己的学习收获，带着成就感离开这个教室，因此往往在课程最后还需要设计一个结束活动。

以上互动教学设计框架，在实际教学应用中，可以用表 4-1 作为模板进行设计。

表 4-1　　　　互动教学设计模板表

课程内容		教学流程			教学时间
开场活动					
模块一	关键知识点	激活活动	讲解活动	吸收活动	
	关键知识点	激活活动	讲解活动	吸收活动	
	关键知识点	激活活动	讲解活动	吸收活动	
模块二	关键知识点	激活活动	讲解活动	吸收活动	
	关键知识点	激活活动	讲解活动	吸收活动	
	关键知识点	激活活动	讲解活动	吸收活动	
…	…	…	…	…	
结束活动					

2. 开场活动设计技巧

（1）开场活动需要实现的三个目标。开场活动作为课程第一个关键的互动节点，它需要实现以下三个目标：

第一，好的开场活动要获取学员的注意力，让学员都关注到课程的内容上，关注到老师身上。

第二，能够激发学员的学习动机，让学员了解所学内容和自己有什么关系。了解学习的好处和不学的风险，激发学员的学习动机。

第三，要促进学员之间的社交关联，人是社会性的动物，而教室是一个典型的社交环境，所以，需要在课堂中不断的促进学员之间的社交关联，让他们和旁边的同学融为一体，这样学员在参与各种教学活动的时候，能够更加地开放坦诚，知无不言，言无不尽。

（2）“挑战与收获”开场活动。

1）操作要点。在课程的开始，请每个学员拿两张便签纸在手上，思考两个问题并分别写下答案。首先在第一张纸条上，写下自己目前在该课题方面的挑战。其次在第二张纸条上，写下自己本次学习期待的收获。当所有学员写完了，请学员拿着自己的两张便签纸起立，找到教室里不是同一小组的同学进行交流，分享自己的挑战与收获。当每个学员都分享完毕后，把小纸条贴在培训师的白板纸上。

2）活动解析。“挑战与收获”是一个非常好的开场活动，它有以下价值和意义：

第一，这个活动是需要起立和走动的，学员写完自己的小纸条，不只是在自己的桌子上和旁边的人去交流，还可以找到其他组的小伙伴去互相交流。起立是让学员注意力集中的一种方式，学员坐着的时候可能会溜号走神，但是起立走动和他人交流的时候，注意力一定会放到课堂上。

第二，活动让学员自己去思考课程对自己的价值和意义，思考他自己和课程之间的关联，通过相互交流自己在这个课程中面临的一些问题，能够激发学员自己内在的学习动机。

第三，两个人的分享总是让人轻松愉悦的，可以认识新朋友，可以非常轻松地分享自己的挑战和收获。

3. 激活活动设计技巧

（1）激活活动的重要意义。激活活动是指为了让大脑吸收一些关键的、重要的、有难度的知识点更加的有效，需要让大脑先做一些热身，先把相关的信息做一些激活后，再去听新的信息，大脑的吸收和理解会更快，更加容易。

例如，在《班组长的班组管理》课程中，培训师要给班组长讲辅导的方法和技巧的知识内容，可能很多班组长并不认为自己在工作中有这样的问题，他觉得自己的平时的员工辅导做得挺好的。那么在讲辅导之前，就可以给学员发一个案例，案例中描述了某个问题员工的状况，遇到的挑战是该员工没有那么地容易辅导，很多班组长发现针对这类员工也束手无策，请学员思考，如果你作为该员工的上级会怎样辅导他。如果做了以上的激活活动，这时学员就会更愿意去听你讲如何辅导下属的方法。

（2）“考一考”激活活动。

1）操作要点。“考一考”激活活动应用的范围非常广，尤其是对一些专业类、技术类和业务类的课题，这种方式几乎可以用到所有的主题里，而且对学员的时间调用不是很长。

例如，培训师要讲授“如何查找输电线路雷击跳闸故障”知识点，那么在讲之前，可以让学员打开教材，找到事先打乱了的“输电线路雷击跳闸故障关键查找步骤”。在培训师正式讲方法之前，让学员自己先做一个排序，在每个步骤之前标上步骤的顺序标号，这就是一个“考一考”的小活动。

例如，培训师要讲“计量表计异常处理原则”的知识点，先请学员看一个案例，在看案例的时候，用绿色的笔标出这个案例中的员工在处理计量表异常时采取的可以缓解异常的行为，用红色的笔标出可能会增强异常严重性的行为，标完之后与身边的同学进行交流。

以上两个活动就是“考一考”类的激活活动，是指培训师在讲授知识内容之前，先用一个问题或挑战考考学员，评估下完成的质量如何。

“考一考”还有很多其他的形式，除了排序和在案例里进行标注之外，非常典型的就是出题。在讲一个知识点之前，先给学员出一个判断题，让学员来判断一下是对是错；或者给学员出一个选择题，在给方法之前，让学员思考一下，他会选择哪个。

例如，某电网信息技术专家在讲代码编程的课程中，把自己的几篇代码放到 PPT 课件上，告知学员这个代码是某一个技术人员在解决某一问题编写的代码，但是这里有一个明显的错误，看谁能找到它。当学员完成这个挑错之后，再继续展示一个更有难度的错误，告诉学员这个错误隐藏地更深，让学员继续找出错误。

2）应用建议。在设计“考一考”这类活动的时候，建议每次出完考题，不仅请学员答题，还要请学员相互之间比对答案，尤其是这个问题确实有一些难度的时候，让学员彼此之间多去交流，双方尝试着说服对方，这样对于激活有着更好的促进作用。

培训师也可以不用等到考完题之后再公布答案，可以把答案和问题提前给学员，让学员选一个组长保管答案，答完题之后组长再把答案打开，带领小组同学一起来比对答案。

4. 讲解活动设计技巧

（1）讲解活动原理。讲解活动是指讲师在具体讲解关键知识点时可以开展的教学活动。目的在于战胜大脑的“网状激活系统”。它是我们大脑的守门员，这个守门员时刻把一些无关紧要的信息屏蔽在外，只有极少数的信息才会被它放进去，被大脑所识别和处理。讲解的环节作为老师需要去对抗学员的网状激活系统，让信息时刻能进到学员的大脑去。如果我们不做一些活动，信息很有可能会被学员慢慢屏蔽在外，也就是课堂上学员一开始还有兴趣听我们讲课，慢慢就会开始走神。

大脑倾向于关注新奇的、不一样的事情。根据科学的研究，一个非常新奇的信息，是很容易被大脑识别和关注到的，但是不幸的是，这个信息大概 10 分钟之后就会失去它的新奇性，变得不那么新奇，大脑又会把它屏蔽在外。因此，在课堂上 10 分钟是一个非常关键的节点，往往一个人连续听讲 10 分钟之后，他的注意力就开始衰减，所以培训师需要时刻关注这个关键的时间点，在讲解的过程之中要不断地去重新抓取学员的注意力。

（2）两类常见讲解活动。

1）调动类讲解活动。假如一门课大概讲解时长需要 40 分钟，少于 40 分钟没有办法把知识点讲透彻，这时应该把这 40 分钟的讲解切成 10 分钟一段，每 10 分钟讲解之后，就需要做一个 1 分钟的调动类活动，把学员的注意力重新抓回到课堂，这样就赢得了接下来再讲 10 分钟的权利。然后再做个 1 分钟的调动活动，把学员的注意力再次拉回课堂。因此一个 40 分钟的课程，至少需要三次调动类的活动，才能确保学员的注意力是始终跟着培训师走的。

1 分钟的调动活动有好多方式。例如，可以让学员做一个举手调查，在讲知识点的时候，先让学员举手示意哪些信息他们是从来没有听说过的，这就是一个简单的调动类活动。

“起立交流”这个活动，也是一个非常好的调动类活动。培训师讲了 10 分钟的关键内容之后，请每个学员起立，找到另外一小组的伙伴，两人站在一起，简单的分享一下刚才 10 分钟的信息对彼此最大的启发是什么。学员一旦起立走动交流，注意力就会回到课堂中来。

例如，还可以快速请学员回答一个选择题，当培训师讲了 10 分钟，要检验学员有没有听懂，给学员出道选择题，让他们把选择的答案和理由告诉培训师，这也是调动学员的一种方式。所以调动类的活动通常的特点是比较简单、容易执行，是让学员快速在一分钟内就可以完成的一些小任务。

2）伴随类讲解活动。如果学员只是被动的倾听，没有什么信息能一直抓住他的注意力，因此培训师需要设计一些让学员一边听讲一边做一些事情的伴随类任务，这样才会容易获取学员的注意力。

例如，可以让学员在学员手册上做一些记录，把一些关键词变成空格，学员需要一边听一边在上面做记录，学员做记录就是一个典型的重新抓回他注意力的伴随类活动。

除此之外，给学员做测评，也是一个很好的伴随类活动。例如，培训师正在给供电所营销业务员讲授负损台区分析的方法。这个方法一共分为 5 个关键环节，每个环节都有一些关键的动作和要求，就可以让学员打开学员手册，告知学员上面罗列出了关键的分析环节和行为，每当你讲一条关键行为，就让学员给自己打个分：如果这一条你现在做到了，而且做得非常好，就给自己打三分；如果这条行为现在确实有做，但做得并不是那么好，就给自己打二分；如果这个行为现在不知道该怎么做，做得很差，就给自己打一分。以上操作就相当于给学员设计了一个伴随类的活动，学员需要一边听培训师讲解，一边给自己做测评。讲完之后，还可以邀请学员起立和他人去交流，分享彼此打分的结果和原因，相互给对方一些改善的建议和技巧。

以上就是两类常见的讲解类活动，这两类活动的核心目的都是在对抗大脑的网状激活系统，让学员在听课的时候不枯燥，不溜号走神，可以一直跟着培训师的节奏听下去。

5. 吸收活动设计技巧

吸收活动是指培训师讲完一些内容之后，需要设计一些活动，让学员更好地去理解和吸收刚才所讲的内容。

（1）吸收活动设计原则。

1）吸收活动要和课程的教学目标相匹配。对于课程中的每一个知识点，都有一个教学目标，因此吸收活动要和课程需要学员掌握的程度相匹配。通常来讲，一个知识点需要学员掌握的程度分为三个层级。

第一个层级是记忆，学员能够回忆起这个知识点是什么。第二层是理解，也就是学员不仅能够记住培训师刚才所讲的信息，还能够用自己的话解释和说明，把内在的含义和关联表达清晰。第三层是应用，学员需要能够在工作中真正把所学的方法用起来，这是一个非常高的教学目标。因此，我们需要思考不同的教学目标应该匹配什么样的吸收活动来确保学员达到这一层的目标。

2）可以设计多个吸收活动，有层次的帮助学员去掌握所要学习的知识。在爬山时，经常会发现有些台阶非常高，有些游客手脚并用才能爬上去，这说明那些台阶的高度对这些游客来讲具有挑战性。所以，我们可以在过高的台阶前加一级较矮的台阶，这样游客爬起来就容易多了。这和培训师设计吸收活动的场景很像，如果培训师所讲解的知识应用起来比较难，就可以设计一个“较矮的台阶”似的教学活动，辅助学员先做一些简单的练习。

例如，在《电网班组长目标管理》的课程中，有一个核心工具叫做工作分解结构（Work Breakdown Structure，WBS），是用来分解日常管理工作的。当培训师给学员讲解完 WBS 的概念、使用方法后，一般就会请学员对自己现在正在执行的管理工作进行分解。但是，很多学员是第一次接触 WBS，仅仅听了培训师对 WBS 概念和使用方法的介绍，可能了解得不够清楚，很难立即应用起来。因此，在做正式的练习前，培训师请学员先围绕“全家出去旅游”这个生活中的小话题，运用 WBS 进行分解练习，之后再请学员分享与交流练习结果、练习中遇到的困难和挑战，最后再给予反馈和辅导。通过完成这个小练习，学员进一步理解了 WBS 的概念和使用方法，之后再对自己现在正在执行的管理工作进行分解时，就会顺畅很多，也能更好地掌握 WBS 的使用方法。

（2）三类不同教学目标的吸收活动。

1）记忆类教学目标的吸收活动。这个教学目标需要学员把所学习的内容能够回忆起来，所以“小测验”的活动是非常适合的。例如，培训师正在讲解《电网营业厅营销服务》的课程，其中一个关键的知识点是“六条处理客户异议”的原则，这个原则的教学目标是需要学员把这六条原则都牢牢的记在脑海里，所以讲完之后就可以围绕这六条原则设计一个小测验，请每个学员合上自己的学员手册，培训师同步关掉课件 PPT，然后让学员在各自小组内部，每人轮流说出一条原则，这就是一个简单的回忆类的小测验，学员一旦说出来了，记忆的目标就实现了。所以，小测验是记忆类的教学目标经常使用的吸收活动，哪些信息需要学员记住，讲完之后马上做一个小测验就可以了。

2）理解类教学目标的吸收活动。要求学员在课堂中，对某些抽象的概念或者原则能够去解读它，说出它的含义和背后的道理是什么。对这类教学目标，“互相讲授”是一个非常好的教学活动，请学员听讲完，把他听到的再讲给另外一个人，用他自己的话把他听到的信息重新解读一遍，如果能解读的好，那么就意味着学员对这个知识点已经理解了。例如，培训师正在讲一个新的概念——“台区线损”，这是一个非常抽象的概念，你的目标是确保学员真的理解这个概念，那就可以设计一个互相讲授的小活动：请学员为这个概念画一张图，不管是什么样的图片，总之这个图片是能表达对这个概念的理解，画完图之后把它讲给身边的同学听，为什么这个图和刚才这个概念是有关联的，或者请身边的同学猜一猜你画的图的含义是什么。不管是画图还是讲解，都是能够让学员对这个概念更深层次地理解。

3）应用类教学目标的吸收活动。这类教学活动的目标是让学员能够真正把所学的方法用出来，能够去解决自己的真实问题，这往往是最高一层的教学目标。针对这类教学目标，最常使用的方式就是演练。

例如，培训师给学员讲完了台区分析的方法，这时就可以做案例分析，把一个台区的目前的情况告诉学员，然后让学员用老师刚才所讲的方法去做一下台区分析，这就是一个演练活动。

例如，培训师给供电所所长讲一个沟通反馈的技巧，叫做反馈 4 步法，这个时候角色扮演的活动就比较合适，给学员一些沟通场景和被谈话对象的背景信息，两个学员结成一对，一个扮演供电所所长，一个扮演台区经理，让学员用刚才教的沟通话术现场演练一下。角色扮演类的教学活动是非常适合沟通技巧类的课程。

例如，培训师正在教“怎么开展变电站倒闸操作”，这是一个纯操作类的技巧。如果学员正在设备机房，就可以给学员一个现实的挑战，给学员一个倒闸操作票，让学员按照倒闸操作的要求完成任务。

所以，在应用类教学目标的吸收活动上，我们更多做的是演练类的活动，怎么演练要和你的课程内容相关。

以上就是在不同教学目标下，我们可以怎么设计吸收活动。吸收这个环节是教学设计中非常重要的一个关键节点。

6. 结束活动设计技巧

结束也是课程教学设计的一个关键的节点，发生在课堂的最后，很多培训师往往会忽略设计结束活动，这其实是一个非常遗憾的事情。

（1）“提问互动”课程结束活动的问题及应对策略。“提问互动”是目前培训师最常使用的课程结束方式，在课程知识内容全部讲完后，留出一定的时间让学员根据课程的内容提出一些自己的困惑，老师来回答学员的问题。这种方式本质上是不错的，可以让学员把学习内容和自己的工作进行一些关联，提出一些问题，但是这种方式也往往会碰到一些挑战。比如，学员问的问题培训师回答不出来或者说学员不能问出一些好问题。

因此，可以用“我—小组—全班”的方式来改造一下“提问互动”。先给每个学员两分钟的时间，回顾一下学员手册上所有内容，并要求每个学员在纸上写下一个基于课程主题最想向老师提问的问题；当每个人都写了一个问题后，请学员以小组为单位，分享一下自己的问题是什么；小组内选出一个大家认为最好的问题作为小组的问题，派代表向培训师进行提问。用这种的方式去改造提问互动的流程，会得到非常多的好问题。

（2）结束活动需要达成的三个目标。一个好的结束活动有三个方面的目标需要实现：

第一，能够总结和串联所学习过的内容，一个信息只有重复六遍才会真正进入人的长期记忆区，因此在课堂上我们应该抓住各种各样关键的时间节点，让学员不断的重复和练习关键信息。而一个模块的结束和一个课程的结束都是关键的复习节点。

第二，能够让学员庆祝自己的学习收获，我们在课程结束的时候可以设计一些活动，让学员自己去思考收获了什么，有哪些长进，哪些是之前不会的或做得不好的，现在会了或做得更好了。让学员感知到自己有了非常大的成长，让每个人都带着愉悦的心情离开这个教室。

第三，能够鼓励学员进行下一步的行动，我们可以让学员相互交流，制订自己的行动计划，讨论未来在应用这些方法的时候可能会遇到哪些障碍，需要什么协助。

（3）“旅行回忆”结束活动设计技巧。

1）操作流程。“旅行回忆”结束活动是一个可以很好实现以上三个目标的结束活动。培训师请所有学员把眼睛闭上，回忆一下自己和家人或朋友印象最深刻的一次旅行，当脑海里浮现出一个清晰的画面的时候，就起立快速地与旁边的人交流一下脑袋里的画面是什么。

交流完毕后，再把眼睛闭上。如果学习是一趟旅程，请再次回忆一下，今天课程中哪个内容片段印象最深刻，当脑海里浮现出一个清晰的画面的时候，就起立快速地与旁边的人交流一下脑袋里的画面是什么。

2）活动解析。这个活动一共做了两轮，第一轮请学员去回忆自己印象最深刻的一次旅行，这其实和课程的内容未必是有相关性的，但是这个交流很关键，因为每个学员在回顾自己美好的旅行回忆的时候都很开心，而且通过交流，可以对彼此身边的同学有了更多的了解。在前期做好了旅行的回忆，可以提升整个课堂的氛围的活跃度，让每个学员觉得轻松愉悦。

接下来，再顺理成章地回顾课程中的关键的知识点。第二轮活动是让每个人把自己的学习当成是一段旅程，回忆让自己印象最深刻的知识点，回顾的过程其实也是一个复习的过程。最后，让学员彼此分享，相互交流的过程是帮学员找到课程中更多知识点的过程。

所以，这个活动既让学员感受非常好，同时又起到了复习的作用，它非常简单，对课堂的现场布置没有什么要求，无论是以小组模式布置的教室，还是阶梯式的大礼堂都可以这样做，耗时 5 分钟左右，是一个简单又好用的结束活动。

三、应用案例

班组作为电网企业最基层的生产经营活动组织，直接面对、服务广大人民群众，是公司各项业务的最前端，也是各项工作的落脚点。企业的发展战略、任务目标最终都要落实到每一个班组和每一个岗位。班组建设和管理水平直接影响到企业的长远发展战略和改革发展成效，是推动公司和电网高质量发展的关键所在。班组业务管理水平的高低，直接影响和制约着企业正常生产和安全生产，关系着企业的战略执行和创新发展。因此，对班组长的培养是班组管理的重中之重。

表 4-2 展示的是班组长培养系列课程中的《如何当好电网班组长》的互动教学设计整体规划。

表 4-2　　《如何当好电网班组长》的互动教学设计整体规划

<table>
<tr><th colspan="2">课程内容</th><th colspan="3">教学流程</th><th>教学时间</th></tr>
<tr><td colspan="2">开场活动</td><td colspan="3">学员之间相互介绍，培训师现场调研学员做班组长的工作经验，以小组为单位罗列出要成为一名优秀班组长需要具备的三项关键能力，并派代表进行分享，培训师做总结点评</td><td>10 分钟</td></tr>
<tr><td rowspan="2">班组长的管理认知</td><td>电网班组长的概念</td><td>激活活动：
播放一段班组长现场的工作视频，让学员用一句话描述班组长的工作特点</td><td>讲解活动：
让学员填充学员手册上对班组长描述的空格，基于讲师的讲解，将空格补充完整</td><td>吸收活动：
邀请学员分享他对班组长工作的理解，讲一个他自己真实带领班组的故事</td><td>8 分钟</td></tr>
<tr><td>班组长的三大职责</td><td>激活活动：
让学员基于班组长的概念，写下班组长主要的三件工作，并在小组内部相互分享</td><td>讲解活动：
课件呈现出班组长的三大职责，让学员自行比对自己写的内容跟课件的差异点</td><td>吸收活动：
让学员写出每项职责里具体应该开展什么工作内容</td><td>10 分钟</td></tr>
<tr><td rowspan="2">班组的目标管理</td><td>目标管理的意义</td><td>激活活动：
讲解《爱丽丝梦游仙境》里爱丽丝掉进山洞和猫对话的小故事，引发学员对目标管理的思考</td><td>讲解活动：
让学员举例说明：如果给员工布置工作，没有提前说明目标，会有什么样的后果</td><td>吸收活动：
让学员拿一个目前正在开展的工作，回顾一下它的工作目标是什么</td><td>5 分钟</td></tr>
<tr><td>目标管理的五个步骤</td><td>激活活动：
发放一个关于旅游计划制订的案例，让学员分析案例的主人翁在管理旅游出行这个目标中的问题点</td><td>讲解活动：
将目标管理的五个步骤顺序打乱，让学员对这五个步骤进行排序，完成之后和左边的同学交流分享</td><td>吸收活动：
让学员按照目标管理五步法制订出下个月的工作计划</td><td>20 分钟</td></tr>
</table>

续表

课程内容		教学流程			教学时间
班组的培养辅导	如何开展班组技能竞赛	激活活动： 提问互动，问学员过往有没有开展过班组技能竞赛，在竞赛组织中的关键点有哪些，培训师用板书进行提炼展示	讲解活动： 培训师给出一个班组技能竞赛方案，让学员小组讨论出班组技能竞赛方案的关键要素有哪些	吸收活动： 让学员以小组为单位，基于班组技能竞赛方案模板，编写一份班组技能竞赛方案	30 分钟
	班组员工的传帮带	激活活动： 给一份案例，让学员分析出案例中的班长在员工传帮带过程中的问题	讲解活动： 讲授员工辅导的技术要点，让学员评估自己目前在这些要点上的操作水平是否达标，写下自己需要改善的地方	吸收活动： 让学员找一个下属，给他制订一份1个月的培养辅导计划	20 分钟
班组的文化建设	班组文化建设的常见形式	激活活动： 让学员组内相互分享自己的班组是如何进行文化建设的，都有哪些形式	讲解活动： 给学员看一些班组文化建设的图片，让学员分析图片中的班组文化建设都有哪些形式	吸收活动： 让学员反思自己所在班组的文化建设有哪些需要改善的地方，并在组内相互分享	15 分钟
	如何组织班组活动	激活活动： 培训师随机提问学员过往都开展过哪些班组活动，把学员所讲的内容，写在白板上	讲解活动： 播放一段班长活动的视频，让学员分析视频中的班组活动组织的流程是什么	吸收活动： 让学员以小组为单位，讨论出一份各自小组的班组活动计划	25 分钟

续表

课程内容	教学流程	教学时间
结束活动	让学员翻阅教材，回顾一下今天课程所讲的重要内容，看一看自己所做的笔记，找到教材空白的地方，写上今天课程中印象最深刻的一个知识点和今天课程听完后最大的一个感受，以及听完课程之后，回到工作岗位会立刻开展的一个行动。写完之后，在小组内部相互分享交流，培训师随机挑选 1 ~ 2 名学员面向全班进行分享	10 分钟

第二节　“结果”：课件内容制作

一、学习目标

1. 知识目标

（1）能够理解并掌握课件的关键页面制作要求及技巧。

（2）能够理解并掌握课件的关键元素制作要求及技巧。

（3）能够理解并掌握课件排版要求及技巧。

2. 技能目标

能够根据课件制作的页面、元素、排版技巧，制作层次分明、美观的课件。

二、学习内容

（一）课件制作简介

课件是指在课程内容和教学设计都已经准备完成的情况下，将课程通过视觉化的方式呈现出来的一种有形的实物。它是在计算机上展现的文字、声音、图像及视频等素材的有机集合，是计算机辅助教学软件的一种，也是培训师常用的教学手段之一。

课件制作的常用软件有以下几种：微软公司的 PowerPoint（PPT）、苹果公司的 Keynote、金山公司的 WPS Office，其中使用最广泛的软件是微软公司

的 PowerPoint（PPT）。本文以 PPT 为例进行课件制作介绍，推荐使用微软公司的 PowerPoint 2019 及以上版本。

（二）课件的关键页面制作要求及技巧

PPT 仅是一种辅助表达的工具，其目的是让 PPT 的受众能够快速地抓住表达的要点和重点。因此，好的 PPT 一定要思路清晰、逻辑明确、重点突出、观点鲜明。这是最基本的要求。

设计课件的框架，就需要设计出像金字塔结构的页面：首先是封面页，然后是目录页，以及每一章节的过渡页，中间的主体部分就是正文页，最后是封底页。只要把这几页设计好，整个课件就有了结构化的概念，中间再加一些“血和肉”的元素，就是一个完整的课件了。课件五大关键页面示意图见图 4-4。

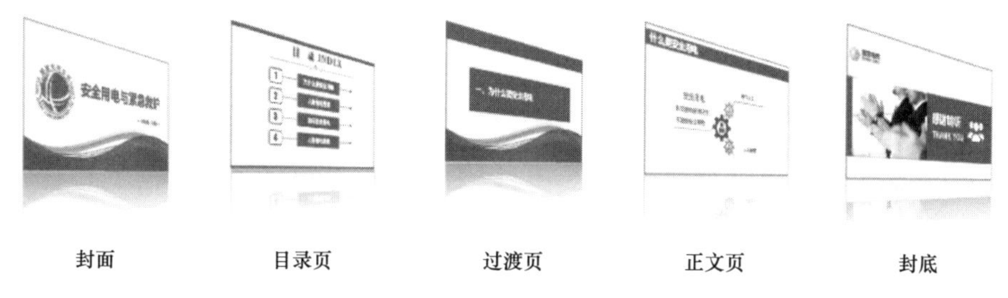

图 4-4 课件五大关键页面示意图

1. 封面制作

作为培训师，如果没有专门学习过平面设计方面的知识，很难凭空设计一个封面，快速的做法是：模仿 + 微创新或查阅大量素材，激发灵感。

具体设计要点如下：

（1）封面设计要素一般是：图片 / 图形 / 图标 + 文字 / 艺术字。

（2）设计要求简约、大方，突出主标题，弱化副标题和作者名字，高端水平还要求有设计感或艺术感。

（3）图片内容要尽可能和主题相关，避免毫无关联的引用。

（4）封面图片的颜色也尽量和 PPT 整体风格的颜色保持一致。

（5）封面是一个独立的页面，可在母版中设计（如母版有统一的风格页面，可在其对应的母版页覆盖一个背景框）。

需要注意的是，一般在公司里用到的课件 PPT，都有公司统一的封面 / 封底格式，这种类型的 PPT 不需要单独设计封面 / 封底，直接用公司的即可。甚至有的公司对 PPT 的标题栏、图表、动画、字体、颜色等都有统一的要求，这样就免去了我们整体设计环节，只需要设计内容版面就好了，但这样往往也限制了我们的创新思维。

2. 封底制作

一般人可能会忽略封底的设计，因为封底毕竟只是表达感谢和保留作者信息，没有太大的作用。但是，如果我们要让自己的 PPT 在整体上形成一个统一的风格，我们需要专门针对每一个 PPT 课件设计封底。

具体设计要点如下：

（1）封底的设计要和封面保持不同，避免给人偷懒的感觉。

（2）封底的设计在颜色、字体、布局等方面要和封面保持一致。

（3）封底的图片同样需要和 PPT 主题保持一致，或选择表达致谢的图片。

（4）如果觉得设计封底太麻烦，可以为自己精心设计一个通用的封底，一直使用。

3. 目录页制作

目录页即课题纲要，别小看目录的设计，它往往能展示课件设计者的真正水平。目录页设计的方法是：灵活利用 PPT 整体风格特征，将页面标识恰如其分地融入目录页当中。例如可以将页面标识放在大色块中或者是以边角点缀的形式呈现页面标识，也可以将页面标识借助其他页面要素融入版面。

4. 过渡页制作

一个 PPT 中往往包含多个章节，在不同章节之间如果没有过渡页，则内容之间缺少衔接，容易显得突兀，不利于观众接受。而恰当的过渡页则可以起到承上启下的作用。

具体设计要点如下：

（1）过渡页的页面标识和页码一般和目录页保持完全的统一。

（2）过渡页的设计在颜色、字体、布局等方面要和目录页保持一致（布局可以稍有变化）。

（3）独立设计的过渡页，最好能够展示该章节的内容提纲。

5. 正文页制作

正文页是课件主要的展示部分，页面的大部分空间都是留白出来写课件内容的，因此正文页的设计主要是对其标题栏的设计。所谓标题栏，顾名思义是展示 PPT 页面标题的地方。每一个正文页，都有明确的一级标题、二级标题甚至三级标题，仿佛网站的导航条一般，这样可以让学员能够随时了解当前内容在整个 PPT 中的位置，仿佛给 PPT 的每一页都安装了一个 GPS，学员就能牢牢地跟上培训师的思路了。

具体设计要点如下：

（1）各章节共同部分在母版中"Office 主题"上设置，具体章节标题根据需要选择是否在母版中设置。

（2）如果 PPT 课件逻辑层次较多，标题栏至少要设计两级标题。

（3）标题栏一定要简约、大气，最好能够具有设计感或商务风格。

（4）标题栏上相同级别标题的字体和位置要保持一致，不要把逻辑搞混。

（三）课件的关键元素制作要求及技巧

一门课件是由多个元素构成的，课件中常见的组成元素有色彩、文字、图形这三种，它们通过不同的有机组合最终才能形成一门课件的主体内容。

1. 色彩

（1）基本配色原则。

1）重视视觉感受（舒服、浑然天成、不突兀、不刺眼、不山寨）。

2）商务 PPT 应符合公司 CIS 的用色要求。

3）符合逻辑（如不同章节可用不同的颜色，相同级别的标题用相同的颜色）。

4）符合颜色的象征意义（绿色健康、红色喜庆、蓝色科技等）。

5）色彩不超三种（黑白灰除外，图表色可稍稍灵活），整体风格一致。

（2）背景色要求（见图 4-5）。若背景色是白色，它是默认的背景色，简约、便于颜色搭配。若背景色是灰色，对真实颜色的干扰最小，不刺眼，有专业感。若背景色是深色，会显得很酷，但颜色较难搭配，挑战性高。

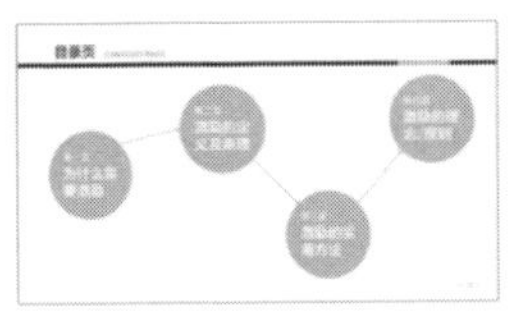

白色背景

灰色背景

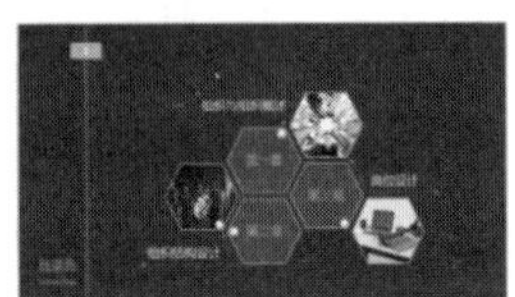

深色背景

图 4-5 背景色要求

（3）风格色要求。风格色是指：封面、封底、内标题、强调色、图表色等主要颜色。一般采用整体单色法，就是一种颜色贯穿始终，图表色可以略丰富些，但尽量调整为同色系搭配。这样会给人感觉干净、简洁、专业。

（4）文字色要求（见图 4-6）。文字颜色设置的基本要求是：不要太黑、太亮、太刺目，也不要太淡，要柔和，看得清楚即可。当背景为浅色时，字体为深灰色或黑色，根据背景的深浅调整字体的深浅，以确保看得清楚。当背景为深色时，字体为白色或者浅灰色。

当背景为浅色的文字颜色要求

当背景为深色时的文字颜色要求

图 4-6 文字色要求

（5）强调色要求。强调色指的是 PPT 中所有强调内容的颜色设置。一般表达正向观点时，设置为风格色；表达反向观点时，设置为补色、对比色；表达提醒、警示、引发思考或负面观点时，设置为红色。

2. 文字

文字是课件中最重要的元素，因为课程大部分内容都是通过文字传递出来的。文字的制作包含字号、文字效果和字体这三类。

（1）字号。字号就是文字的大小。字号的基本原则是：字号不能过小，要保证观众能够看清 PPT 上每一个字。对要强调的信息进行放大字号处理，会让重点一目了然。

（2）文字效果。文字的效果包括文字的颜色和艺术效果（加粗、倾斜、下划线、阴影等）。

基本要求是：

1）加粗起突出强调作用，一般配合放大字号使用。

2）倾斜、下划线不建议在商务场合使用。

3）一般文字在图片或色块里面加上阴影效果，立体感更强，视觉更突出。

具体操作技巧见图 4-7。

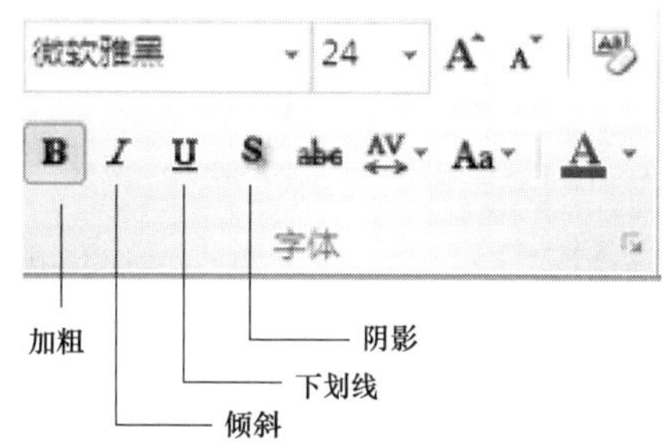

图 4-7　文字效果具体操作技巧

（3）字体。文字自己就可以美化自己，仅仅更换字体，就能让 PPT 大不一样。字体主要分为衬线字体和无衬线字体。

衬线字体：宋体是一种标准的衬线字体，如图 4-8 所示。画笔有粗细变化，而且一般是横细竖粗，末端有装饰部分。点、撇、捺、钩等笔画有尖端，属于白体，常用于书籍、杂志、报纸印刷的正文排版的首选字体。不过同样因为笔画太细，宋体做 PPT 冲击力不足。

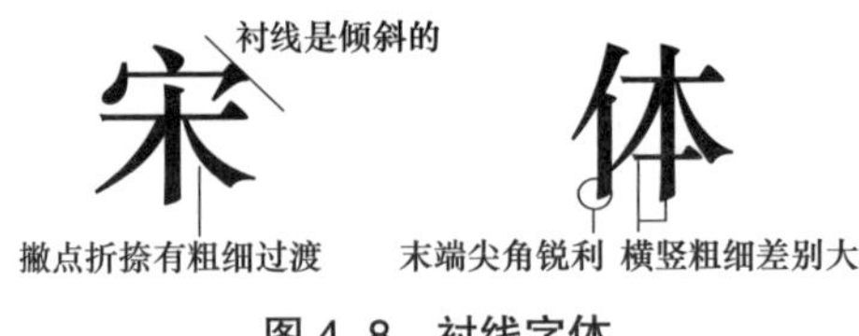

图 4-8 衬线字体

无衬线字体：微软雅黑属于 Open Type 类型，字体设计上属于无衬线字体，如图 4-9 所示。它的字形稍扁，具有典雅的气质，加上笔画不粗，消除了锯齿感，所以在 PPT 显示大量的小字时会让人感觉非常舒服。不过雅黑字体笔画稍细，缺乏变化，用作标题时，仍显得比较平实，冲击力不足。

图 4-9 无衬线字体

一般在课件制作过程中推荐使用无衬线字体，这样视觉效果更强烈，也显得正式和专业。常见的无衬线字体有微软雅黑、思源黑体、冬青黑体等。

3. 图形

在 PPT 课件制作中，图形对于传达信息具有强大的作用。图形是直观化呈现教学内容的重要元素，能准确地传达信息内容，减少信息传递的损耗，好的图形会让受众者产生身临其境的感觉。所以培训师在制作过程中，合理应用图形，掌握图形美化的技巧，会让课堂更加精彩。图形摘要包括图表、图示、图片这三种类型。

（1）图表。在课件制作中，常用的图表有饼图、柱状图、条形图、折线图等。

1）饼图：用来表示部分占总体的比例。如果只表示两三个部分，直接用饼图非常合适。饼图图例见图 4-10。

2）柱状图：主要用来比较多个数据，可以是多个事物对比，也可以是同一事物不同时间的对比。柱状图图例见图 4-11。

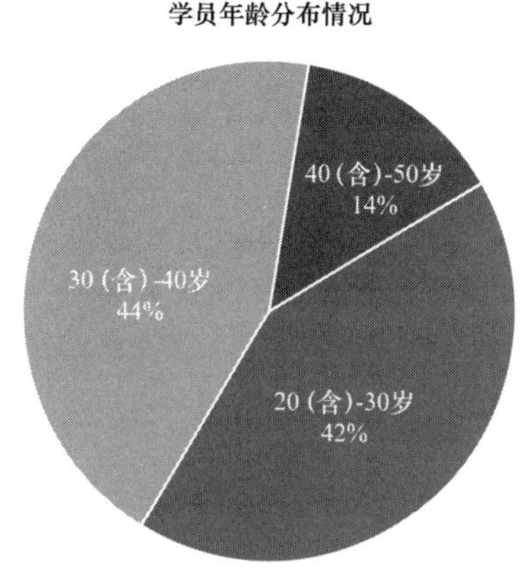

图 4-10 饼图图例

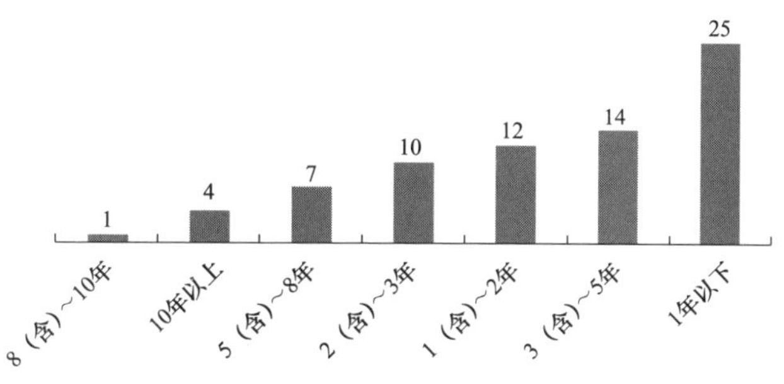

图 4-11 柱状图图例

3）折线图：主要用来表示数据随时间的变化而变化的，相比柱状图，折线图的时间是连续的，因此随时间变化的属性更明显。折线图图例见图 4-12。

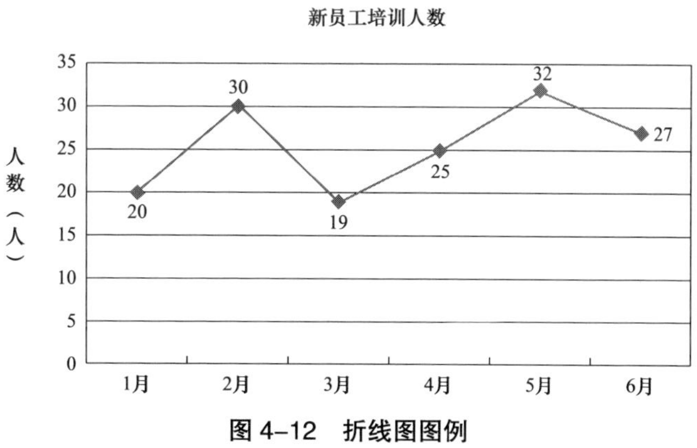

图 4-12 折线图图例

4）图表制作要求：①不要用 3D 图，用平面图；②对图表进行降噪处理；③图表颜色尽量用风格色或近似色；④制作图表前，将数据按大小排列，这样做出来的数据更为直观；⑤图表字体符合视觉习惯；⑥ PPT 中应该注明观点，不要只有数据，没有结论，否则无法保证观众和作者对图表做出一致的解读。

（2）图示。图示是用来展示图形之间彼此关系的，是课件制作中用的最频繁的图形，图示使用恰当能够很好地体现出课程的逻辑性，更加有利于学员理解课程内容。常见的图示逻辑关系有：并列关系、递进关系、循环关系、包含关系、层次关系。五种图示逻辑关系图例分别见图 4-13～图 4-17。

图 4-13 并列关系图示图例

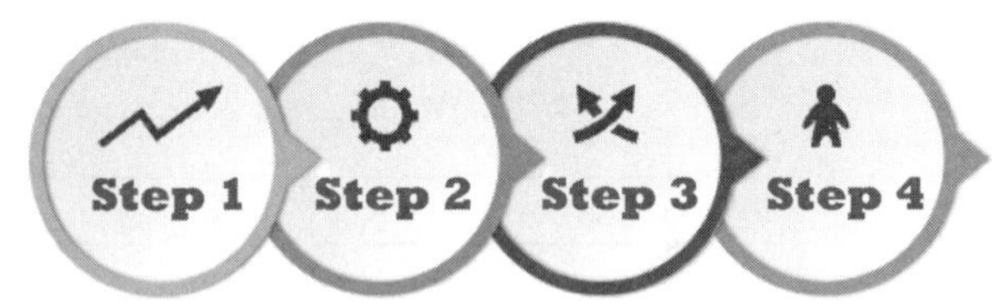

图 4-14 递进关系图示图例

图 4-15 循环关系图示图例

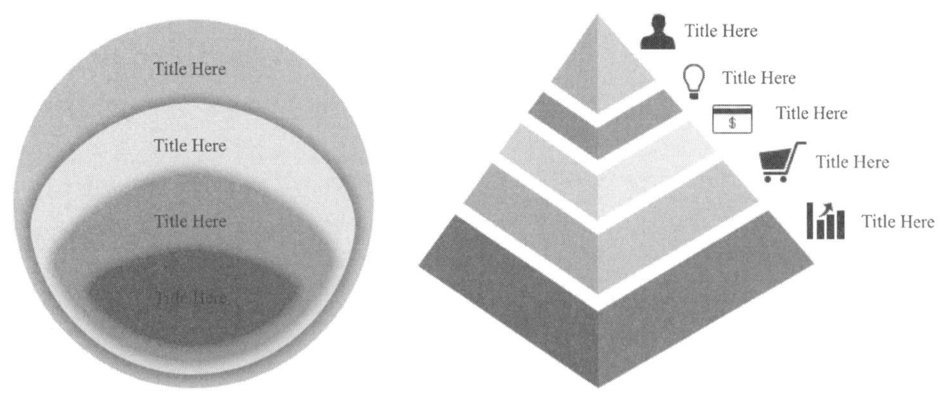

图 4-16　包含关系图示图例　　　　图 4-17　层次关系图示图例

图示制作技巧：要想快速地制作出图示，可以利用 PowerPoint 软件里面的 SMARTART 功能即可，里面有多种关系图示可以选择，见图 4-18。

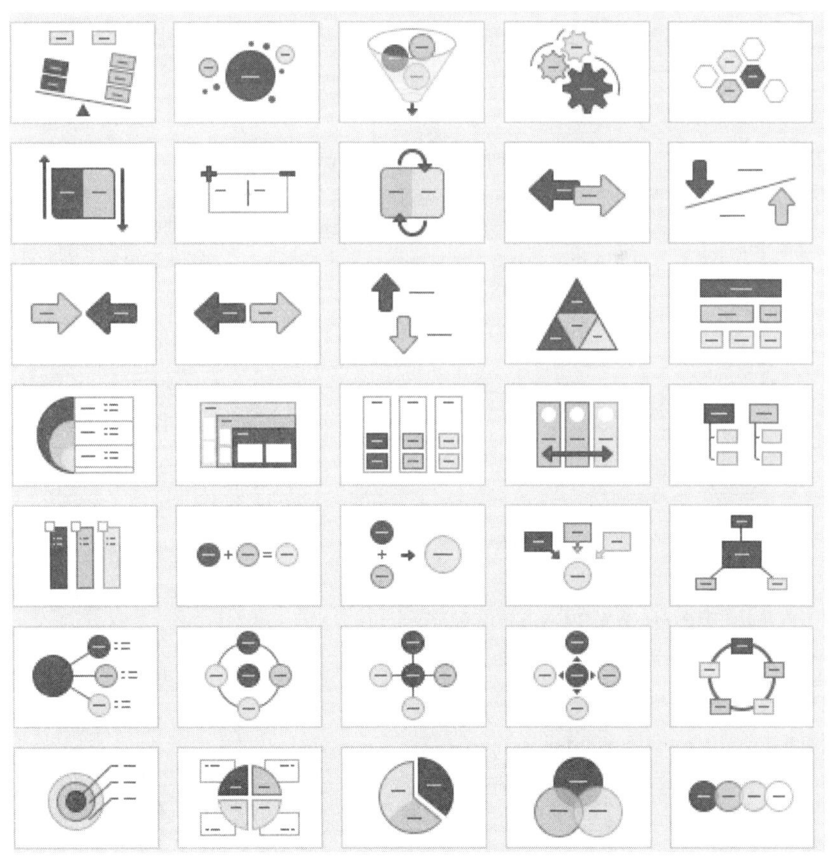

图 4-18　SMARTART 图示图例

（3）图片。制作 PPT 使用图片的原因是可以起到情景再现、气氛渲染、辅助说明。通过插入与文字信息描述相一致的图片，来进一步验证信息的真实性，让信息更有说服力，给学员以真实感和现场感。

课件中选择图片，应该基于以下标准进行挑选。

1）要高清的，不要模糊的：高清就是你的图片不能是模糊、分辨率特别低的，当图片非常模糊的时候，会有不舒服的观看体验。

2）要商用的，不要侵权的：网络上有的图片是有版权的，可能会涉及到侵权问题。所以我们在下载图片、使用图片的时候，尽量去用那些无版权的图片。

3）要贴切的，不要无关的：图片要跟课件内容相匹配，不能为了配图而随便找一张图片。

常用收集图片的方法一般是在搜索引擎网站，例如百度上，直接输入关键词，这样搜出来的图片的质量往往不好，建议去一些专业的图片网站搜索会有更好的效果，表 4-3 是一些常用图片网站的地址。

表 4-3 常用图片搜索网站

名称	网址	数量	备注说明
昵图网	http://www.nipic.com	非常多	水印不明显，无版权
我图网	http://www.ooopic.com	多	水印明显，好图需图币，有在线书法字体功能
全景网	http://www.quanjing.com	多	水印不明显，无须登录，可直接用在 PPT 中
IT.me	http://www.topit.me	多	治愈系美图
影美睛	http://www.inmagine.com	多	要注册，直接得无水印图，英文搜索更好
华盖创意	http://www.gettyimages.cn	多	擅结合热点时事推精品图片，无水印图需注册
景象图片	http://www.viewstock.com	多	直接复制得无水印图片
中国新闻	http://www.cnsphoto.com	多	高质量的各类时事新闻图片
Flickr	http://www.flickr.com/photos	多	网友免费分享

（四）课件制作的排版要求及技巧

当我们把课件的关键页面和关键元素都制作好后，就需要对每页课件进行排版了，通过排版，会让我们的课件更加简单生动，看上去更精美，更容易让学员理解。在排版时，我们需要遵循 PPT 课件排版的四大原则，分别是对比、对齐、亲密、重复。

1. 对比

对比是 PPT 排版中一个非常重要的原则，主要是通过一定的方式与方法，让观众能够第一时间明白你讲的是什么，重点是什么，分清主次。

对比通常情况下有：大小、疏密、方向以及色彩等方面的对比。比如你要突出哪一部分，你就可以把那一部分的字号变大，把它的颜色、底色或者是字体改变、加粗倾斜，给它加一些符号改变，做出对比来，就可以把我们想强调的内容凸显出来。对比示意图见图 4-19。

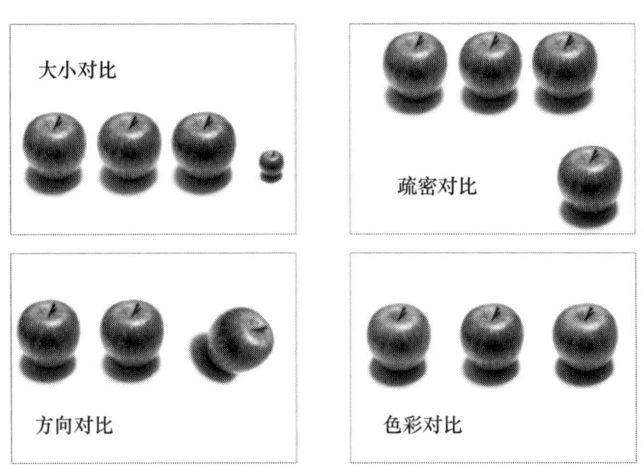

图 4–19 对比示意图

2. 对齐

在页面中，对齐的元素可以有很多，如文字、段落、图形、表格等。在各个页面中同一类型的元素或者内容也要进行对齐。对齐的目的是使每个元素之间与页面上的呈现整体规整，达到有序性，让整个页面更具有设计感，符合人们观看或者阅读的需要。

对齐一般有八种方式，见图 4-20，一般情况下，PPT 需要在不同的内容或者情境中按需要使用。

图 4-20　八种对齐方式示意图

3. 亲密

亲密是将相关的元素组织在一起，增强页面逻辑性，便于阅读，使版面更集中，更有“呼吸感”。要让元素符合阅读逻辑，远近距离符合一定的规则，既不能太远，也不能太近。亲密示意图见图 4-21。

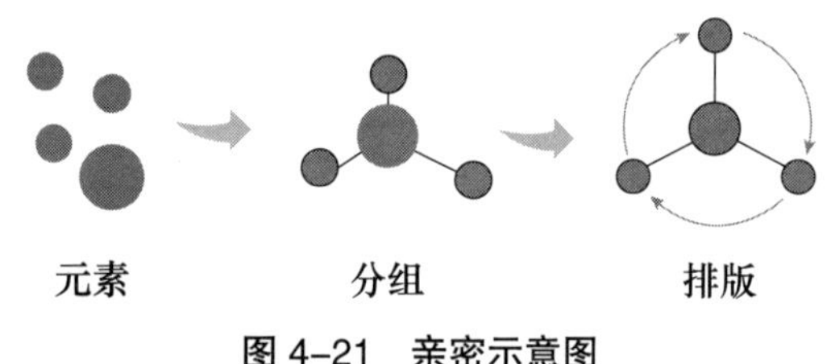

图 4-21　亲密示意图

需要做到文字间距和元素分布这两点的亲密性：

（1）文字间距。

1）字间距要确保文字有一定的“呼吸感”。一般情况下保持默认即可，最大不应超过半个字宽，最小也要保证不影响文字的阅读。

2）行间距一般在 1.2 ~ 1.4 倍之间，视具体情况而定。

3）段间距只要大于行间距，小于组间距即可。

4）组间距大于段间距，但为了使版面更集中，建立“呼吸感”，组间距一定要小于组与版面边缘的距离。

（2）元素分布。指按一定的路径将元素进行均匀排列的过程。一般有四种形式，分别是横向分布、纵向分布、规则分布和不规则分布，见图 4-22。

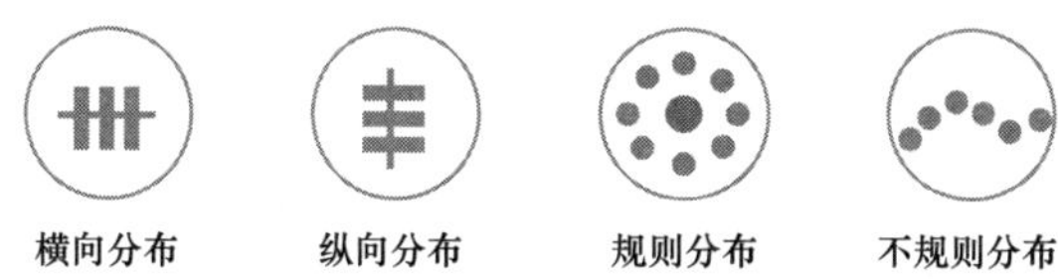

图 4-22 元素四种分布形式

4. 重复

顾名思义，就是同一个元素重复使用，重复性会让课件整套风格保持统一，这样看起来非常得舒服。无论是字体、颜色，还是形状、图片等，都可以重复使用，使内容更加统一，画面看起来也更加和谐。

如图 4-23 所示，在 PPT 的颜色、字体、圆形元素上都使用了重复，让人感觉风格统一，视觉自然。

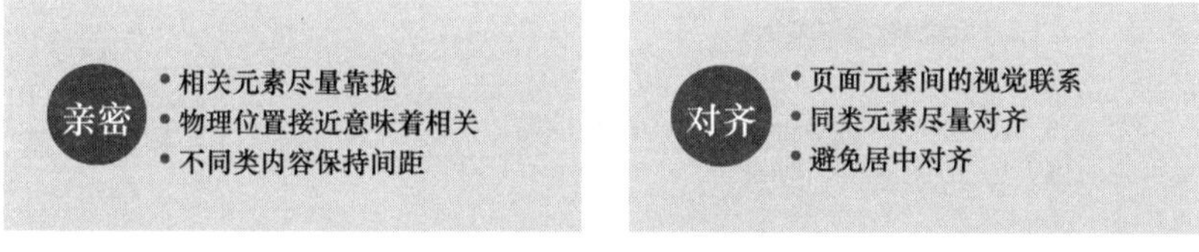

四大设计准则

图 4-23 重复示意图

图 4-24 是应用排版四大原则对某一页 PPT 课件进行重新排版优化后的前后对比示范。可以看出，经过重新排版后，课件的逻辑性和美观度有了很大的提升。

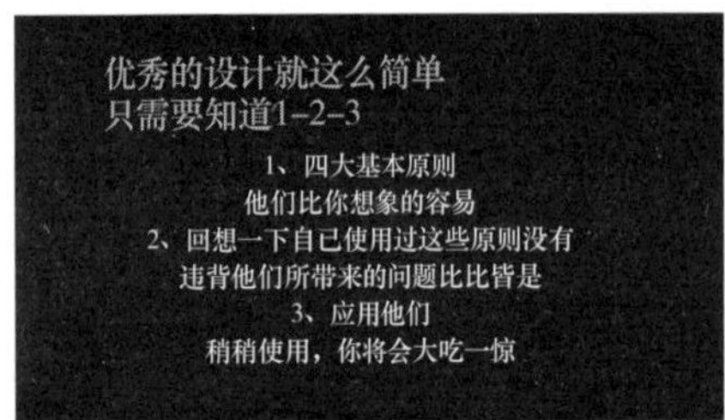

案例-修改前

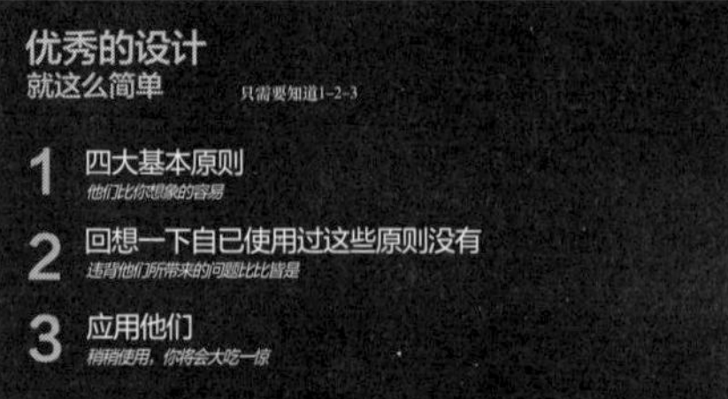

案例-修改后

图 4-24　应用排版四大原则进行排版的示意图

三、应用案例

下面是部分课件制作问题的解析示范：

修改前：  国家电网 STATE GRID （三）稽查后的问题规范处理 ➢ 收集整理客户现场用电情况、计量装置检查记录及影视、照片资料、客户证明等资料，在检查表单上填写在供电电源、受电设备电量、电价、电费计收等方面的差异。 ➢ 对出现的差异，定性分析得出结论。 ➢ 对现场发现的无争议的供电企业内部问题应与被检查用户进行当场签字确认。 ➢ 如在客户现场发现客户用电问题应与用电检查人员进行当场确认，并由用电检查人员按相关流程告知客户进行整改处理。	问题点： 1. 企业 logo 太大，且占据了页面左上角的黄金位置。 2. 文字太多，信息量太大，重点不突出。 3. 背景图片杂乱，干扰了学员阅读文字信息
修改后： （三）稽查后的问题规范处理　 国家电网 STATE GRID 1.收集资料 → 2.处理无争议问题 → 3.处理异常问题 • 收集整理客户现场用电情况、计量装置检查记录及影视照片资料、客户证明等资料。 • 在检查表单上填写在供电电源、受电设备电量、电价、电费计收等方面的差异。 对现场发现的无争议的供电企业内部问题应与被检查用户进行当场签字确认。 如在客户现场发现客户用电问题，应与用电检查人员进行当场确认，并由用电检查人员按相关流程告知客户进行整改处理。	修改措施： 1. 用横版 logo 替换了竖版 logo，并将左上角的位置留出来给到标题内容。 2. 提炼了文字的逻辑关系，并用流程图的图示对文字内容进行了加工处理，使课件内容结构更加清晰。 3. 删掉了背景图形，用干净的浅色背景凸显出文字内容

<table>
<tr><td>修改前：
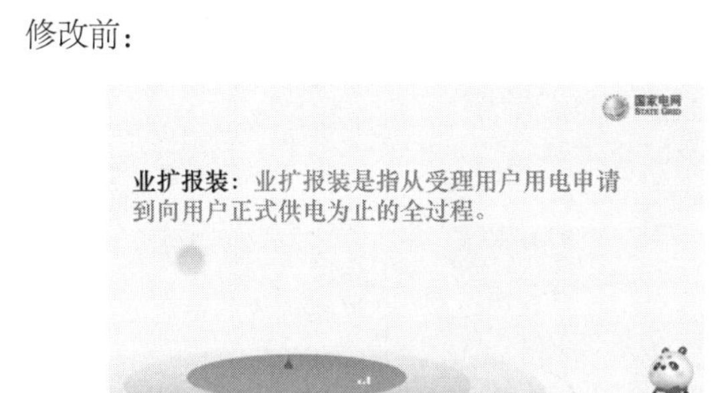</td><td>问题点：
1. 文字颜色使用不恰当，在此文中使用红色作为解释的说明没有太大必要，一般红色是表示警示或提醒作用，此文并没有这层含义。
2. 图片和文字的内容不匹配，并且两个图片显得有点多余，喧宾夺主</td></tr>
<tr><td>修改后：
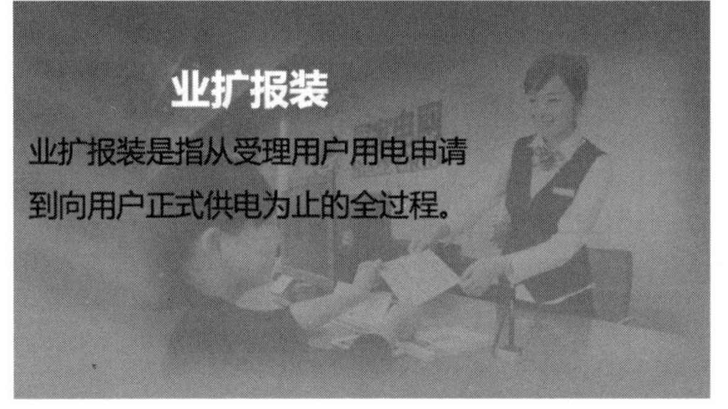</td><td>修改措施：
1. 将图片替换成和文字内容相匹配的一张照片，且将照片设置为背景底板，并覆盖了一层模版作为遮罩，这样会更好地凸显文字内容。
2. 将文字颜色调整为匹配背景的黑色和白色，这样让文字内容更加突出醒目</td></tr>
<tr><td>修改前：
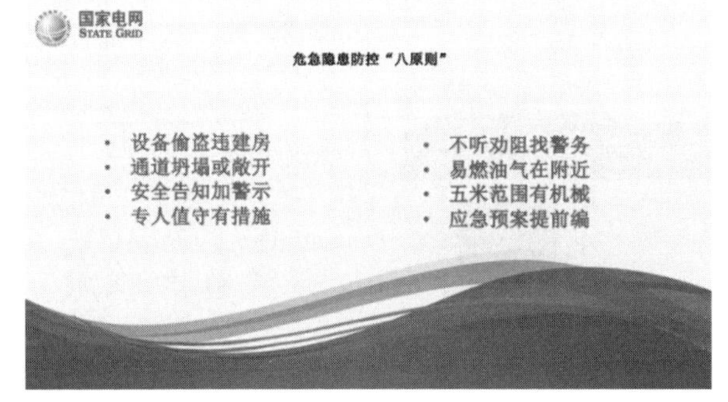</td><td>问题点：
1. 文字字体使用的是宋体，不利于课件播放展示，观看体验感不佳。
2. 文字的标题大小比正文的要小，不符合阅读的逻辑习惯。
3. 八个原则没有体现出并列的逻辑关系，没有有效传递信息</td></tr>
</table>

修改后：  	修改措施： 1. 增加一个符合文字内容的背景图片，凸显文字。 2. 将文字的强调颜色改为红色，体现出“危急”的含义。 3. 用色块填充文字，体现出课程内容的彼此之间的逻辑关系。 4. 将文字的字体换成“微软雅黑”显得更加正式和专业，更适合 PPT 播放显示
修改前： 高压新装业务，网上国网办电 · 业务类型：高压新装 · 应用流程： 包括业务申请、供电方案答复（勘察时间变更、供电方案确认）、工程实施（设计文件送审和确认、新设备信息上传、保护定值上传、中间检查申请和确认、竣工报验、竣工验收申请和确认）、装表接电（合同签订、调度协议签订、服务评价、电子签章）。 	问题点： 1. 文字没有对齐，既不是居中对齐，也不是左对齐，显得杂乱无章。 2. 文字内容太多，信息量太大，没有逻辑性。 3. 排版过于紧密，给人以压迫感。 4. 文字颜色使用不恰当，红色出现没有必要
修改后： 高压新装业务，网上国网办电 业务类型：高压新装 应用流程： · 业务申请、供电方案答复 · 工程实施、新设备信息上传 · 保护定值上传 · 中间检查申请和确认 · 竣工报验、竣工验收 · 装表接电 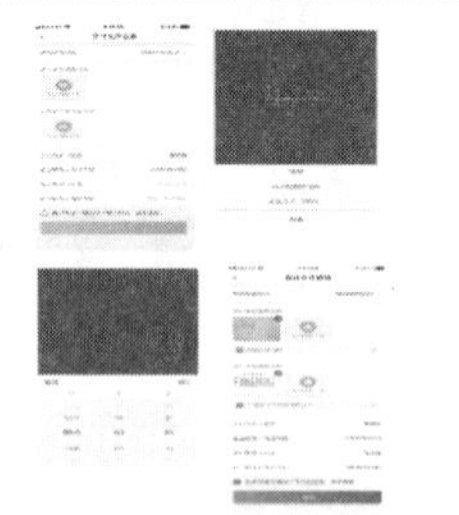	修改措施： 1. 将所有文字左对齐，图片放在页面的右边，凸显出文字和图片之间的关系。 2. 将图片从横版变成了竖版，让版面更加简单，留有一定空白，减少信息的压迫感。 3. 将文字内容进行了提炼，删掉部分没有必要的文字（删掉的文字，可以在授课时，由培训师讲授出来即可）。 4. 将文字正文颜色调成了黑色，视觉风格保持统一

如何打造生动课堂——课程讲授篇

第一节　学“形”：课堂表现技巧

一、学习目标

1. 知识目标

（1）能够正确简述培训师应对上台紧张的方法。

（2）能够正确简述培训师发声练习的方法。

（3）能够正确简述培训师课堂呈现行为举止要点和技巧。

2. 技能目标

（1）能够正确运用发声练习方法技巧，提高声音表现力。

（2）能够正确运用肢体语言进行课堂呈现。

3. 态度目标

认可声音和肢体语言对课堂呈现效果的影响力，愿意学习提升，增强课堂表现力。

二、学习内容

（一）胆法：克服上台紧张

1. 胆法概述

在电网企业，大部分培训师是专业技术出身，拥有丰富的实践经验，但缺少授课经历，在开展培训授课时，容易产生紧张胆怯的情绪。上台紧张胆怯一般会导致以下问题：

首先，上台紧张胆怯会导致发声问题。虽然紧张胆怯是一种心理问题，但心理上的紧张会反映在生理上，使人喉部肌肉和肩部肌肉紧张，以致气息被锁住，不能沉到丹田，发不出声音来，或讲话结巴。

其次，上台紧张胆怯会制约情感的表达。心里紧张胆怯，会导致面部肌肉僵硬，讲话授课面无表情。不仅如此，四肢也会紧张，手足无措，无法用生动的肢体语言来表达情感。

因此，要开展培训授课，必须以练胆、克服上台紧张情绪为先导。

2. 胆法技巧

（1）上台紧张的根源。克服紧张的第一步，是认识紧张、了解紧张。紧张的根源有以下几点：

根源一，来自身体的本能。人的大脑中有一个叫杏仁体的神经组织，相当于人体的预警机，杏仁体的最大功能是不断扫描身边的危险事物，一旦受到威胁，就会向身体发出警告。当紧张时，血液会流向四肢，使得大脑缺血，容易一片空白。

根源二，来自对陌生感的恐惧。心理学研究，恐惧往往来自陌生、不熟悉。很多培训师第一次或很少上台授课，对授课场景或环境感到陌生，自然会产生相应的害怕和慌张的心理。

根源三，来自完美主义的束缚。很多培训师在授课时，太过希望自己讲授的内容、授课效果得到学员的认可和肯定，想展现绝对权威的培训师形象，导致产生一定的心理压力，担心出错或学员不认同等情况。

（2）应对上台紧张的方法。应对上台紧张的常见方法包括以下几点：

1）充足准备法。培训师在课程开发和授课准备环节，应尽量多准备课程内容。因为有的培训师在紧张情况下，容易加快语速，如1小时的课程，半小时就讲完，后半小时没有内容可讲，这样对授课效果和学员的观感有很大影响。因此，新手培训师在前期需要多准备课程内容，以便在授课时灵活调用。

2）熟能生巧法。在授课前，培训师应反复熟悉所讲授的课程内容，做到能够脱稿授课，而非经常看电脑屏幕或投影幕布。这样能够增强培训师的信心和底气，缓解紧张情绪，做到流程、自然表达。

3）知己知彼法。紧张的根源之一是陌生感，破除陌生感的方法：一是课程开始前提前到达培训现场，做上台演练，熟悉培训现场环境；二是当学员陆续进场时，培训师可先与早到的学员沟通、寒暄，对部分学员有大致了解，消除陌生感。在正式上台授课时，可多与先前沟通的学员眼神交流，通过学员友好、亲切的反映消除紧张情绪；三是平时多找机会登台，多在公众面前表达、练手，熟悉公众表达的感觉。

4）深呼吸法。紧张时会感觉缺氧，可以通过深呼吸来缓解紧张情绪。很多培训师在做深呼吸时，实际上只是在浅呼吸，无法达到消除紧张的效果。具体如何做深呼吸，在本节“（二）声法：修习发声气场”将详细阐述。

5）身体活动法。紧张时身体会紧绷、僵硬，可以通过做一些简单运动来调整，例如双手握拳，抓紧、放松，再抓紧、放松，反复绷紧和放松肌肉；用手轻轻拍打面部，对着镜子微笑；运动热身等。

身体活动法的原理在于：一是压力转移，将注意力连同压力转移到身体，使精神压力减少；二是互动兴奋，通过做运动让身体活动、兴奋起来，使精神也随之兴奋，减轻紧张感。

6）氛围调节法。如在培训开场前，培训师播放轻松舒缓的音乐，借助视听素材，营造轻松的课堂氛围。

7）心态调整法。在培训授课时，培训师应保持分享的心态。不要过多在意自身的权威性和绝对正确性，不要担心出错，以开放、交流、分享的心态来授课。当没有过多心理压力时，紧张情绪也会随之减少或消除。

（二）声法：修习发声气场

1. 声法概述

授课表达也是一门听觉艺术，在上台授课时，有节奏感和穿透力的声音，是自信的表现和气场的体现。培训师需要做到声音洪亮、吐字清晰、快慢得当、抑扬顿挫。很多培训师在授课声音上，存在两个问题：一是音调过沉，声音太低，细弱游丝；二是音调过平，没有节奏，毫无波澜。这样的声音呈现，既让学员听不清、听不明，又容易使学员走神、犯困。需要通过练气、练口和练声三大练习来改善。

2. 声法技巧

（1）练气。

1）深吸气练习。为在授课过程中有足够的气息配合，需要采用最科学的呼吸方法——胸腹式联合呼吸法，来进行深吸气练习。如图 5-1 所示，深吸气的练习方式有三种：闻花香、半打哈欠和平躺法。

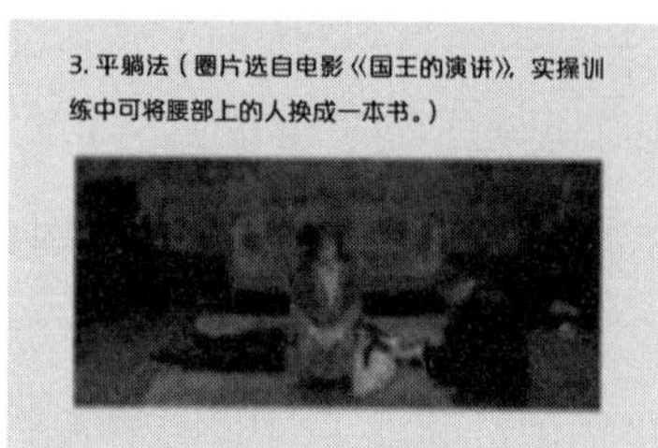

图 5-1　深呼气的练习方式

闻花香：找一个舒服的姿势坐下，闭上双眼，双手轻轻地插在腰部两侧，想象在一个花园里，花园里开满鲜花，花香沁人心脾，慢慢地把香气吸进来，感觉身体很放松愉悦，不满足只把气息吸到鼻子里，要感觉香气自然地沉入腹部，嘴巴也可微微自然张开。注意，浅吸气的时候肚子是扁进去的，而深吸气腹部周围会慢慢地膨胀起来。

半打哈欠：可以想象正在开会，很困，不得已遮遮掩掩地半打一个哈欠。张嘴的一瞬间，有气息沉到腹底的感觉。

平躺法：平躺着放松，肚子上放一本书，感受书在吸气的时候慢慢抬起来，呼吸的时候慢慢下降。注意不要用肌肉的力量去顶腹部，而是因为气息下沉而感受到腹部的自然扩张。

通过三种深吸气练习方式，一是让气息有更多储备；二是让身体喉咙更放松，心态更平稳；三是让声音更有质感和能量。

2）吹纸练习。在一个相对没有风的环境下，拿一张普通的纸，如 A4 纸，拎到嘴边，让嘴大概在纸的中下部，距离这张纸 10 厘米左右的距离，然后去吹这张纸。保持气息均匀、集中稳定，让纸形成一个比较固定的角度，稳住一定时间，就像把气息变成一个小柱子去顶着这张纸。

3）数枣练习。数枣练习是一个非常经典的气息训练，可以锻炼呼气发声。吸足一口气，然后说下面的绕口令，注意说的过程中不要偷气补气，也不要憋着，顺畅地把气息随着声音呼出来。

“出东门，过大桥，大桥底下一树枣。拿着杆子去打枣，青的多，红的少。

一个枣、两个枣、三个枣、四个枣、五个枣、六个枣、七个枣、八个枣、九个枣、十个枣、九个枣、八个枣、七个枣、六个枣、五个枣、四个枣、三个枣、两个枣、一个枣。”这是一个绕口令，一口气说完才算好。

（2）练口。

1）打开口腔（见表 5-1）。口腔开度会影响声音和吐字的品质，打开口腔说话，声音会更有质感和穿透力。打开口腔是指打开口腔里面的空间，而不是单纯把嘴张得很大而里面是关闭的。通过提笑肌、开牙关、挺软腭、松下巴四步，完全打开口腔。

表 5-1　　打开口腔

动作	作用	做法
提笑肌	提升硬腭前部的动作，唇齿相依，使唇的运动有了依托	可以通过真诚灿烂的微笑让自己的笑肌抬起来，也可以用手辅助以及笑容练习交替进行
开牙关	抬升上颚的中部动作，不仅可以丰富口腔共鸣，还可以使咬字的位置适中有力	当张大口腔时，耳朵后面有个凹处，这里就是牙关。可以通过“啃苹果”的练习，想象自己拿着苹果大啃一口，让牙关打开，注意张嘴的动作稍微放缓一点。牙关打开口腔空间也会增大，讲话时最好感觉后面的上下齿像咬着一块儿棉花糖

续表

动作	作用	做法
挺软腭	抬起上颚的后部动作，起到加大口腔后部的空间以及避免过多的鼻音色彩	可以用舌头找一找软腭在哪里。先舔上齿背、再到上牙龈、再到硬腭，硬腭后面那个软软的地方就是软腭。 通过打哈欠的练习将它向上挺起来。这样就打开了我们的后声腔。 发“好”字。听一下声音的变化。 注意不要将软腭挺的过于僵化
松下巴	口腔能更明显地被打开，咬字的力量主要集中在上颚，下巴处于从属地位	在整个发声中，下巴是被动从动的状态，不要主动发力。可以通过张大嘴巴向上看、向下看，使下巴通过练习习惯放松

2）口部操练习（见表5-2）。口部操是咬字器官的热身运动，唇、舌、面颊都能够通过锻炼变得更加的积极灵活。培训师做好口部操的锻炼，可以把字音说得更清脆集中，具有穿透力。

表 5-2　口部操练习

唇操	舌操
1. 喷唇（30次）：双唇闭紧，不包唇不裹唇，把力量集中在唇部的中间，阻住气流，然后连续喷气出声，发出p、p、p的音。 2. 咧唇（10次）：双唇闭紧尽力向前噘起，然后嘴角用力向两边伸展（咧嘴），反复进行。 3. 撇唇（4个方向为一组，做10组）：双唇闭紧向前噘起，然后向左歪、向右歪、向上抬、向下压。 4. 绕唇（顺时针、逆时针各10圈）：双唇闭紧向前噘起，然后向左或向右作360° 的转圈运动（将动作3连贯起来）	1. 刮舌（10次）：舌尖抵住下齿背，舌体贴着上齿背，随着张嘴用上门齿刮舌头，使得舌头能逐渐向上隆起。会感受到牙关位置酸胀。 2. 顶舌（左右各10次）：闭唇，用舌尖顶住左内颊、然后到右内颊。左右交替，就像逗小孩子嘴里有糖。 3. 伸舌（前后左右上下为一组，做5组）：舌体集中伸出唇外，舌尖向上下左右尽力伸展。 4. 绕舌（顺时针、逆时针各10圈）：闭唇，把舌尖伸到齿前唇后。向顺时针、逆时针方向360° 环绕，交替进行。好似用舌头刷牙齿。 5. 舌打响（8个8拍，64下）：弹动舌头发出“哒哒哒”的声音（具体听音频中的声音模仿）。 6. 捣舌（保持快速弹动，酸到不能动停止，做3次）：舌头反复的往外面冲，好似做鬼脸，可以带动声音，练习舌头的灵活度和力度

（3）练声。

1）语调练习（见表5-3）。培训师语言表达能力的高低，与能否恰当的选择、运用语调有着非常重要的关系。讲课时重视语调的抑扬顿挫的变化，对吸引学员注意力、使语言表达富有表现力、说服力、感染力有重要作用。

要练习语调，首先要了解调值。调值是指依附在音节里高低升降的音高变化的固定格式，也就是声调的实际音值或读法，调值主要由音高构成，音的高低决定于频率的高低。

调值用赵元任的五度标记法（见图5-2）可以分别标记为55、35、214、51。

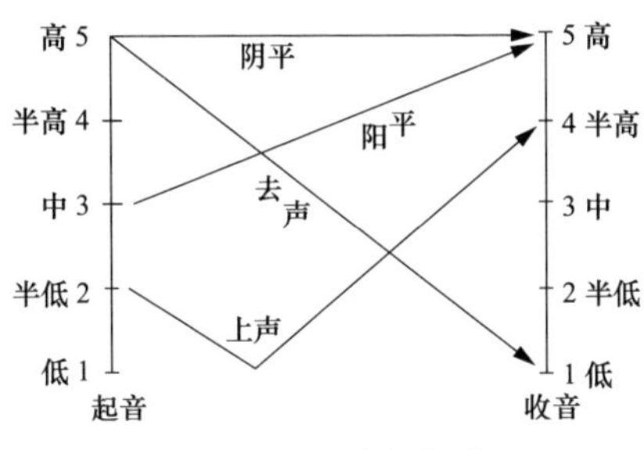

图5-2 五度标记法

表5-3 语调练习

语调	说明	常见问题
阴平调	又称“高平调”，调值55。发音时声带自始至终紧张，声调保持又高又平的状态，首尾差别不大	1. 收音不够高，下滑； 2. 不够平，中间凹； 3. 整体不够高，发成33或44
阳平调	又称“中升调”或“高升调”，调值35。调头起于中位3度，渐渐地直线上升，升到最高点5度，声带先松后紧。发好阳平的关键是起调要保持较高，升高时要直接上升不要拐弯上升	1. 收音不到位，只收到4度，即发成34； 2. 调型带拐弯； 3. 牛角式； 4. 收音过高，超过调域最高点，即超过5度

续表

语调	说明	常见问题
上声调	上声的“上”读shang（第三声），是个特定的读法。又称“降升调”，是个曲折的调子，调值214。起头时比阳平的调头还低，先在2度，略微下降到1度，然后拖长，然后又折转升高到4度，声带呈紧→松→紧的状态，全调音值最长	1. 212或313式； 2. 尾音带拐弯； 3. 尾音拖甩； 4. 213式； 5. 拐的太大，到后声腔； 6. 曲折过硬，上声调的降升变化是平滑的弯曲变化，如果读得过硬，就形成一个硬拐弯，听感上也生硬； 7. 弯儿没拐就直奔4度而去，发得如同“直上”调一般
去声调	又称“全降调”，调值51。由高5度猛然下降，一直降到低1度，声带由紧到松，调程比阴平、阳平长些。发好去声的关键在于调要高，迅速下降。要干脆，不能拖沓	1. 收音不到位，收到53； 2. 尾音拖甩； 3. 为到1度而硬砸，造成字音硬而拙

很多培训师说话“平”，没有起伏，大多是调值没有做到位。语调训练可采用词语练习、诗词朗读和读四声歌。语调的练习应结合气息、声带、共鸣的控制同步进行。

词语练习：如“中国伟大、山河美丽、风调雨顺”这三个词都是阴阳上去的顺序，可按照五度标记法，用手在空中边画边做。

诗词朗读：如“故人西辞黄鹤楼，烟花三月下扬州。孤帆远影碧空尽，唯见长江天际流。”在练习诗词时，注意要将调值做得饱满。

四声歌：

学好声韵辨四声，阴阳上去要分明。部位方法须找准，开齐合撮属口型。

双唇班报必百波，抵舌当地斗点丁。舌根高狗坑耕故，舌面机结教尖精。

翘舌主争真志照，平舌资责早再增。擦音发翻飞分副，送气茶柴产彻称。

合口呼舞枯湖古，开口河坡歌安争。撮口虚学寻徐剧，齐齿衣优摇夜英。

前鼻恩因烟弯稳，后鼻昂迎中拥生。咬紧字头归字尾，阴阳上去记变声。

循序渐进坚持练，不难达到纯和清。

2）语气练习。语气表示说话人对某一行为或者事情的看法和态度，是思想感情运动状态支配下语句的声音形式。培训师要注重语言的表达方式，尤其是讲授语气，因为语气反映了培训师的态度，会直接影响语言表达的效果。

语气的 4 个要点：①语气以内心感情的色彩和分量为灵魂。感情色彩指喜怒哀乐等，分量指喜怒哀乐的不同等级，如怒有不满、生气、愤怒、暴怒等不同等级。②语气以具体的声音形式为躯体。③语气存在于一个个有具体语境的语句当中。④语气可以将想表达的意境更准确的表达出来。

练习：①用不同的语气去说相同的句子。做的时候需要明确以下几点：第一，我们是谁？第二，对谁说的？第三，具体的语境是怎样？另外可以加一些潜台词和表情肢体来辅助。如分别用亲切的和不友好的语气说“这份资料可以给我看一下吗？”这句话。②语气渐变练习。分别用兴奋的语气、愉快的语气、无奈的语气、烦躁的语气和恼怒的语气来说一段绕口令。如“扁担长，板凳宽。板凳没有扁担长，扁担没有板凳宽。扁担想要绑在板凳上，板凳不让扁担绑在板凳上”。

3）重音练习（见表 5-4）。教学中，可以用合理的重音进行表达，通过声音的强弱对比来突出词语的意义，使词语色彩鲜明、形象生动，以突出教学重点，强化表达效果，引起学员关注，使学员在听觉上感受到高低起伏、抑扬顿挫，最终促成高效的课堂教学。重音的表达方式有以下五种，见表 5-4。

表 5-4　　重音练习

重音表达方式	说明	示例
重音重读	即用较大较重的声音来突出重音，这是最常见的方法	如：山朗润起来了，水涨起来了，太阳的脸红起来了。 把“朗润”“涨”“红”这三个词音量加重，可以具体鲜明地表现出春天到来时天地万物欣欣向荣的蓬勃情景
重音轻读	将要强调的词或词组降低音量，以示与其他词组的区别。	如：明月几时有？把酒问青天。 “问”重音轻读，表现出压抑苦闷感

续表

重音表达方式	说明	示例
重音拖长	拖长也是一种重音处理方法，把重音词或词组延长音长，与非重音形成对比。拖长的目的是加强语意，传递感情	如：我是你额上熏黑的矿灯，照你在历史的隧洞里蜗行摸索。 “蜗行摸索”重音拖长，能表现出祖国艰难前行举步维艰的沉重感
虚实互转	通过声音的虚实变化来强调重音。所谓实声即响亮实在的声音，虚声是指声轻、气多的声音	如：傍晚时候，上灯了，一点点黄晕的光，烘托出一片安静而和平的夜。 “安静而和平”这几个字由实转虚，用轻柔、气多、声轻的声音可表现出环境的静谧与安宁
前后顿歇	在重音前，或者在重音后，或者在重音前后安排适当的停顿，会使重音的分量加重	如：风 / 轻悄悄的，草 / 软绵绵的。 这句话在重音前、后都安排了停顿，与“轻悄悄”和“软绵绵”这两处重音形成呼应，可以将春天的温暖与柔情表达得淋漓尽致，给人以美好亲切的感受

4）节奏练习。授课过程中，培训师只有很好地把握语言表达的节奏，才能够掌控学员的情绪，使课程更加引人入胜、打动人心。

形成表达节奏的两个重要的组成部分，一个是吐字的速度，另一个是连续的速度，即快慢和停连。快慢指每一个字音的时长要长短交错；停连指根据逻辑、情感做出适当的停顿、连接。吐字快慢，加上语句的连贯与停顿，与丰富的高低、强弱、虚实变化等相结合，能让培训师实时地操控学员的情绪。

要成为一个节奏上的高手，需要做到三点：①逻辑思维能力要强。懂得从全局去把控节奏的进程，根据环境、情感、内容做调节变化。②把听众的感受放在心上，并且享受说话的过程。③拥有很强的发声能力，能够控制自己的声音。

节奏的类型包含以下六种，见表 5-5。

表 5-5　节奏的类型

节奏类型	说明	适用范围
轻快型	语调一般多扬少抑，轻快型的语音多轻少重，语句多连少停	适用于表达轻松、愉悦的心情，让人感觉活泼、流畅
凝重型	语调一般多抑少扬，语音多重少轻，语句多停少连，语流平稳凝重，不滑不促	适用于凝重的题材。比如某些语重心长的说服教育和言论发表、情感抒发等。这种节奏庄重严肃，听来一字千钧，发人深省
高亢型	语调偏高，语气昂扬，语势上行，语句连贯，给人以雄壮威武的感觉	用于鼓动性强的演说和使人激动的场合讲话。比如大会主持上特别有气势的开场，叙述一件重大的事情、宣传重要决定等
低沉型	语调压抑，语音沉痛，停顿多而长，音色偏低偏暗，语流沉缓	经常会用于悲剧色彩的事件叙述，容易把听众圈入悲伤的情感中，或者慰问、怀念等
舒缓型	语调多为上扬，语音多轻，气息畅达，声音清亮轻柔，是一种稳重舒展的声音表现形式，声音不高不低，语速从容，既不急促，也不大起大落	适用于说明性、解释性的叙述，以及学术探讨等
紧张型	语调多扬少抑，语音多重少轻，语气强而短促，语流速度较快	往往用于描述紧张的场景，或者表达迫切、紧急的心情

（三）行法：身动制造生动

1. 眼神

眼神交流是培训师授课表达的重要基础。在授课过程中，当培训师目光炯炯有神，给学员的感觉就是元气满满、神采奕奕；当培训师目光聚焦沉稳，给学员的感觉便是专业稳重、值得信赖。在与学员目光的接触中，也可以让学员感受到培训师对其的关注，让学员感到更有存在感和对象感。

（1）眼神交流四种技巧。

1）环视。登台之初，首先要环视镇场，用眼神与所有学员打招呼，表示对他们的关注和尊重。讲授过程中，根据教室布置，可以沿顺时针方向，采用环视的方法，关注到全场，注意速度不要过快。同时通过环视，时刻关注所有学员的神情和状态，包括表情、坐姿、动作，如发现学员注意力不集中，有看手机、打哈欠等现象，就要相应地进行课堂调节。

2）虚视。当学员比较多时，可以按区域看，这时很多学员会感觉培训师与他们有过眼神交流。横向虚视时，目光从左边扫到中间，再到右边；纵向虚视时，目光从前面扫到中间，再到后面。

3）直视。眼神聚焦，与学员有直接眼神接触和交流。注意直视时间不宜太长。

4）遥视。培训师在授课时，应不时看看坐在最后排的学员。后排学员最容易走神，要时不时用眼神传达一下对其的关注。如果教室大，也可以在互动时下台走过去，让后排学员感受到关照。

（2）眼神运用三大要点。

1）缓慢。讲课时眼神交流的速度不能太快，要缓慢，按照前后左右顺序，眼神逐一交流，不能跳跃。

2）稳定。眼神在交流时必须要有所停留，眼睛千万不要来回扫。

3）全面。授课时目光要关照全场，尤其是教室的四个角落，往往是视线交流的盲区，需要刻意留意。

（3）眼神聚焦两项训练。

1）定焦训练。培训师要使得眼睛有出色的聚焦能力，否则游离涣散的目光容易看起来很呆滞虚无。具体训练步骤如下：①准备一张白纸，在白纸中间点上一个黑色的圆点，可大可小。②贴在墙上，黑点与眼睛同高，站或坐都可以。③站或坐距离墙面 1 ～ 2 米，盯着圆点做聚焦练习，尽量不要眨眼，眼睛酸也要克服，坚持 5 分钟。开始可以只盯 20 秒，逐渐增加时间。④练习完毕后，搓热双手，闭目，用掌心捂在双眼上。3 分钟后再缓缓睁开双眼。

2）运目训练。眼神有焦点只是第一步，第二步是要学会让眼神有灵气。这种“灵”其实就是灵活的意思，指的是眼珠能够根据情绪的变化自然的上下左右移动，而不是一直待在原位。训练方法如下：①多做运目练习，尝试让眼珠左右移动，从A点方向再到B点方向，注意每个点都要停留几秒，如图5-3所示。②左右练习结束后是上下方向的锻炼，眼睛努力看到上前方（C点）和下前方（D点），如图5-4所示。③提升眼珠灵活度的训练方法是让眼睛转圈，在头部不动的前提下，用目光沿顺时针或逆时针跟着圆圈旋转，如图5-5所示。

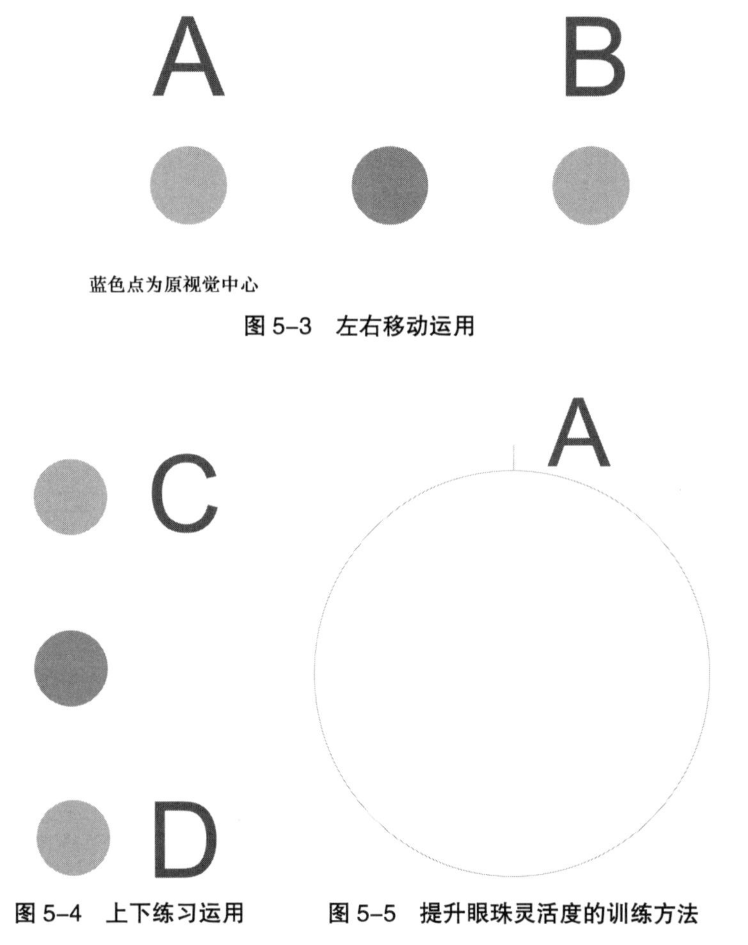

图5-3　左右移动运用

图5-4　上下练习运用

图5-5　提升眼珠灵活度的训练方法

2. 手势

肢体语言中，培训师使用的较多的一种就是手势语言，手势语言可以起到体现培训师的激情、放大内容的能量、缓解培训师的紧张、提升培训师的气势等作用，是培训师的必修技巧。

（1）手势运用四大类型。

1）指示手势。指示手势的使用一般是在培训师在讲课时邀请学员回答问题、指挥学员干什么事情、做出某一种暗示等情况下。例如，培训师在邀请学员回答问题时的手势就是（左）右臂伸直，手指并拢，手掌掌心略向上。又比如安静的手势，食指竖直向上，并放在嘴唇上。

2）数字手势。数字手势多在培训师讲述课程内容时使用，比如培训师在总结这节课程有几个重点时，可能学员已无法记得有多少时，或者无法区分每一项内容时就可以用数字手势，讲一个重点就做出一个手势，这样学员就能很清晰的区分每项重点。

3）描述手势。培训师在讲课时会遇到需要讲述很多描绘性的内容，需要用手势来比划其外形，这时就会用到描述手势。比如形容一个人的高矮胖瘦，形容某个物品的形状等情况，描述手势能把抽象的内容具体化，让学员对内容有个形象的认识，能帮助学员增强对内容的感知。

4）情感手势。手势也是抒发情感的重要途径，如点赞、比心等。情感手势能帮助培训师更好的抒发情感，让培训师的语言在手势带动下与内容相关联，更加应景，推动学员心理与培训师心理的联动。

上述四种手势运用如图 5-6 所示。

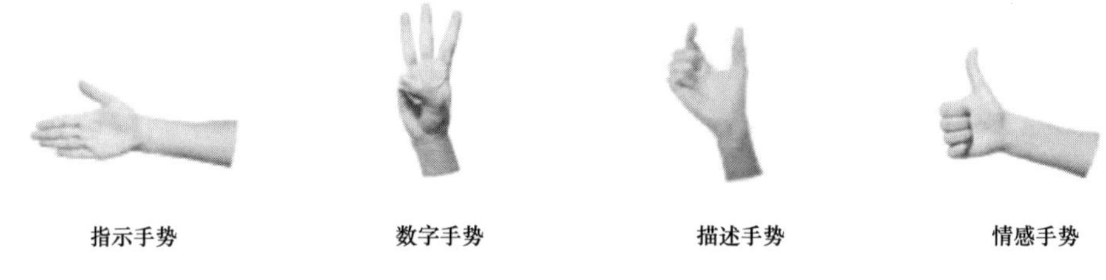

图 5-6　四种手势运用

（2）手势运用三大原则。

1）大方自然。手势运用，贵在自然。动作不能僵化死板，也不能过于做作。手及手臂，可适度弯曲，不能太笔直。左右手可以适当地换话筒，学会左右开弓。

2）协调一致。手势首先要和内容协调，与语言一致，应声手起。其次要和感情协调，手势幅度、力度与感情成正比，和声音、姿态、表情统一。最后要和场合协调，当学员比较多、讲台比较大时，要用肩部带动，多做上位手势，这样更有视觉冲击力。

3）简练有力。手势要干净利落，不能有太多零碎动作。没有手势要做时，手可以自然放下。另外，在强调语气时，要微微借助腕力，有所停顿，有一个手腕微沉的动作。这样，手势会更有力量，表达会更有气势。

（3）手势练习三大方法。

1）听歌练。一边听歌，一边抬起手打节拍，学学指挥，练习手势运用的灵活性和节奏感。

2）对镜练。对着镜子练手势，直接观察自己的手势运用，这样更有对象感；或用手机自拍，对着镜头练习手势。

3）随时练。只要需要表达，就多用肢体语言表达。不管是沟通交流，还是汇报发言，让手势成为一种习惯。

3. 站姿

培训师应多站着授课，这样更有利于运用身体语言强化教学效果。在站着授课时要记住两个关键点：站稳、站直。

站稳：在台上，首先要站稳，女士可呈V字形以丁字步站立，男士可两腿自然分开与肩同宽。在站立过程中，身体下盘要沉稳有劲。

站直：在站稳后，还要站直，站姿挺拔。记住三平两直：头平、眼平、肩平，腰直、腿直。

4. 走动

授课中，培训师走动一是有利于吸引学员目光，二是有利于调动课堂气氛，走到学员身边与学员互动交流。在走动时要注意两点：一是走动不宜太频繁、太零碎，步伐要稳健，走几步需要停一停，灵活中不失稳重。二是强调时可不动，描述时可稍动，互动时一定要走动。

三、应用案例

案例：课程内容准备充分，为什么课堂效果不佳？

案例描述：

培训师小张接到一项专业基础理论课培训任务。为使学员充分掌握专业基础理论知识，小张花费很多时间进行资料搜集、备课、讲稿制作等，带着充分的准备开始了培训。但课程结束后，班主任看到培训效果反应评估表显示学员对课程的满意度很低，因此，班主任开展的深入调查，明确了培训师小张的真实授课情况。原来，小张在授课时，基本是坐在电脑前，盯着 PPT 课件来讲课，大多是一味讲授，和学员之间基本无眼神交流，课程内容多，理论性强，培训师语气平淡，学员感到枯燥无味。渐渐地学员开始悄悄聊天或走神，小张也只是对聊天的那几位学员瞪了几眼，又继续授课，后面课程就这样草草结束。

案例解析：

案例中之所以学员对培训师小张的课程评价满意度低，很重要的一点就是小张在授课时的声音和行为表现出了问题。比如，第一，小张坐在电脑前盯着 PPT 课件来讲课，这是非常不建议的做法。培训师应多站着授课，这样更有利于运用身体语言吸引学员的注意力，强化教学效果。第二，小张讲课语气平淡，语调没有明显起伏，缺乏声音表现力，容易让学员昏昏欲睡，枯燥无味。第三，小张在授课时缺少和学员之间的眼神交流，学员讲悄悄话时对聊天的学员瞪了几眼，眼神使用不当，引起了学员的不适感。因此导致虽然课程内容丰厚，但课堂培训效果较差，不被肯定。

针对案例中出现的情况，小张可以从以下几个方面化解：

首先，站立授课。小张应从容自信地在讲堂上授课，站稳、站直，根据需要适时走动，下台交流，让学员的目光始终聚焦在培训师身上，专注于课程。

其次，眼神交流。小张在授课时，应采用亲切、关注的目光巡视全体学员，随时掌握学员状态，若发现学员有讲悄悄话、打盹等情况，及时用恰当的目光和语言提醒。

最后，声音起伏。小张在平时应多练习发声技巧，在课堂表达时，注意语气、语调等的节奏变化，抓住学员的听觉和注意力，使学员全身心投入课程中。

有了丰富、完整的课程内容，还需要有将内容精彩呈现和表达的能力，这样才能够最大程度地提高培训效果，让学员真正学有所获。

第二节　会“控”：课程引导技巧

一、学习目标

1. 知识目标

（1）能够正确阐述课程引导技巧类型和主要内容。

（2）能够简述引导工具的概念、类型和基本步骤。

2. 技能目标

（1）能够熟练运用各项课程引导技巧，做到高效控场。

（2）能够在教学中灵活运用引导技术，让学员主动参与、积极创造。

3. 态度目标

认可引导技术的重要性及价值。

二、学习内容

（一）引导式提问

1. 引导式提问概述

（1）引导式提问的概念。引导式提问是指培训师根据培训内容和学员实际水平，提出问题，启发引导学员思考，以达到理解、掌握知识，发展各种能力和提高思想觉悟的目的，提问运用于每一个教学环节，贯穿于整个教学过程的始终。

（2）引导式提问的类型。引导式提问的常见类型有封闭式问题、开放式问题、深挖式问题、导航式问题以及反馈式问题等，见表 5-6。

表 5–6 引导式提问的常见类型

序号	问题类型	说明	举例
1	封闭式问题	只有非常少而明确的答案，一般用于结束一个讨论	所有的人都明白我们研讨的内容了吗？ 你喜欢这个方案吗？ 你倾向于第一个方案还是第二个方案？
2	开放式问题	拥有非常多的可能，答案激发思考	大家如何理解我们的研讨内容？ 对这个方案你有什么想法？
3	深挖式问题	使用三个词来挖掘更多的信息："描述""告诉""解释"	你能描述我们怎样处理客户的邮件投诉吗？ 你能够告诉我们顾客对这个方案的反应吗？ 愿意向我们解释为什么我们的方案没有效果吗？
4	导航式问题	当成员的问题与研讨内容相关，培训师要考虑把问题转移给其他团队成员	关于这个问题，你们其他人是怎么想的？ 这与张三所提建议有关，李四，你的想法是什么？ 需要有这方面经验的人来回答，这里有做财务工作的人吗？
5	反馈式问题	研讨过程中，培训师需要总结与确认，让团队成员在同一时间一起了解问题的状况	如果我对你所说的理解正确的话，你是说……？ 谁能针对目前人员流失率的情况，解释我们现在的状况呢？ 你认为我们有决定使用哪种决策工具方法的必要，那么，我们首先应该考量什么方面？

2. 引导式提问实施步骤

（1）确定目标。确定提问的动机和目的。培训师提问需要有明确的目标，不能盲目提问。提问的目的包含引起兴趣、启发思维、考察理解程度、总结确认等。基于不同的目标选择合适的提问方法，确保提问恰到好处，产生直接效果。

（2）问题设计。美国教育家布鲁姆根据认知的复杂程度，将思维过程划分为六个教学目标，由低到高依次为：记忆、理解、应用、分析、评价和创造。

其中分析、评价和创造属于高阶思维。

培训师在进行问题设计时应基于教学目标、培训内容等，由易到难、由浅入深、层层递进去设计问题，引导学员在循序渐进的问题解决过程中掌握方法策略，实现知识技能迁移。

（3）预判答案。完成问题设计后，培训师需要预判学员的回答，以便对连环问题进行预设或提前思考对学员的回答的反应。

（4）实施提问。对设计的问题在课堂中进行提问，在实际提问时，需要注意以下几点：

1）使用学员听得懂的语言发问，不要太多专业术语。

2）问题要完整清晰，提问语速要慢，尽量让学员听清听懂。

3）一次只问一个问题，有多个问题需要等回答好一个后再问下一个。

4）提问时，目光关注对方。

5）语气亲和，语言柔顺。避免质问、反问，尤其是双重反问。

6）提问后安静等待，给予学员思考时间，避免自问自答。

7）在结束时，用封闭式问题对结论做好确认。

（5）选择学员。培训师实施提问后，需要选择学员进行回答，根据课堂氛围，适时灵活选用轮答、抢答、抽答、分组辩答等方式，见表 5-7。

表 5-7　选择学员回答的几种方式

类型	释义	优劣势
轮答	学员按一定顺序回答	容易出现其他学员因不用回答问题而不专心的情况
抢答	举手最快的学员回答	容易出现有学员总是抢不到答题机会而倦怠的情况
抽答	随机抽取学员回答	容易出现被抽取的学员回答不出或出现其他意外状况
分组辩答	学员小组讨论后回答	优点是可以让所有学员尽可能都参与到回答中，但用时相对较长

（6）启发回答。在启发回答环节培训师需要对学员进行引导，让学员的思

考和回答尽可能接近培训目标。启发回答有以下三个步骤：

1）耐心等待。培训师实施提问并选择学员后，保持微笑耐心等待学员思考回答，注意避免自问自答。

2）倾听肯定。在学员回答问题时，培训师的目光要始终注视回答问题的学员，仔细倾听学员的回答，复述对方的话或观点表示确实听到，并通过积极肯定的语言与点头等动作对学员给予鼓励。注意要完整听完学员的回答后再进行点评，中间不要随意打断学员。

3）引导启发。对于学员回答时可能出现以下的五种情形，培训师需要正确应对和引导：①回答不出。学员不知道问题的答案，回答不出时，培训师首先可以先让学员复述问题，确定学员是未听清问题还是确实回答不出。若是未听清，培训师可以让学员更容易理解的方式再次阐述问题；若学员确实回答不出，培训师可对问题进行分解和启发，引导学员逐步回答。若经过引导启发后，学员还无法回答，可以降低难度，或场外求助，让其他学员帮其回答。②曲解跑题。当学员曲解了问题，导致回答与提问不符时，培训师可以先肯定该学员的发言行为，然后给予适当提示，再次提问，或者询问其他学员是否有不同答案。③回答错误。当学员回答错误时，培训师同样先肯定该学员的发言行为，然后引导学员重新思考，或降低难度、场外求助等。④部分正确。当学员回答问题部分正确时，即回答遗漏或部分回答错误，培训师可先肯定其回答正确的部分，增加学员的信心，然后引导学员完整回答问题或询问其他学员是否有补充。⑤回答正确。当学员回答完全正确时，培训师可先肯定、表扬学员，然后向全体学员进行总结归纳。

（二）课堂现场控制

1. 课堂现场控制概述

控场是培训师的基本功。课堂现场控制指培训师对培训场面的控制，包括对课程节奏、时间节点、现场气氛的把控以及突发事件的应对处理等。好的控场可以有效引导学员的状态，更精彩地呈现课程内容，提升培训教学效果和质量。

2. 课堂现场控制技巧

（1）时间把控。对课程时间的掌控、对课程进度的把握，体现着培训师的经验与功底，培训师需要做好课堂时间把控，合理规划培训时间安排，避免课程提前结束或严重拖堂。

1）课前规划。培训师在备课时需根据整体培训课程时长，做课程时间计划，对培训内容进行时间分配，合理安排开场、中场、收场等培训环节的时间以及学员休息时间。如一场 3 小时的培训课程，可设置的时间计划见表 5-8。

表 5-8　　培训时间计划表

培训内容	计划时长	计划时间
开场导入	10 分钟	9：00 ～ 9：10
第一章	30 分钟	9：10 ～ 9：40
第二章（第一、二节）	40 分钟	9：40 ～ 10：20
中场休息	10 分钟	10：20 ～ 10：30
第二章（第三节）	20 分钟	10：30 ～ 10：50
第三章	60 分钟	10：50 ～ 11：50
培训收场	10 分钟	11：50 ～ 12：00

另外培训师在做课程时间计划时，需要注意两点：一是优先安排重点环节的时长，再进行其他环节时长分配；二是预留机动时间，以应对现场突发情况。

2）课中控制。课中控制涵盖两个方面：一是培训师对自身授课内容时间安排的控制；二是培训师对互动环节进度的控制。

对授课内容时间安排的控制：培训师对照原计划时间节点，若进度较快，在下一章节需要放缓进度或启动应急预案，如组织小组讨论等。若进度较慢，在下一章节需要加快进度，如直接跳过非重点内容和案例。

对互动环节进度的控制：培训中互动环节较为耗时，且时间难以控制，为做好时间把控，培训师一是要做好发言时间控制。如在培训环节，个人或团队介绍、小组讨论后成果分享等阶段，培训师可提前说明发言规则、要求和时间，预计时间到，则发言结束。二是做好小组讨论时间控制。培训师应在小组讨论前，说明讨论的任务、目标和时间，促进学员高效讨论、高效产出。三是适时干预。当学员出现跑题、停滞不前、进度过慢、发生争执、不按指令进行、不参与等情况，培训师需要进行干预，以确保学习活动顺利进行。

3）课后改进。培训师在每次培训结束后，需要及时总结复盘，对照制订的时间计划和课程现场表现，更新完善时间计划表，丰富对培训时间节点掌握的经验和能力。

（2）氛围调节。美国的心理学家和教育家罗杰斯指出“成功的教学依赖于一种和谐安全的氛围”。通过营造轻松的教学气氛，有助于舒缓学员外部精神压力，活跃学员思维。因此，培训师需要掌握课堂现场氛围调节技巧，以提高学员参加培训学习投入度，保障培训效果。

培训师需要根据现场氛围灵活运用讲故事、讲案例、提问、游戏、视频图片导入等活动，综合调动学员的视觉、嗅觉、触觉等神经系统，提高学员兴奋度和参与度。常见氛围调节方式见表 5-9。

表 5-9　　常见氛围调节方式

类别	氛围调节方式	特点	注意事项
A	讲故事、讲笑话、展示图片、播放视频、表演	一对多，侧重于表演和展示	•讲的故事或笑话要与培训主题或对应知识点相关联 •展示图片和播放视频时要考虑到学员的兴趣以及图片和视频的吸引力
B	提问、测试、有奖问答、回顾上期知识、案例分析、辩论赛	培训师和学员互动	•做问答和测试类活动要考虑到学员自身的知识和经验，由浅入深 •案例分析可根据人数以全体或小组的方式进行
C	视觉化介绍、相互访谈、即时拍照、找礼物	学员互动、展示	根据场地的情况，选择在座位上进行或在场地中走动进行，选择在小组内进行或由全体学员进行
D	团队组建、做操、玩游戏、角色扮演	学员主导、肢体活动	•留出足够的活动空间，包括每个人之间的安全距离 •注意调动学员的参与积极性，角色扮演类活动最好以小组为单位进行

在设计氛围调节活动时，培训师要考虑氛围调节活动所需时间。一般而言，由培训师主导的氛围调节活动，如 A 类、B 类，时间可控性较强；由学员主导的氛围调节活动，如 C 类、D 类，时间较难掌控。因此，培训师需要根据培训时间计划，合理选择氛围调节活动类别。

（3）突发情况处理。突发事件（emergency），广义地理解为突然发生的事情。它有两层含义：一是事件发生、发展的速度很快，出乎意料；二是事件难以应对，必须采取非常规方法来处理。直面、应对课堂突发事件至关重要。因此，研究课堂教学中突发事件的类型及应对策略，对改善课堂教学状况、提高培训师的教学水平具有重要的意义。果断、敏捷、准确、恰到好处地处理突发事件是判断培训师应对、应变、应急能力的重要标志。

课堂突发情况包括学员突发情况和教学设备突发情况等。学员突发情况的处理将在本节“（三）学员状态控制”详细阐述，本小节重点讲解设备突发情况处理。常见教学设备突发情况及处理措施见表 5-10。

表 5-10　常见教学设备突发情况及处理措施

教学设备突发情况	处理措施
上课期间突然停电	立即拉开窗帘，安抚学员保持安静，不要乱动，通知相关人员打开应急照明设备设施，依据电力恢复时间判断是否先暂停课程
麦克风没有声音	提前准备好备用电池和备用麦克风，当麦克风没有声音时，立即换新麦克风，替换下来的麦克风看是否是电池原因，如是，立即更换电池
投影仪使用过程中突然黑屏或死机	投影仪使用过程中突然黑屏或死机，先看是否是培训师自己把线踢掉了；如不是，让相关人员看能否马上处理维修或及时更换新投影仪，如无法立即维修和更换的，可先用教材讲课，或者组织大家小组讨论、提问、演练、实操等，或者下课休息，或者更换培训室
电脑和投影设备不兼容	如果是投影仪不支持高清接头，则准备转换接头连接电脑和投影仪。如果是电脑和投影仪在软件上不兼容，则将课件备份到 U 盘上，然后用其他的电脑来连接投影
电脑突然死机、断电	前期准备时需要将授课资料备份。当电脑突然坏掉时，可请相关人员查看问题所在，如实在不行则将备份资料在其他电脑上播放

续表

教学设备突发情况	处理措施
课件视频无法播放	查看视频无法播放的原因，是没有合适的播放器还是视频格式不正确或视频文件损坏，针对性解决，如果解决需要的时间较长，可先继续讲课，课后修整，课间或再次上课时播放

（三）学员状态控制

1. 学员状态控制概述

学员状态控制工作是课堂引导的重要组成部分，对培训过程中学员可能出现的多种状态，培训师需要具备一定的应对处理能力，并且能够有效引导和约束学员的思想行为，调动学员学习的主动性和积极性，创造和谐愉悦的教学氛围，使学员养成良好的课堂行为习惯，提升培训效率，高效完成培训教学任务、实现培训教学目标。

2. 学员状态控制主要做法

（1）灵活应对。

1）学员冷场的应对。对于培训师的提问，学员冷场无人回答，培训师一是可以重复所提问的问题，二是对所提问题给予提示，三是可以指定某个学员回答。具体的提问步骤和注意事项参考本节“（一）引导式提问”。

2）学员异议的应对。对于有异议的学员，培训师首先应对学员提出问题或发表意见的互动行为表示认可，从而缓和紧张气氛。然后探寻学员异议的原因，如果学员给出的依据或回答是合理的，培训师可以和学员坦诚交流彼此的想法和意见，并对学员给予表扬和鼓励；若学员的反馈是带有情绪，有意刁难，培训师应多理解和共情，但注意不要继续纠缠，可适当利用群体压力来解决当下的情况，求同存异，将课程顺利进行下去。

3）学员不听讲的应对。培训过程中，有的学员容易开小差、玩手机，不认真专心听讲。对于这种情况，培训师可以通过提高音量、传递眼神、提问、做活动以及语言提醒如“这点很重要，请大家注意”等方式，表明已经关注到学员不听讲的状况，引起学员注意。

（2）有效互动。科学合理的互动是有效组织课堂教学、吸引学员的注意、调动其学习主动性的重要手段。互动有视觉互动、语言互动、肢体互动、情感互动等。

1）视觉互动。视觉互动简单来说就是吸引学员的目光，一是要使培训课件排版美观简约、结构清晰、重点突出；二是可以在培训课件中设置鲜活的素材，如图片、视频等，通过视觉化呈现吸引学员注意力。

2）语言互动。语言互动就是让学员开口说话。除了回答问题、小组讨论和交流分享环节让学员开口外，还可在课堂中运用两个小技巧。一是讲半截话，让学员接下句。这种方法在授课过程中可以经常使用，有助于增强学员参与度，带动课堂氛围。二是在概念类的信息或重要的知识点上，请学员朗读，加深印象。

3）肢体互动。肢体互动就是让学员的手和身体动起来。常用做法有三种：一是让学员动手做笔记。在讲授重点时，培训师可以提醒学员动手做笔记，如“这点非常重要，请大家写下来”。二是动手鼓掌。但凡有互动环节，例如学员回答问题、小组代表发言等，在回答或发言结束后，可以让学员鼓掌以示鼓励。在阐述重要观点后，也可以寻求学员的认同，如“认同的掌声鼓励一下”。三是身动。如邀请学员上台进行场景模拟或示范练习，或邀请学员走动，到其他小组交流等。

4）情感互动。情感互动即与学员产生共情、共鸣。培训师可通过尊重、肯定、赞赏学员来进行情感传递，如一个鼓励的眼神、一个肯定的微笑、一个点赞的手势、一句有力的夸奖、一个中肯的建议等。在情感互动时需要注意以下几个方面的问题：一是培训师要尽可能维持积极正向的情感互动，与学员之间互相欣赏、亲近、友善、心有灵犀。二是培训师要尽量避免消极的情绪互动，减少相互抵触、情绪对立、疏远冷漠，阻碍课堂教学有效开展。三是避免表面热闹哗众取宠型互动，课堂嬉笑不严肃，学习质量不高；四是避免机械性互动，互动双方仅仅你问我答，简单机械，学员只是表面上配合老师，这是一种虚假的情感互动。

（3）制订规则。

1）纪律要求。①学员自觉遵守课堂纪律，做到不迟到、不早退、不旷课。②学员在上课期间，手机调至振动或静音状态，不使用手机等电子产品做与上课无关的事情，不在教室随便走动，更不得在教室抽烟。③学员应尊重培训师和管理人员，多与老师和同学沟通交流，认真完成各项学习任务，考试不作弊。④学员参加培训中的各种活动时，应服从带队老师安排，统一行动，听从指挥。

2）违纪处理。①学员在培训期间缺课或迟到、早退次数过多的情况，可给予取消成绩，通报批评等。②出现学习态度极差，无视课堂纪律，上课期间经常接打电话、来回走动、玩手机或电脑，恶意顶撞、威胁老师，严重扰乱课堂秩序，考试严重作弊等行为，视情节轻重作通报批评或责令退培处理，并汇报培训主管部门，及时通报送培单位。

（四）引导工具与技术

工欲善其事，必先利其器。学习掌握焦点讨论法（ORID）、世界咖啡、开放空间和团队共创四种引导工具，推动学员在充分讨论和思考，见表 5-11。合理选择引导工具，需要综合考虑其适用情境、人数、时间和空间等因素。

表 5-11　　引导工具与技术

引导工具	特点	适用情境	人数	时间	空间
焦点讨论法（ORID）	严谨、有层次的提问架构： •发掘客观事实 •反映自身感受 •呈现多元化的观点 •开启新的可能	访谈、讨论、开会和培训（看视频、做活动和做总结等）	不限	不限	无特别要求

续表

引导工具	特点	适用情境	人数	时间	空间
世界咖啡	• 连接和贡献 • 共同聆听 • 收获与分享集体智慧 • 汇谈方法	• 分享知识，激发创新思维，探究现实问题的可能性 • 深层次考察机遇和挑战 • 加深现有小组成员之间的关系，加强他们对结果的共同责任 • 引发有意义的互动	12 人以上	1.5 小时以上	空间足够大，每组 4 ～ 5 人
开放空间	• 充满创意 • 集思广益 • 自动自发 • 自我管理	• 参与者背景多元化 • 问题复杂没有人知道答案 • 需要一群人持续参与，寻求答案	5 ～ 1000 人	1 ～ 3 天	空间足够大，便于走动
团队共创	针对焦点问题，达成共识	• 创造愿景 • 分享想法 • 分析障碍 • 制订行动方案	2 ～ 30 人	45 分钟以上	空间足够各组分散讨论

1. 焦点讨论法（ORID）

焦点讨论法（ORID），由美国教育暨文化局（Cultural Affairs）开发并推行，是一种通过动态递进形式，引导学员逐渐找到关键要点，并制订行动方案的结构化汇谈方法。ORID 具体可分为客观性（Objective）、反应性（Reflective）、诠释性（Interpretive）、决定性（Decisional）四个层次，见图 5-7。

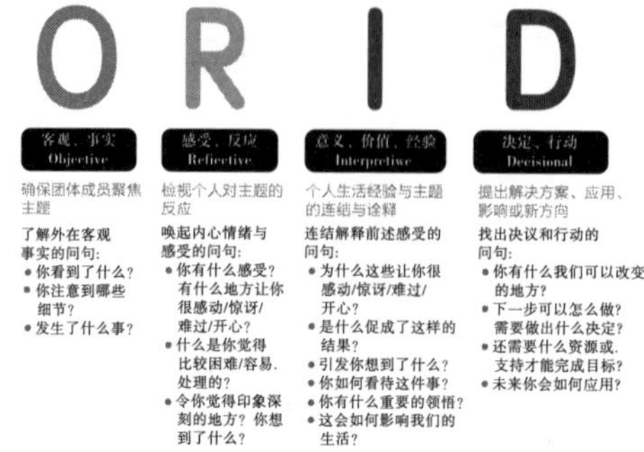

图 5-7　焦点讨论法

客观性（Objective）层次：指学员用眼睛看到的、鼻子闻到的、耳朵听到的、身体碰触到的客观信息。关注事情的表面事实和外在的现实状况，如“看到了什么”“发生了什么”，更偏重于理性观察。

反映性（Reflective）层次：主要指学员对客观信息的反应和内在感受，如“你有什么感受”“你想到了什么”，更偏重于感性感受。

诠释性（Interpretive）层次：针对于客观事实和内在感受，学员的反应、思考、诠释以及与自己的关联是什么。

决定性（Decisional）层次：基于深度思考，明确下一步行动计划、将做什么决定 / 改变。

焦点讨论法（ORID）示例：

O：今天的培训，你还记得哪些内容？

R：看到安全事故的图片和视频，你的心情如何？

I：今天的课程内容带给了你哪些思考或想法？

D：在以后的工作中，你会有哪些具体行动呢？

2. 世界咖啡

（1）“世界咖啡”的概念。“世界咖啡”是由美国著名管理学家朱安妮塔·布朗和戴维·伊萨克提出的一种启发和开展建设性合作对话及思考的特殊谈话方式。“世界咖啡”技术的基本精神是不同专业背景、不同岗位部门的一群人，在平等、友好、和谐的氛围中，针对一个或多个问题真诚发表见解，相互启发，碰撞出思维的火花，解决实际问题，如图 5-8 所示。

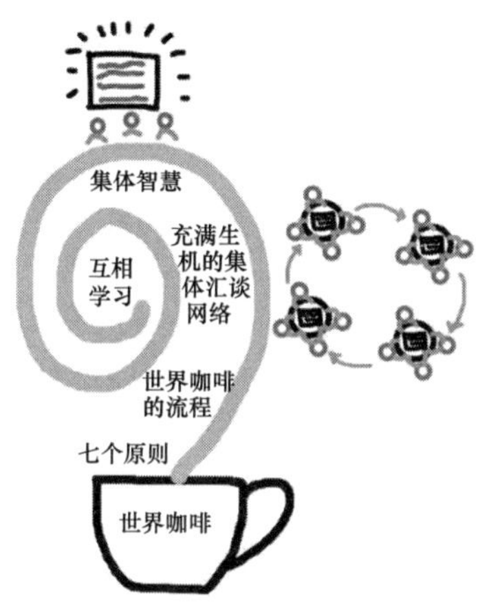

图 5-8 “世界咖啡”的概念

（2）“世界咖啡”的原则。“世界咖啡”有七项原则，分别是：

1）设定情境：明确交流目标、参加人数和会议地点。

2）营造友好的空间：提供一个热情的、安全的、人性化的环境。

3）探索真正重要的问题：特别注意对参与者来说最重要的问题。

4）鼓励每个人积极参与：鼓励每个人都积极参与并且有实在的期望。

5）交流并连接不同的观点：鼓励提出不同的观点并且探究不同观点之间的联系。

6）共同倾听其中的模式、见解及更深层的问题：将在所有参与者的观点和激情的共鸣中出现的团体观点内化。

7）收获与分享集体智慧：将团体的共同智慧显性化。

（3）“世界咖啡”实操应用。组织和实施一场“世界咖啡”通常会经历四个阶段，即准备阶段、开场阶段、汇谈阶段及总结和分享阶段。

1）准备阶段。见表 5-12，在准备阶段，第一步是分组，考虑学员人数、工作岗位、专业背景、场地、课时安排、研讨深度等因素，在课前对学员进行分组，可 4 ～ 5 人为一组。第二步是确定研讨主题和具体问题。“世界咖啡”一般有三轮汇谈，每轮都有不同的目标。第三步是准备场地和学习工具。场地要保证可以充分容纳各小组同时研讨，每桌配有学习物资，如纸、彩笔、胶带等。

表 5-12 “世界咖啡”的准备阶段

汇谈阶段	问题类型	目标
第一轮	热身问题	营造轻松的氛围，让学员相互认识，进行团队建设
第二轮	连接问题	从工作聚焦到世界咖啡的主题
第三轮	目标问题	深入讨论世界咖啡主题

2）开场阶段。第一步是由培训师介绍“世界咖啡”的主题、规则以及流程。包括汇谈轮次、换桌规则、记录要求等。第二步是角色分配，“世界咖啡”的角色分为桌长、记录员、计时员三种。

桌长职责：遵守汇谈时间，掌握汇谈进度；鼓励参与，确保每个人都发言，提醒互相倾听；确保始终围绕“中心问题”；通过提问让解决方案更加具体可行。

记录员职责：笔记，总结主要观点；用有趣的图像语言反映想法；用思维导图让参与者自愿把自己的观点和思想放在相近的组内，便于团队发现有联系的点。

计时员职责：时间过半，响铃一下；还剩一分钟时响铃两下；时间到的时候响铃三下。

3）汇谈阶段。第一轮汇谈：桌长引导每位组员分享解决方案。每位组员都要思考并分享解决方案；其他组员不打击、不打断；记录员负责记录；桌长提问、澄清，将解决方案具体化、流程化；在既定的时间内完成本轮汇谈，确保每位组员都发言。

第二轮汇谈：换组研讨，除桌长和记录员外，其余组员按比例对汇谈主题进行轮换。在桌长向新组员分享上一轮讨论结果后，新组员开展研讨，规则与上轮一致。

第三轮汇谈同上。

4）总结和分享阶段。回归原生团队，整理汇谈内容，补充并完善方案，向全员进行展示分享，最后投票选出最佳方案。

3. 开放空间

（1）开放空间的概念。开放空间技术，简称 OST（open space technology），就是创造出一个可以自由相互讨论的场合，每个参与者在主题框定下，提出自己关心或想要解决的问题，并在参与者之间形成关注，最终达到解决问题的目的，如图 5-9 所示。

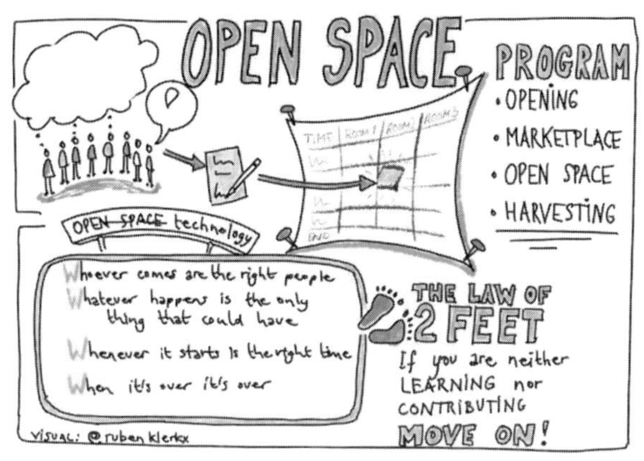

图 5-9 开放空间技术

（2）开放空间的流程。开放空间在实施的过程中需要按照一定的流程组织汇谈，因此熟悉其汇谈的流程更有利于在实施过程中对汇谈的全局掌控与把握。

1）开圆。通过开圆自然形成若干议题，没有桌子，大家围坐在一起形成一个圆，学员皆可提出自己关注的关键词，将关键词写在便签纸上，贴到白板上，学员通过写“正”形式选出大家最关注的关键词。

参会成员根据确定的关键词，提出需要解决的若干个具体问题，设立相应的大白纸，并张贴在制定的讨论墙上，并担任该议题的召集人，邀请大家共同讨论。

2）自由讨论。学员自由地在教室里走动，相聚在其感兴趣的讨论墙旁，就该议题进行交流和讨论，并记录在白板纸上。议题的主人还可以邀请其他学员，浏览记录纸并补充、修正想法，从这些记录中检视哪些是重要的部分，针对关键、重要的部分在后续深入讨论，甚至制订行动计划。

3）闭圆。所有人重新围坐在一起，请议题主人分享各个议题的讨论记录。

（3）开放空间的四大原则和一项法则

1）四大原则。开放空间的四大原则包括：

来的人都是对的。在运用开放空间时，并不是有多少人来或者有谁来（就地位或职位而言）才能算数，不用照顾谁或太在意谁，要相信每个人都能有所贡献，互动与对话的质量才是关键。

任何当下发生的事情都是当下所能发生的。这项原则是提醒要包容每个异样的观点，如果发现其他参与者的思路与自己的预期不同，要承认矛盾，包容冲突，通过自主协商，彼此说服，聚焦共识。

该开始时就开始。这项原则是指不要太在意计划表上的时间，无论何时开始都是对的，灵感和创造力与时间无关。

该结束时就结束。如果预订时间没有用完，而讨论的目标已经达成，就可以结束讨论。如果时间已经用完，而目标还没有达成，可以继续讨论。

2）一项法则。开放空间的一项法则是“双脚法则”，又称流动法则，是指在会议进行过程中，任何人觉得自己在某个小组没有学习产出也没有贡献时，必须去另外一个能让自己有产出或贡献的地方。由此，在开放空间中存在“蜜蜂”和“蝴蝶”两种角色，如图 5-10 所示。

“蜜蜂”是指那些不停地在各个小组之间穿梭的人，他们能为讨论注入丰富而多元化的内容。“蝴蝶”通常从未真正参与任何一个小组的讨论，可以在会场中静静享受，或者讨论新的话题。

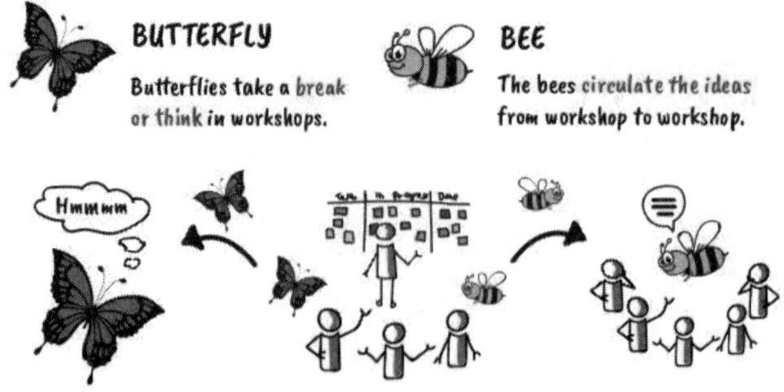

图 5-10 “双脚法则”

4. 团队共创

（1）团队共创的概念。团队共创是指针对一个明确的焦点问题，通过个人头脑风暴进行小组分享并综合意见，以团体讨论的方式达成共识的过程。同时，团队共创也是一整套有架构的体验活动。

团队共创法（Team Consensus Method）由 ICA 研发并在全世界推广，作为促进团队达成共识的流程开始使用，如图 5-11 所示。它是一种使群体能够迅速达成共识的促动技术；它遵循人类大脑的自然思维过程，通过挖掘及综合代表各种观点的人们的智慧，形成创新的、可行的决策和计划。团队共创法可以促进参与者实现求同存异、缩小差距、扩大共识和共创共赢等目的。

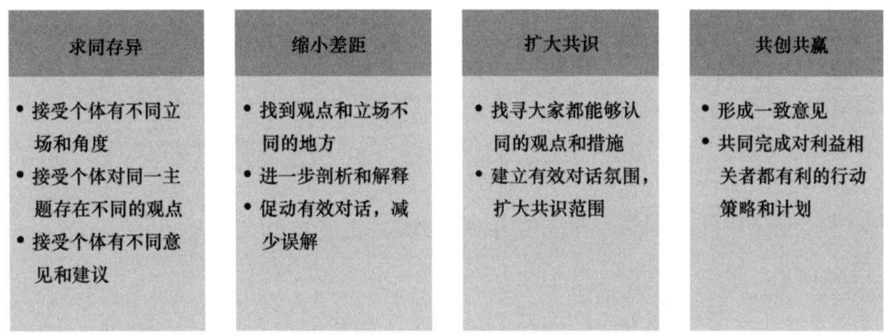

图 5-11　团队共创法

（2）团队共创五大步骤。团队共创法经过不断演化，逐渐形成聚焦主题、头脑风暴、分类排列、提取中心词、图示化赋予含义五大步骤，如图 5-12 所示。

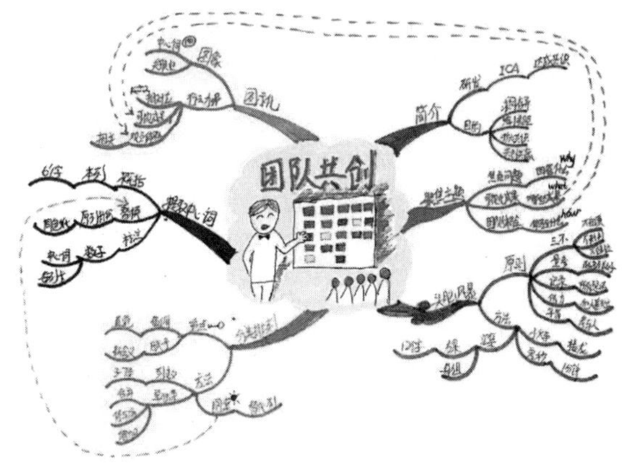

图 5-12　团队共创五大步骤

1）聚焦主题。明确本次团队共识之旅需要回答的问题是什么，以及这个问题为什么那么重要。聚焦主题的过程包含以下内容：

焦点问题——此次团队共创要回答的问题是什么？

可视化成果——这次团队共创希望得到的可视化成果有哪些？

团队体验——在本次团队共创中团队成员需要一起体验什么？

2）头脑风暴。通过头脑风暴收集学员所有的想法，并对各自所提出的想法进行思考。在这个环节，培训师需要给学员一定的时间，各自独立进行头脑风暴，将想法写在卡片纸上。培训师要鼓励学员将想法都写下来，不要顾虑是否会出错，想法个数一般为 20～40 个。

进行头脑风暴时需遵循以下基本原则：

三不原则：不自谦、不批判、不阻拦。

量多原则：数量越多越好。

记录原则：所有的想法都需要记录下来。

借力原则：可以在他人想法的基础上继续提出新的想法。

平等原则：参与人员一律平等。

3）分类排列。这个环节是用来梳理散乱的想法，以新视角发现不同想法之间联系的。培训师需要请学员将卡片进行归类。如果遇到单张成列的卡片，就需要将其合并到其他列，或者放到“停车场”去。同时，为了能够帮助参与者更好地记忆和思考，最终列数一般在 3～7 类。太少属于过度合并，会影响下一步骤；太多又过于分散，不利于记忆。

把类似的数据归类分组是个非常自然的过程：

强调直觉——用理性思维和直觉思维两种形式，更强调直觉。

给数据赋予新的含义——这是个非常有创造力的过程，因为人们会指出原来不曾看见的数据和问题间的关系。用这种方法给数据赋予新的意义。

4）提取中心词。这一环节的目的在于帮助学员从一堆归好类的意见当中产生一个完整的新想法。在这个环节，培训师需要带领学员去发现每列卡片共同表达的是什么，隐藏在不同想法背后的真正含义是什么。由于所提取的中心词是在所有想法基础上产生的新想法，所以不能简单从该列想法里找出一个能够

涵盖其他想法的卡片作为中心词。

5）图示化赋予含义。这一环节是将所产生的新想法进行结构化的过程，通过创造出来一个合适的图像来反映新想法之间的关系，确定在问题解决过程中不同想法所起到的作用是什么。图示化赋予含义在团队共创中属于可选步骤，在不同的应用场景中，可基于培训师的需要选择使用。

团队共创后，培训师可以带着学员回顾成果之意义，并询问团队共创之后的下一步骤是什么。

三、应用案例

案例：××电力公司新任班组长员工教练与辅导课程焦点讨论法应用

某省级电网企业为提升新任班组长辅导员工能力，决定开发《员工教练与辅导》课程。专职培训师小张接到该课程开发任务，为保证课程能够切实启发学员思考，帮助学员深入掌握员工教练与辅导的关键要素，小张在教学方式上采用了焦点讨论法。

小张在《员工教练与辅导》课程中，选用了电影《功夫熊猫1》中的一个片段。作为引导学员体验和反思该如何辅导员工的案例。在影片中，师傅训练熊猫阿宝的方式与盖世五侠（悍娇虎、灵鹤、猴王、俏小龙、快螳螂）的方式是完全不同的。因为师傅发现阿宝只有在寻觅食物时，才会做出高难度的“大劈叉”动作，这个动作阿宝平时根本不可能做出来，所以师傅决定利用食物对于阿宝的诱惑来训练它。通过食物的方式来诱惑阿宝练习，果然比传统方法效果更好。经过好几天的训练，阿宝就从一个不会武功的菜鸟变成了一个武林高手。

小张依据ORID焦点讨论法设置了以下两个问题：①师傅训练阿宝的方式与之前训练五侠的方式有哪些不同？②这个视频对你的工作有哪些启发？

其中，“师傅训练阿宝的方式与之前训练五侠的方式有哪些不同？”是O（Objective）客观事实。“这个视频对你的工作有哪些启发？”是D（Decisional）思考和启发。

在该部分培训实施时，有趣的视频分析素材和启发性的问题引发了课程现场学员的热烈讨论，各小组成员积极参与，经过分析讨论得出的结论是：对于员工的辅导形式要因人而异，不同的人要用不同的辅导方式，做到因材施教才是有效辅导的前提。同时，在具有诱惑目标和任务的驱动下，员工会更好地完成技能要求，辅导过程中也必须设定有吸引力的目标。

第三节　能“训”：技能培训授课

一、学习目标

1. 知识目标

（1）能够正确简述实训作业指导书编制原则和主要内容。

（2）能够正确简述实训作业准备内容和步骤。

（3）能够正确简述技能培训实施内容和步骤。

（4）能够正确简述实训设备管理主要做法。

2. 技能目标

（1）能够根据技能培训授课内容和要求编制实训作业指导书。

（2）能够根据要求完成实训作业准备、技能培训实施、实训设备管理工作。

二、学习内容

（一）实训作业指导书编制

1. 实训作业指导书概述

（1）实训作业指导书的概念。实训作业指导书是描述实训作业规范化操作标准、步骤等的教学文件，用来规范实训教学行为，为培训师和学员提供规范化、标准化的实训操作指导，能有效引导学员掌握实训作业规范，确保作业质量，保障作业安全。

（2）实训作业指导书的作用。

1）确保各项作业遵循统一标准和程序。

2）提供标准化作业流程，规范学员作业行为，为学员明确掌握技能操作提供清晰指引。

3）明确风险、隐患防控措施，形成多层次安全、质量控制，全面保障作业安全。

4）提供实训考核方式和标准，有效考察学员作业技能掌握情况。

2. 实训作业指导书编制

（1）实训作业指导书编制原则。

1）可操作性原则。实训作业指导书应体现对作业全过程控制，量化、细化、优化、标准化每项作业内容，做到作业有程序、安全有措施、质量有标准、考核有依据。

2）实用性原则。实训作业指导书应结合公司业务发展需要、岗位要求和学员当前技能水平进行编制，具有系统性、针对性、实效性，确保对学员技能水平提升提供实用、有效指引。

3）统一性原则。实训作业指导书应与公司质量管理体系、安全生产风险管理体系等相衔接，且符合公司实际，包括作业环境、作业设备等。

（2）实训作业指导书编制内容。实训作业指导书主要包括以下内容：

范围：规定实训作业指导书的应用范围，如本实训作业指导书适用于变电运维高级工小电流接地事故处理工作。

引用标准：明确编制实训作业指导书所引用的法规、规程、标准、设备说明书及企业管理规定和文件等。

实训作业准备：实训作业准备包括实训物资准备、实训场地准备、人员准备和风险管控等。具体实训作业准备内容将在本节“（二）实训作业准备”中详细阐述。

实训现场作业程序和标准：实训作业程序指作业的具体操作步骤和工作流程，实训作业标准指为作业程序能够顺利展开而设定出的各种标准和工作方法。

实训作业技能考核：根据培训目标、培训内容、岗位要求等制定考核指标和标准，对学员技能操作进行考核评价，检验学员技能操作掌握情况。

（3）实训作业指导书编制步骤。实训作业指导书编制步骤如下：

第一步，明确实训作业指导书范围和引用标准。

第二步，编制实训作业准备内容，具体包括作业资源准备（包括物资、场地、人员）、作业风险评估与预控等。

第三步，编制实训现场作业程序及标准，具体包括作业任务流程、作业程序标准。

第四步，编制技能考核实施内容，具体包括考核内容、考核标准、考核准备、考核安排、考核须知等。

实训作业指导书模板见表 5-13。

表 5-13　　实训作业指导书模板

<table>
<tr><td colspan="9">× × 实训作业指导书</td></tr>
<tr><td colspan="9">一、范围：</td></tr>
<tr><td colspan="9">二、引用标准：</td></tr>
<tr><td colspan="9">三、实训作业准备</td></tr>
<tr><td rowspan="15">作业资源准备</td><td colspan="2">项目</td><td>名称</td><td>规格</td><td>数量</td><td>要求</td><td>现场核查（√）</td><td>备注</td></tr>
<tr><td rowspan="8">物资</td><td>主要设备</td><td></td><td></td><td></td><td></td><td></td><td></td></tr>
<tr><td>辅助设备</td><td></td><td></td><td></td><td></td><td></td><td></td></tr>
<tr><td>仪器仪表</td><td></td><td></td><td></td><td></td><td></td><td></td></tr>
<tr><td>工器具</td><td></td><td></td><td></td><td></td><td></td><td></td></tr>
<tr><td>耗材</td><td></td><td></td><td></td><td></td><td></td><td></td></tr>
<tr><td>教学资料</td><td></td><td></td><td></td><td></td><td></td><td></td></tr>
<tr><td>作业资料</td><td></td><td></td><td></td><td></td><td></td><td></td></tr>
<tr><td>…</td><td></td><td></td><td></td><td></td><td></td><td></td></tr>
<tr><td rowspan="3">场地</td><td>设施</td><td></td><td></td><td></td><td></td><td></td><td></td></tr>
<tr><td>安全围栏</td><td></td><td></td><td></td><td></td><td></td><td></td></tr>
<tr><td>…</td><td></td><td></td><td></td><td></td><td></td><td></td></tr>
<tr><td rowspan="3">人员</td><td>学员出勤</td><td></td><td></td><td></td><td></td><td></td><td></td></tr>
<tr><td>学员着装</td><td></td><td></td><td></td><td></td><td></td><td></td></tr>
<tr><td>…</td><td></td><td></td><td></td><td></td><td></td><td></td></tr>
<tr><td rowspan="4">风险管控</td><td>序号</td><td colspan="3">关键风险点</td><td colspan="3">预控措施</td><td>备注</td></tr>
<tr><td>1</td><td colspan="3"></td><td colspan="3"></td><td></td></tr>
<tr><td>2</td><td colspan="3"></td><td colspan="3"></td><td></td></tr>
<tr><td>3</td><td colspan="3"></td><td colspan="3"></td><td></td></tr>
</table>

续表

<table>
<tr><td>作业其他准备</td><td colspan="7"></td><td></td></tr>
<tr><td colspan="9">四、现场作业程序及标准</td></tr>
<tr><td rowspan="4">作业程序及标准</td><td>序号</td><td colspan="2">作业程序</td><td colspan="4">作业标准</td><td>备注</td></tr>
<tr><td>1</td><td colspan="2"></td><td colspan="4"></td><td></td></tr>
<tr><td>2</td><td colspan="2"></td><td colspan="4"></td><td></td></tr>
<tr><td>3</td><td colspan="2"></td><td colspan="4"></td><td></td></tr>
<tr><td colspan="9">五、实训作业技能考核</td></tr>
<tr><td>考核项目</td><td colspan="8"></td></tr>
<tr><td rowspan="4">考核标准</td><td>序号</td><td>考核指标</td><td>考核维度</td><td colspan="2">考核标准</td><td>标准分</td><td>得分</td><td>考核时限</td></tr>
<tr><td>1</td><td></td><td></td><td colspan="2"></td><td></td><td></td><td></td></tr>
<tr><td>2</td><td></td><td></td><td colspan="2"></td><td></td><td></td><td></td></tr>
<tr><td>3</td><td></td><td></td><td colspan="2"></td><td></td><td></td><td></td></tr>
<tr><td rowspan="4">考核准备</td><td colspan="2">考核资料</td><td colspan="6"></td></tr>
<tr><td colspan="2">考核时间</td><td colspan="2">考核场地</td><td colspan="2">参考人员</td><td>考核师资</td><td>备注</td></tr>
<tr><td colspan="2"></td><td colspan="2"></td><td colspan="2"></td><td></td><td></td></tr>
<tr><td colspan="2"></td><td colspan="2"></td><td colspan="2"></td><td></td><td></td></tr>
<tr><td>考核须知</td><td colspan="7"></td><td></td></tr>
</table>

（二）实训作业准备

1. 实训物资准备

（1）实训物资准备概述。实训物资准备指在实施技能实训教学前，培训师根据实训项目需要准备相应教学资料和作业资料。实训物资准备充分齐全是保证实训顺利进行的重要基础性工作。

（2）实训物资准备内容。

1）教学资料准备。教学资料准备主要包括作业技术资料和考核评估资料的准备。作业技术资料包括培训师讲义、实训作业指导书、教具模型、教学图纸等。考核评估材料包括考核评估标准、任务观察记录表单、实训评分表单、实训考核激励表、学员考勤记录表、培训满意度调查表等。

2）作业资料准备。作业资料准备主要包括设备资料和表单资料的准备。

设备资料包括实训所需使用的设备、工器具、耗材等，及相关使用说明书、结构布置图、电气控制线路图等。设备资源一般由培训师拟定清单交由基地设备管理人员准备，培训师现场验证是否匹配、齐全等。

表单资料指实训室按实际作业场景准备的相关作业表单、票据、图纸等。如工作票、操作票、作业手册等。表单资料由培训师准备，交由基地工作按学员人数印刷，实训教学前核对是否齐全，实训时下发学员。

（3）实训物资准备步骤。

1）罗列资料清单。培训师将技能培训项目所需的教学资料和作业资料等以清单的形式列出来，明确清单中各项资料准备的数量、规格、要求等，明确资料准备责任人，即由基地准备还是由培训师准备。并将清单及相关资料一并交由基地工作人员，按清单要求准备所有资料。

2）编制实训资料。培训师根据资料清单，明确资料类型，确定哪些资料直接采用固化模板、哪些资料需要根据项目编制、哪些资料需要在模板上完善等。凡是需要培训师编制或完善的资料，培训师须根据培训项目实际、实训场地现状、学员状况及师资配备等情况进行资料编制和完善。培训师重点编制实训作业指导书、实训教学设计任务书、技能实操考核评分标准。

3）查验实训资料。在实训前，培训师应按清单检查准备的资料是否齐全、正确，数量是否足够，教学资料和作业资料是否符合实训项目实际等。发现资料有问题，及时修改和完善，按需准备，以保证实训顺利进行。

2. 实训场地准备

（1）实训场地准备概述。实训场地准备是指在实施技能实训教学前，对作业区域进行工位布置和安全措施设置等准备工作。实训场地准备到位是确保技能实训正常进行的基本保障，实训场地内设施应完好、齐备，标识规范、清晰，场地布置规范、标准，安全措施布置到位。

（2）实训场地准备内容。

1）工位布置。工位布置指对个人或小组实操训练用的场地区域和设施进行布置，布置完成后需进行模拟实训演练，以确认场地布置的合理性，确保符合实训要求。

2）安全措施设置。安全措施设置主要有安全围栏或遮拦、悬挂安全标识牌、指引标识牌、消防器材等的布置和设置。

（3）实训场地准备步骤。

1）罗列场地需求清单。培训师将技能培训项目所需的工位布置、安全措施设置等所需材料和要求以清单的形式列出来，提交给实训基地相关工作人员，基地工作人员按清单进行实训场地准备。

2）布置实训场地设施。培训师结合实训基地场地及工位配置情况，提出实训项目场地及工位布置要求，画出实训场地及工位设备设施布置图，交由实训基地工作人员按图布置场地和工位，培训师必须在实训前去实训现场对场地及工位布置进行现场检查和确认；或培训师资团队到实训基地，在基地工作人员配合下根据实训实际需要布置场地、准备设备设施等。

3）检查场地实训功能。无论是基地工作人员准备场地，还是培训师本人准备场地，都需要根据实训要求和实训目标进行现场场地核查，检查场地准备的齐全性、完好性、规范性、安全性。还要进行模拟实训演练，确认场地布置的合理性，保证场地达到技能训练的功能要求，否则需要重新调整、布置。

3. 人员准备

人员准备主要指查看学员的出勤情况、学习状态和着装规范。学员出勤情况检查包括应到人数、出勤人数、缺勤情况等；学习状态检查包括技能水平抽查，精神状态、体力状态、健康状况观察等；着装规范检查查看学员是否按规定着装，着装是否符合项目作业要求等。

4. 风险管控

（1）风险管控概述。风险指某种特定的危险事件（事故或意外事件）发生的可能性与其产生的后果的组合。技能培训中，导致风险的直接或间接因素一般包括“人、物、环、管”四个方面。风险管控即是针对“人、物、环、管”四大风险因素，采取各种防控措施和方法，减少风险事件发生的各种可能性。

“人”指培训人员，包括培训师、学员、现场工作人员及培训场地周边的其他人员。

“物”指培训设备和材料，包括培训现场的所有设备、仪器、仪表、工器具及培训中涉及的物品、资料、耗材等。

“环”指培训环境，包括培训的空间环境及其中可直接或间接影响人活动的各种自然因素，如温度、湿度、照明、通风、噪声等。

“管”指培训管理，包括培训制度执行、培训现场管理、培训设备管理、培训学员管理等方面。

（2）风险管控内容。为科学、系统、全面、准确识别技能培训风险因素，通常采用工作安全分析法（Job Safety Analysis，JSA），从“人”的不安全行为、“物”的不安全状态、“环”的不安全因素、“管”的管理失误四个方面进行风险辨识，并提出针对性应对措施，具体内容和应对措施见表5-14。

表5-14　风险辨识及应对措施

风险因素	具体内容	应对措施
人	重点分析培训师和学员，实训场地其他人员。 （1）培训师技能操作不熟练、未按规定着装、精神状态不佳、作业过程中不按规程作业等； （2）学员未按规定着装、精神状态不佳、不按规定操作等； （3）场地其他人员擅自进入实训区域、动用场地设备和安全设施等人的不安全行为都是风险点	培训师和教练提前进行操作演练和授课演练、调适良好的精神状态

续表

风险因素	具体内容	应对措施
物	重点分析主要设备工作状态和安全工器具、安全设施合格合规等。 实训设备停电与带电状态、设备静止与运动状态、设备工作正常与故障、安全工器具合格与否、安全防护设施合格与否、辅材或耗材是否合规等物的状态	勘查现场设备设施，保证设备设施功能齐全、完好，提前调适到实训需要的状态；准备好合格的安全工器具和备品耗材；在实训场地布置符合实训项目要求的安全防护设施，封闭实训场地
环	重点分析作业环境因素对作业的影响，特别是环境突然改变。作业场地状况（室内与室外、地面与高空、带电与不带电）及环境参数（温度、湿度、照明、噪声、辐射等）对作业的影响，天气环境（高温、打雷、下雨、刮风等）及突变等	针对实训场地和实训环境参数，做好环境变化的补偿措施
管	重点分析安全制度是否执行到位、实训纪律是否执行到位、实训过程安全监管是否到位、作业标准是否执行到位等	建立实训安全管理制度和应急处置机制，编制实训作业指导书等

（3）风险管控操作步骤及要领。培训师在完成实训教学设计后，根据技能操作过程开展培训风险辨识，并提出相应防控措施，在实训作业准备过程中做好预控措施，保证培训顺利开展。操作步骤及要领如下：

第一步，明确培训环节任务。以技能教学设计为依据，明确技能培训各环节工作内容。

第二步，各环节工作任务分析。将技能培训项目按作业流程划分为独立的任务单元，将每个任务单元细分为作业步骤。

第三步，对各项工作任务逐步辨识风险点。从“人”的不安全行为、“物”的不安全状态、“环”的不安全因素、“管”的管理失误等方面逐步分析风险点。

第四步，针对风险点确定对策。

第五步，综合分析评估，确定培训风险及预控措施。将风险辨识与对策填入表 5-15。

表 5-15 风险辨识与对策

实训流程		"人"的不安全行为		"物"的不安全状态		"环"的不安全因素		"管"的管理失误	
		风险点	对策	风险点	对策	风险点	对策	风险点	对策
实训准备									
实训实施	作业检查								
	作业过程								
	作业终结								
实训收尾									

（三）技能培训实施

1. 技能培训开场

（1）技能培训开场概述。技能培训开场是学员进入实训场地后还未进行正式培训前的环节。好的开场能够让学员对技能培训整体有清晰和明确的认知，调动学员学习意愿和积极性，为后续技能培训有序开展奠定坚实基础。技能培训开场主要步骤包括情景导入、技能培训整体介绍、培训安全和纪律交底以及教学安排预告。

（2）技能培训开场步骤。

1）情景导入。在技能培训开场阶段，培训师可以先从所教授技能的使用场景、典型案例等引入，通过具体的工作场景和引人入胜的实际案例，激发学员学习兴趣，引发学员思考和共鸣，提高学员参与意愿。

2）技能培训整体介绍。技能培训整体介绍包括对培训目标、培训内容和培训方式等的总体介绍和预告。即让学员在技能培训开始前明确为何学、学什么、怎么学等。

培训目标预告旨在使学员明确培训目的和预期成果，为学员后续的技能培训学习提供目标指引。

培训内容预告指将技能培训的主体内容和操作步骤明确告知学员，使学员明确培训涵盖哪几大部分或步骤，做到心中有数。此处一般只预告一级大纲或步骤，也可预告到二级大纲或步骤，主要是明确次序、名称和目的，不需过度解说细节。

培训方式预告指将各培训内容的教学方式告知学员，尤其是特色、重点部分。技能培训常见教学方式包括讲授法、演示法、练习法、案例分析法、情景模拟法等。

3）培训安全和纪律交底。在技能培训开始前，培训师需要向学员进行培训安全和纪律交底，预告培训风险，强调培训纪律规则。

安全交底是指在学员训练之前，培训师将整个技能培训过程中可能出现的安全风险和安全防控措施向学员交代清楚，使学员明确安全注意事项，严格按章操作。重点对作业现场设备状态、关键风险点、安全措施进行交底。

培训纪律是培训能顺利进行的保证。学员进入实训场地时，培训师应着重强调实训组织纪律，包括着装要求、出勤纪律、训练纪律、场地管理要求、工器具使用管理要求等。

4）教学安排预告。教学安排包括人员分组安排和时间安排。

人员分组安排主要是根据训练区域及工位对培训学员进行分组。技能训练分组应综合考虑学员技术水平、体能、性别等方面的搭配，并考虑工位分布等因素。

时间安排指将技能培训每个阶段的时间分布明确告知学员。培训师在前期需要制订培训时间计划表，依据技能培训重点、难点等，合理规划培训时间。

2. 技能示范

（1）技能示范的步骤。技能示范是培训师在技能培训过程中，以自身准确、熟练的动作，将关键操作步骤、关键操作要领、操作风险和防控措施等演示给学员看，使学员形成直观感受和认知。在技能示范教学时，培训师一般会采用示范——讲解——再示范——辅导的教学流程步骤，技能示范教学过程见图 5-13。

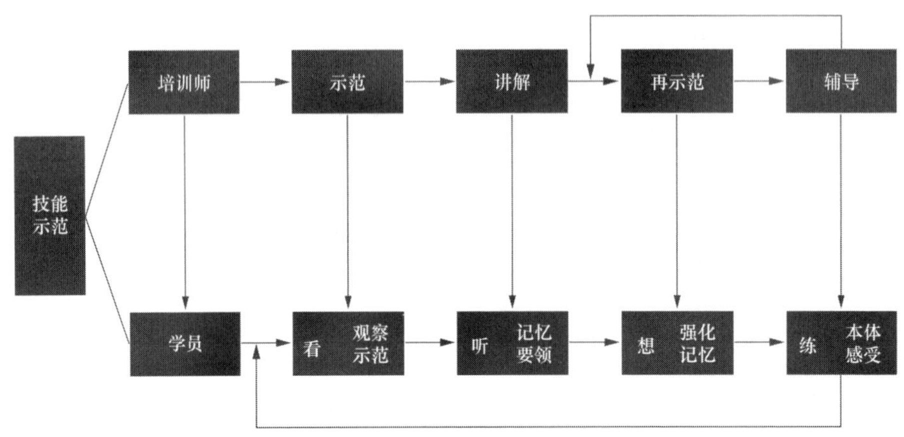

图 5-13　技能示范教学过程

首先示范给学员看，使学员观察并明确具体操作步骤；其次将关键部分展开讲解分析给学员听，使学员习得关键要领；接着再次示范，加深学员记忆；最后让学员动手实操练习，在学员实操练习过程中进行适时辅导，必要时再次示范给学员看，使学员重复“看、听、想、练”的学习过程，逐步掌握规范的操作流程步骤。

（2）技能示范的类型。技能示范根据教学阶段可分为：完整与分解示范、慢速示范、正误对比示范等。各技能示范类型可结合使用。

1）完整与分解示范。完整示范是将技能从开始操作到结束操作按常速进行完整示范，使学员对整个技能操作过程形成完整、系统的印象。分解示范是对技能操作的一个或几个环节进行示范。

2）慢速示范。慢速示范指对于某些重点、难点技能操作放慢速度进行示范讲解，适当延长操作时间，甚至在关键动作要领处要暂停或回放，确保学员观察清楚，准确理解，掌握动作要领。

3）正误对比示范。正误对比示范指在示范时先进行标准正确动作示范，再将常见的错误和习惯性违章动作进行示范，这样，正确的技术动作会在学员的脑海中产生更加深刻的印象，从而提高教学效果。

（3）技能示范的注意事项。

1）示范要有明确的目的。培训师在做每一个技能示范动作之前，都要有明确的目的。为什么示范，什么时候示范，先示范什么，后示范什么，怎样示范，都要做到心中有数。在具体示范中要让学员观察什么，重点看什么，都要向学员讲清楚。例如教授新课程时，为了使学员建立完整的动作概念，一般可先做一次完整的示范，让学员先观察，了解整个动作的流程步骤，然后再结合教学要求，把动作分解，用慢速或常速做重点示范。这样，完整示范就为重点示范作了必要的铺垫，并使重点示范的动作更加鲜明、突出，对帮助学员较快地理解培训师讲授的内容打下基础，帮助培训师达到预定的教学目的。

在教学的不同阶段，培训师所采用的示范应有所不同。培训师无论采用哪种示范的方法，目的一定要明确。以建立完整的动作概念为目的时，需要运用完整示范；以掌握技能操作的某一环节为目的时，可采用分解示范；以纠正错误动作为目的时，可采用正误对比示范。

2）示范的时机要把握恰当。示范的时机是由学员的技能水平和学员对技能操作的学习掌握情况所决定的。

新授内容学习之时的动作示范。培训师应通过正确的动作示范，给学员建立一个正确的动作表象，让学员知道将要学习的内容，初步了解动作的过程，同时可以激发学员的学习欲望。

重难点突破时进行示范讲解。每项作业都有重点和难点，如何突出重点、化解难点是技能示范教学成败的关键。正确的技能示范和准确的讲解，可以有效地突破学习中的重点和难点，提高学员练习的目的性和实效性。

学困出现时进行示范讲解。即大部分学员的学习出现明显的困难或学员出现普遍的共性问题时进行示范讲解。新授教学中，学员往往会因为初学而出现学习困难，对技能操作的掌握出现明显的偏差，这时就需要培训师或学员进行重复的示范和点评。

学习遇到“瓶颈”现象时进行示范讲解。学员对学习内容有了一个基本掌握后，会出现一个难以提升的阶段，这个现象称为“瓶颈”现象。一旦学员出现这种情况，就需要培训师的重复技能示范和更细致的、有针对性的讲解，帮助学员明白“瓶颈”所在点，找到提升优化的手段，有效突破“瓶颈”现象。

3）示范的位置和方向要便于学员观察。技能示范的目的是给学员做范例，需要让学员看到、看清。因此，培训师在做技能示范时，要特别注意示范的位置和方向。一般来说，示范的位置和方向应根据操作的性质、学员的位置以及安全要求等因素决定。

4）示范与讲解要有机结合。示范与讲解是技能示范中不可分割的一个整体，只有示范没有讲解，学员只能看到一个具体的动作形象；只有讲解没有示范，学员也只能获得一个抽象的概念，因此，只有将示范与讲解有机地结合起来，才能更好地发挥作用。示范与讲解的配合方式有先示范后讲解、先讲解后示范、边讲解边示范、边讲解边示范边练习等。

3. 实操练习

实操练习指培训师技能示范讲解后，学员动手实操。实操练习是学员切实掌握技能操作的关键步骤，一般包括模仿练习、自主练习、强化练习和总结提炼。

（1）模仿练习。

1）模仿练习的概念。模仿练习是学员学习初期通过视觉、听觉等，对培训师示范的技能操作进行观察和判断，并在大脑中构建直观的动作表象，并将所感知到的动作表现出来。在模仿练习阶段，培训师应将技能操作进行分解，设计分单元训练目标，让学员循序渐进模仿学习各项分解操作。在分解训练时，若当前操作不达标，应退回分解操作起点重新训练，直到掌握该项技能操作，才能够进行下一步的练习。

2）模仿练习阶段注意事项：①做好安全防控。模仿练习阶段学员因技能操作生疏、不熟练，易紧张出错，可能导致一定的安全风险。培训师在模仿练习阶段要做好安全风险管控，有序组织学员练习，细致观察学员动作和状态，适时进行学员动作引导和心态引导；②及时纠偏。模仿练习阶段是技能形成的关键阶段，若在此阶段学员的错误技能操作未及时察觉和纠正，学员易形成惯性和固定认知，后续再行纠正需要花费更多时间和精力。因此，模仿练习阶段需要做到及时纠偏，确保学员掌握正确、规范的技能操作。

（2）自主练习。

1）自主练习的概念。自主练习指学员将模仿练习阶段学习的阶段性技能操作整体、连贯地表现出来。在自主练习过程中，一般先由培训师做技能示范讲解，后由学员做整合练习。

2）自主练习阶段注意事项：①做好安全防控。在自主练习过程中，培训师应细致观察和注意学员的训练操作、心态、情绪等，以及设施设备的状态、外部环境情况，做好风险的有效管控；②实时巡查矫正。自主练习阶段要求学员的技能操作相对准确、规范、连贯、稳定，在学员自主练习过程中，培训师要注意多加巡查、密切关注、及时矫正，以保证学员技能操作的整体性和规范性，为后续技能的熟练操作打下坚实基础。

（3）强化练习。

1）强化练习的概念。强化练习指学员在自主练习的成果之上，进行多次反复练习，加强肌肉动作的调节和控制能力，将技能操作固化形成“肌肉记忆”，以实现熟练操作。

2）强化练习注意事项：①合理安排练习次数。强化练习需要进行多次反复练习，培训师应根据练习时间长短、学员状态等明确具体练习的次数和强度，不可盲目练习；②多种教学方式结合。多次反复的练习容易使学员疲劳或出现厌烦情绪，培训师在让学员做强化练习时，应注意适当变换练习方式，如设置情境任务练习、技能竞赛等，充分调动学员练习的积极性，保障强化练习质量和效果。

（4）总结提炼。在各项练习环节结束后，培训师应围绕练习过程中学员的表现进行点评和总结，同时鼓励和引导学员将习得的知识技能提炼沉淀为经验和诀窍，形成方法论，强化学员对技能操作的领悟和把握，做到真正能力迁移。

4. 技能考核

在完成技能培训后，一般会进行实操考核，对技能培训效果进行考核评估。技能考核是衡量技能培训是否达成培训目标、检验培训有效性的重要手段，同时也可以促进学员更加精进技能操作，起到“以评促培、以评促学”的良好效果。技能考核主要包括制订考核标准、组织考核实施、分析考核结果等步骤。

（1）制订考核标准。根据培训目标、培训内容、岗位胜任标准等制订考核内容和考核指标，并对各项考核指标进行准确定义和描述，明确评分标准，编制技能考核评分标准表，见表 5-16。

表 5-16　　技能考核评分标准表

序号	考核指标	考核维度	评分标准	标准分	得分
1					
2					
3					
…					

（2）组织考核实施。技能考核组织实施流程主要包括考核准备、考核组织、考核点评等环节。

1）考核准备。在技能考核前需要做好相关的准备工作，技能考核准备工作包括考核资料准备、考核场地准备、考核师资准备等。

考核资料准备指准备技能考核评分标准表、考核手册、学员成绩登记表等相关考核资料。

考核场地准备指布置考核场地，准备考核设施设备、工器具、耗材等。基地工作人员按要求准备好场地后，培训师到现场进行核实和验收工作，验收通过后应对考核场地进行围蔽、挂牌，未经允许不能擅自进入。

考核师资准备指组建考核师资小组，具体师资人数依据考核方式、学员数量来定，一般不少于 3 人，分别担任主考、副考和监考等角色，以团队形式负责整体技能考核工作。

2）考核组织。考核组织包括考核前期、考核中期以及考核后期三个阶段。

考核前期，由考核师资小组向学员说明考核任务、规则、安全条例等。考核中期，由考核师资小组有序组织学员就位开始作业，考核师资小组观察和记录学员作业表现，并进行评分，同时做好考核过程中的安全监督和风险防范。考核后期，可组织现场点评，将学员考核结果和存在问题及建议反馈给学员。

（3）分析考核结果。对考核结果进行多维度统计分析，识别学员的薄弱项和共性问题，撰写技能考核分析报告，针对性提出改进和优化措施，为后续培训效果提升提供清晰指引。

（四）实训设备管理

1. 实训设备管理概述

实训设备管理指在技能培训过程中，培训师做好实训设备正确使用、移交等相关维护管理工作。事实上，很多实训设备故障报修不是设备问题，而是人为操作不当所致。培训师是实训设备的直接使用者，其对实训设备的正确使用和管理，一定程度上能够减少实训设备的故障报修率，提高实训设备维护效率。

2. 实训设备管理主要做法

（1）制订实训设备管理规定。制订实操设备、防护用品、安全工器具等实训设备管理规定和要求，如：

1）实操设备应按公司有关安全设施标准进行设置，严禁在安全设置未达标的实操设备上开展培训。

2）实操设备应定期检验、维护、保养，并做好记录，对锈化、变形、老化、松动等安全隐患应及时发现，并限期整改。在隐患未整改完成之前，严禁使用实操设备开展培训。

3）个人防护用品和安全工器具应正确张贴标识，标明试验日期、有效期、加盖试验专用章，按规定放置在符合标准的存放环境。

4）个人防护用品和安全工器具应按有关要求定期进行检查、试验、维护和报废。严禁使用不符合安全要求的个人防护用品和安全工器具。

（2）明确实训设备使用说明。在使用实训设备时，培训师需要提前查看使用说明书或参加厂家的实训设备相关培训，尤其是第一次接触使用的设备，需要对每个操作按照说明书或培训的提示来一步步的进行，避免出现操作上的错误。在时间条件允许情况下，培训师可以了解一些相关的设备维修和检查之类的原理，设备的检修维护时间，保证实训设备在使用过程中不会出现任何问题和影响到工作进度。

（3）做好训后设备清理移交。实训结束后，将实训设施设备恢复至实训前的状态（定位位置、运行状态），并对工器具、耗材等进行清点、整理、清洁、封装，不得将实训设备遗留在现场或乱丢乱放。上述工作结束后，将实训设备移交给相关负责人，同时登记实训项目完成情况、实训设备使用情况、实训耗材消耗情况等内容。

三、应用案例

案例：《变压器铁芯及夹件泄漏电流测量技能培训》实训作业指导书的编制

培训师老李接到一项技能培训任务，需要针对30位变电运行新员工开展《变压器铁芯及夹件泄漏电流测量技能培训》，现老李根据授课内容及要求编制实训作业指导书，主要内容见表5-17。

表5-17 《变压器铁芯及夹件泄漏电流测量技能培训》实训作业指导书

<table>
<tr><td colspan="9">一、范围：本指导书适用于变电运行新员工使用钳形电流表完成变压器铁芯及夹件泄漏电流的测量工作</td></tr>
<tr><td colspan="9">二、引用标准：
标准来源：
1.《公司电力安全工器具与个人防护用品管理标准》；
2.《电力设备检修试验规程》（2018）；
3.《钳形电流表使用说明书》；
4.《变压器铁芯及夹件泄漏电流测量作业指导书》</td></tr>
<tr><td colspan="9">三、实训作业准备</td></tr>
<tr><td>作业资源准备</td><td colspan="2">项目</td><td>名称</td><td>规格</td><td>数量</td><td>要求</td><td>现场核查（√）</td><td>备注</td></tr>
<tr><td rowspan="6">作业资源准备</td><td rowspan="6">物资</td><td rowspan="3">主要设备</td><td>主变压器</td><td>110千伏</td><td>1台</td><td></td><td></td><td></td></tr>
<tr><td>铁芯接地</td><td>110千伏</td><td>1根</td><td></td><td></td><td></td></tr>
<tr><td>夹件接地</td><td>110千伏</td><td>1根</td><td></td><td></td><td>实际作业用</td></tr>
<tr><td>仪器仪表</td><td>钳形电流表</td><td></td><td>1个</td><td></td><td></td><td></td></tr>
<tr><td rowspan="2">安全工具</td><td>绝缘手套</td><td></td><td>1副</td><td></td><td></td><td></td></tr>
<tr><td>安全帽</td><td></td><td>1个×17</td><td></td><td></td><td></td></tr>
</table>

续表

作业资源准备	物资	其他工具	作业指导书		1份×15			
		备品耗材	打印机		1台			
			墨盒		2个			
		设备资料（图纸、说明书、清单等）	设备、工具清单		1份			作业+培训用
		教学资料（学员资料、记录资料、评价资料等）	考核评分表		60份			
			考勤表		1份			
			培训师评价表		120份			
			培训服务评价表		34份			培训作业用
	场地	安全设施	铁饼		7块			
			铁饼杆		7根			
			遮拦	2米×3米	3包			
			干粉灭火器		2筒			
		其他	帐篷		1套			
			课桌		1张			
			课椅		2张			
			工作服		1套×17			
	人员	学员要求	穿工作服，戴安全帽，穿工作鞋，精神状态良好					实际作业用
		师资要求	4位熟练应用钳形电流表测量变压器铁芯及夹件泄漏电流的技能类培训师					培训作业用
		其他要求	无					

续表

	序号	关键风险点	预控措施	备注
风险管控	1	学员测量方法错误造成烧毁钳表	监督学员操作，不违章，严格按要领操作，无不安全行为	
	2	学员着装不规范造成人身伤害	着装穿戴必须符合现场作业安全要求	
	3	主变压器不在运行状态	主变压器运行状态正常、安全措施落实	
	4	工具仪表不符合作业要求	手套、钳表齐全、规范、合格，确保符合作业要求	
作业其他准备	无			

四、现场作业程序及标准

	序号	作业程序	作业标准	备注
作业程序及标准	1	测量前检查	（1）查手套。查标签（具有厂家铭牌及出厂日期，试验日期在有效期内）；看外观（外表应无脏污、破损、划痕，内部无潮湿、黏连、异物）；验性能（气密性检查合格）。 （2）查表单。查名称（表单名称与课程内容一致）；查内容（检查表单内容正确）。 （3）查钳表。查标签（具有厂家铭牌及出厂日期，试验日期在有效期内）；看外观（仪表壳体，应无破裂损坏现象；表笔绝缘完好无损，无断线脱头和铜线裸露现象；液晶数字显示屏清晰）；验性能（电池电量充足、按键功能完好、数据显示功能正常）	
	2	现场测定	（略）	
	3	测量后整理	（略）	

五、实训作业技能考核

考核项目							
考核标准	作业程序	考核指标	考核维度	考核标准	标准分	得分	考核时限

续表

<table>
<tr><td rowspan="3">考核标准</td><td rowspan="3">1. 测量前检查</td><td rowspan="3">作业检查</td><td>查手套</td><td>查标签（具有厂家铭牌及出厂日期，试验日期在有效期内）；
看外观（外表应无脏污、破损、划痕；
内部无潮湿、黏连、异物）；
验性能（气密性检查合格）</td><td>40</td><td>（1）未正确检查标签扣 10 分；
（2）未正确检查外观扣 10 分；
（3）未正确检查性能扣 20 分</td><td>6 分钟</td></tr>
<tr><td>查表单</td><td>查名称（表单名称与课程内容一致）；
查内容（检查表单内容正确）</td><td>20</td><td>（1）未正确检查名称扣 10 分；
（2）未正确检查内容扣 10 分</td><td>3 分钟</td></tr>
<tr><td>查钳表</td><td>查标签（具有厂家铭牌及出厂日期，试验日期在有效期内）；
看外观（仪表壳体，应无破裂损坏现象；表笔绝缘完好无损，无断线脱头和铜线裸露现象；液晶数字显示屏清晰）；
验性能（电池电量充足、按键功能完好、数据显示功能正常）</td><td>40</td><td>（1）未正确检查标签扣 10 分；
（2）未正确检查外观扣 10 分；
（3）未正确检查性能扣 20 分</td><td>6 分钟</td></tr>
<tr><td rowspan="5">考核标准</td><td rowspan="3">2. 现场测定</td><td>位置核对</td><td>（略）</td><td>（略）</td><td>（略）</td><td>（略）</td><td>（略）</td></tr>
<tr><td>测量操作</td><td>（略）</td><td>（略）</td><td>（略）</td><td>（略）</td><td>（略）</td></tr>
<tr><td>结果判定</td><td>（略）</td><td>（略）</td><td>（略）</td><td>（略）</td><td>（略）</td></tr>
<tr><td rowspan="2">3. 测量后整理</td><td>作业汇报</td><td>（略）</td><td>（略）</td><td>（略）</td><td>（略）</td><td>（略）</td></tr>
<tr><td>作业清理</td><td>（略）</td><td>（略）</td><td>（略）</td><td>（略）</td><td>（略）</td></tr>
</table>

续表

<table>
<tr><td rowspan="4">考核准备</td><td>考核资料</td><td colspan="4">无需考生自行准备的工具、仪表、资料等</td></tr>
<tr><td>考核时间</td><td>考核场地</td><td>参考人员</td><td>考核师资</td><td>备注</td></tr>
<tr><td>× × 年 × × 月 × × 日：× ×</td><td>主变压器实训场地</td><td>参加培训的新员工 30 人</td><td>测量变压器铁芯及夹件泄漏电流的技能培训师 2 人</td><td></td></tr>
<tr><td>考核须知</td><td colspan="4">1. 考场纪律；
2. 考生安排顺序</td><td></td></tr>
</table>

如何实施培训项目——项目管理篇

第一节　精心设计：培训项目策划

一、学习目标

1. 知识目标

（1）能够正确简述培训项目策划主要内容。

（2）能够正确理解培训项目设计主要方法和内容。

（3）能够描述培训项目方案构成要素。

2. 技能目标

（1）能够编制培训项目策划书。

（2）能够编制要素完整的培训项目方案。

二、学习内容

（一）培训项目策划

1. 培训项目策划概述

（1）培训项目策划的概念。培训项目策划指根据公司培训项目需求调研中所反馈出的明确的培训需求，实施开展培训项目的目标设置、活动设计、资源保障、效果评价等相关环节的整体设计和规划活动。

（2）培训项目策划的作用。通过培训项目策划，明确为什么培训、培训谁、培训什么、怎么培训等问题，培训项目策划是培训项目实施执行、质量控制与监督的有力保证。

2. 培训项目策划主要内容

（1）培训目标设定。培训目标是指培训活动的目的和预期成果。培训目标需要从公司战略目标分解出具体的培训项目目标，明确培训学习的具体目标，且结合公司的长期发展需要、员工的个人发展需要和员工目前的素质水平，实事求是地订立。

（2）培训内容设定。根据培训需求，从各序列岗位所需的知识、技能、潜能等方面设定培训内容。

（3）培训形式选择。根据培训目标和内容的不同，选择合适的培训形式（集中培训、现场培训、网络培训、自主学习、送出培训等）。

（4）培训基地选择。根据培训对象和内容的不同，选择规模（小型、大型）和性质（综合类、专业类）契合的培训基地。

（5）培训评估设计。根据“柯式四级评估模型”，设计培训评估模式，对培训效果进行评估。

反应层评估：衡量参训学员对培训所做出的反应，也就是“客户满意度”的衡量。

学习层评估：参训学员参加培训项目后，能够在多大程度上实现态度转变、知识扩充或技能提升等相应效果。

行为层评估：指参训学员参加培训项目后，能够在多大程度上实现行为的转变。

结果层评估：指参训学员参加培训项目后能够实现的结果，通常包括营销上升、成本下降、员工流动率降低等。

3. 培训项目策划书编制

培训项目策划书主要包括培训目标、培训对象及名额、培训时间及地点、培训方式、费用预算、培训内容、师资安排、培训评估类别及实施者、培训班负责人、专业部门意见等。培训项目策划书表格模板见表 6-1。

表 6-1　　培训项目策划书

培训项目名称：　　编制人：　　编制时间：

1. 培训目的
2. 培训对象及规模
3. 培训时间（示例：2021 年 7 月 5 日—7 月 9 日）
4. 课程设置（课程设置应包含技能实训科目，可另附页）

培训课程	课时	授课师资			课程考核方式
		姓名	工作单位	职称 / 职业资格	

5. 培训场地设施设备安排
（1）培训教室：（50 人以下、50 ～ 100 人、100 人以上）
（2）实训场地（实训设备设施）：
6. 培训形式
7. 费用预算（另详见经费预算表）
8. 培训评估类别和实施者（根据培训时长、金额选择评估类别）
9. 项目负责人及联系方式：

备　注	
专业部门意见	年　　月　日

（二）培训项目设计

1. 培训项目设计概述

国网大学（国家电网有限公司高级培训中心）经过多年的培训项目设计实践和 2016 年开展的专项课题研究，系统总结并创新提出了培训项目设计九宫格方法论，填补了培训项目方案分类设计的理论空白。书中介绍的培训项目设计方法论九宫格分类模型，实现了该领域原始创新见图 6-1。

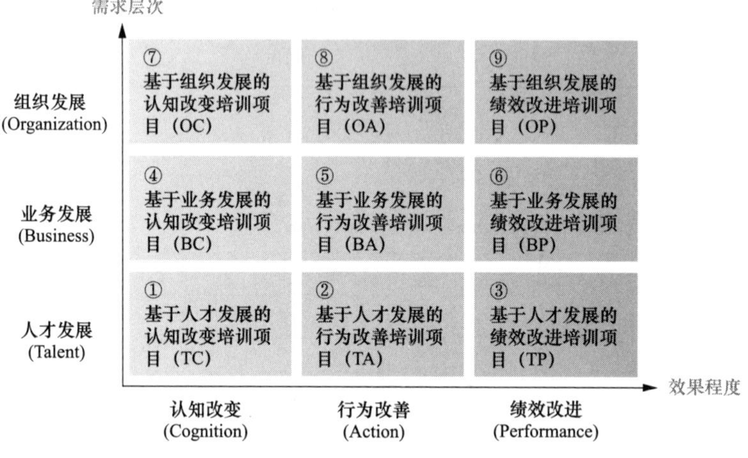

图 6-1　九宫格分类模型

2. 培训项目设计主要方法

（1）培训项目设计。培训项目方案设计九宫格创新性采用需求层次及效果程度作为项目方案设计方法论分类的两个依据。

其中，需求层次是指根据发起项目的初衷不同将项目划分为三个层次，从低到高依次为人才发展层次、业务发展层次以及组织发展层次。人才发展层次指项目初衷是以“人”为出发点，即发展某类人才的一项或若干项能力，如中层干部领导力提升、技术人员创新力提升等；业务发展层次指项目初衷是以“事”为出发点，即适应某一项或若干项业务变化、发展的需要，如新《劳动法》出台对相关部门的影响解读等；组织发展层次指项目初衷是以“系统”为出发点，支撑某一项或若干项战略要求落地，如“公司发展战略”全员宣贯。值得说明的是，三个层次的需求具有自上至下兼容的关系，即组织发展的需求会提出对业务发展及人才发展的需求，而业务发展也会提出对人才发展的需求。

效果程度是根据项目预期实现的效果不同，将项目划分为三个层次，从低到高依次为认知改变层次、行为改善层次及绩效改进层次。其中认知改变层次指项目预期效果是“知道”，即让员工拓展知识技能；行为改善层次指项目预期效果是“做到”，即让员工展现应有行为；绩效改进层次指项目预期效果是“得到”，即让员工乃至部门、组织的绩效结果有所提升。同理，三个层次的效果具有自上至下兼容的关系，即得到绩效提升结果的前提是让员工知道且做到，而让员工做到的前提是让员工知道。

图 6-1 中，数字① ～⑨，代表的项目方案设计方法分别是：

①基于人才发展的认知改变培训项目设计（TC）。它是指从员工认知要求出发，分析现有认知情况与理想认知要求之间的差距，即“认知差距”，以形成培训目标和内容的过程。

②基于人才发展的行为改善培训项目设计（TA）。它是指从员工素质要求出发，搭建素质能力模型，通过能力测评和调研分析，发现员工的“行为差距”，通过行动学习促进员工能力提升的设计过程。

③基于人才发展的绩效改进培训项目设计（TP）。它是指在明确岗位绩效标准的基础上，排除外部影响因素，分析目标岗位绩优人员与一般绩效人员的差距（知识、技能、意愿），通过绩效辅导跟进技术设计，实现个人绩效提升的过程。

④基于业务发展的认知改变培训项目设计（BC）。它是指通过分析完成该项业务所需要的知识、技能和态度，即业务认知要求，由此确定与业务相关的各项培训内容的过程。

⑤基于业务发展的行为改善培训项目设计（BA）。它是指通过分析支撑业务发展的重点工作任务，聚焦任务痛点，调研分析员工完成该项业务的“行为差距”，针对学习资源及转化技术的过程。

⑥基于业务发展的绩效改进培训项目设计（BP）。它是指通过业务绩效分析诊断，明晰影响绩效的各项因素，匹配相应的培训措施解决绩效问题的过程。

⑦基于组织发展的认知改变培训项目设计（OC）。它是指在组织经营战略的条件下，判断组织中哪些部属和哪些部门需要培训与组织战略相关的哪些内容，并设计学习活动，以保证培训计划符合组织的整体目标与战略要求的策划活动。

⑧基于组织发展的行为改善培训项目设计（OA）。它是指针对组织层面的行为问题，选取标杆参照，通过培训手段的设计以达到组织标杆学习，改善组

织行为的过程。

⑨基于组织发展的绩效改进培训项目设计（OP）。它是指基于组织战略绩效分解，系统地实施人才管理，并通过绘制人才地图规划组织人才发展，致力于增强组织结构、进程、战略、人员和文化之间的一致性的分析、策划过程。

（2）方法论主要差异。九类方案设计的设计方法各有差异，主要体现在培训目标、需求分析、学习方式、评估方式等维度，见表6-2。

表6-2　九类方案设计方法差异比较

类型	项目目标	需求分析	学习方式	评估方式
基于人才发展的认知改变培训项目方案设计	目标主体：人才发展 目标程度：认知改变	岗位胜任认知要求与认知现状差距	电子化学习； 集中面授； 实操培训	知识技能测验
基于人才发展的行为改善培训项目方案设计	目标主体：人才发展 目标程度：行为改善	岗位胜任行为要求与行为现状差距	行动学习； 岗位实践	能力测评
基于人才发展的绩效改进培训项目方案设计	目标主体：人才发展 目标程度：绩效改进	岗位胜任绩效要求与绩效现状差距	最佳实践学习； 绩效辅导	绩效考核
基于业务发展的认知改变培训项目方案设计	目标主体：业务发展 目标程度：认知改变	业务发展认知要求与认知现状差距	电子化学习； 集中面授； 实操培训	知识技能测验
基于业务发展的行为改善培训项目方案设计	目标主体：业务发展 目标程度：行为改善	业务发展行为要求与行为现状差距	任务实践； 辅导跟进	任务复盘与行为举证
基于业务发展的绩效改进培训项目方案设计	目标主体：业务发展 目标程度：绩效改进	业务发展绩效要求与绩效现状差距	绩效改进辅导	绩效考核

续表

类型	项目目标	需求分析	学习方式	评估方式
基于组织发展的认知改变培训项目方案设计	目标主体：组织发展 目标程度：认知改变	组织发展认知要求与认知现状差距	电子化学习； 集中面授； 实操培训	知识技能测验
基于组织发展的行为改善培训项目方案设计	目标主体：组织发展 目标程度：行为改善	组织发展行为要求与行为现状差距	组织标杆学习	组织行为诊断
基于组织发展的绩效改进培训项目方案设计	目标主体：组织发展 目标程度：绩效改进	组织绩效要求与绩效现状差距	综合采用各类学习方式	综合采用各类评估方式

（三）培训项目方案编制

1. 培训项目方案概述

（1）培训项目方案的概念。培训项目方案是指基于培训需求分析，依照培训项目策划书，采用5W2H分析法，对培训项目的培训目标（Why）、培训对象（Who）、培训时间（When）、培训地点（Where）、培训内容（What）、培训方式（How）、培训预算（How much）等要素进行预先设计，如图6-2所示。

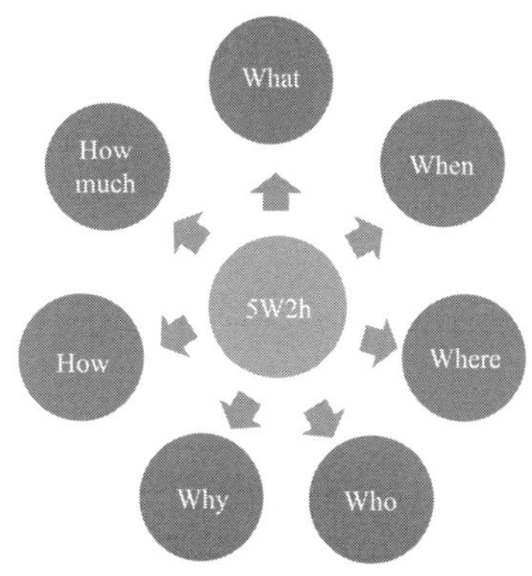

图6-2　培训项目方案

（2）培训项目方案编制原则。

培训项目方案编制应遵循以下五项原则：

战略引领原则。紧密围绕国家及公司发展战略，建立相适应的培训项目方案，为公司发展构筑坚实的人才基础。

面向未来原则。关注公司未来发展，关注员工未来业务和工作重点，建立前瞻性的培训项目方案。

能力导向原则。以岗位胜任力模型为依据，推导员工培训内容，形成能力导向的培训项目方案。

科学实用原则。以先进管理理念、人才培养理论为指导，以员工实际培训需求为依托，统筹设计科学、系统、实用的培训项目方案。

因材施教原则。依据不同类型、不同阶段员工的特点，设计针对性的培训项目方案，实现培训的针对性、精益性。

2. 培训项目方案编制

（1）培训项目方案构成要素。培训项目方案构成要素包括培训目标、培训对象、培训内容、培训时间及地点、授课师资、培训方法、培训评估等。具体说明见表 6-3。

表 6-3　　培训项目方案构成要素

构成要素	内容	备注
培训目标	明确培训活动的目的和预期成果	
培训对象	说明参训人员的职务、条件、人数等	
培训内容	简要介绍培训课程的内容，课程大纲，主要授课方式等	
培训时间、地点	明确培训具体时间、地点	培训时间、地点选择详见本章第二节中“培训前期准备”
授课师资	培训师基本情况简介	授课师资选择详见本章第二节中“培训前期准备”

续表

构成要素	内容	备注
培训形式	集中培训、现场培训、网络培训、自主学习、送出培训等	
培训方法	培训教学方法与技巧，如讲授法、演示法、小组讨论法、案例分析法、角色扮演法、情景模拟法、游戏带动法等	培训方法选择详见“（2）选定培训方法”
考核方式	理论考试、实操考试等	
培训设施设备	培训所需使用的设备以及使用条件	
培训评估方式	明确评估方式，包括一级评估、二级评估、三级评估、四级评估	培训评估方式选择详见本章第二节中“培训效果评估”
培训预算	实施培训所需的费用总额，包括培训师课酬、资料费、食宿交通费、场地租赁费等	

（2）选定培训方法。

1）不同培训方法的效果比较。企业常用的培训方法包括课堂讲授法、演示操作法、小组讨论法、案例研究法、角色扮演法以及游戏训练法等，培训都应针对不同的培训对象，选择不同的培训方法。不同培训方法所达到的培训效果见表 6-4。

表 6-4　　不同培训方法所达到的培训效果

目标 方法	让学员获得知识	让学员改变态度	提高学员解决问题的能力	提高学员人际关系处理的能力	提高学员的接受能力	提高学员的记忆力
课堂讲授法	效果良好	效果差	效果一般	效果差	效果差	效果很好
演示操作法	效果良好	效果差	效果一般	效果一般	效果差	效果很好
小组讨论法	效果很好	效果良好	效果一般	效果一般	效果一般	效果良好

续表

目标 方法	让学员获得知识	让学员改变态度	提高学员解决问题的能力	提高学员人际关系处理的能力	提高学员的接受能力	提高学员的记忆力
案例分析法	效果一般	效果一般	效果很好	效果一般	效果很好	效果一般
角色扮演法	效果良好	效果良好	效果良好	效果很好	效果很好	效果一般
游戏训练法	效果一般	效果一般	效果良好	效果良好	效果良好	效果差

2）培训方法的选择依据。培训方法应根据培训内容进行选择，常见的培训内容包括知识培训、技能培训和态度培训三种，根据培训内容可选择的培训方法见表 6-5。

表 6-5　可选择的培训方法

项目	培训内容类型	可选择的培训方法
知识培训	涉及理论和原理、概念和术语、规章制度等的介绍，通过知识培训有助于工作的开展并扩大知识面	课堂讲授、小组讨论、案例分析等方法
技能培训	涉及工作岗位的实际操作能力，这类培训要求学员自己动手实践，及时发现存在的不正确或不规范的做法，方便及时更正	演示操作、练习巩固、测试测评、角色扮演、案例分析、师徒式培训等方法
态度培训	涉及观念和意识的改变，以及言行和心态的改变，使学员尽快适应新的感受、减少个人心理障碍和恐惧，鼓励创新工作方法	角色扮演、小组讨论、案例分析、游戏训练等方法

3）管理类培训适用培训方法。管理类培训重点是在“研”的层面，通过经验分享或课题研究等方式帮助解决管理实际难题。为有效解决各单位优秀经验不共享问题，进一步加强学习效果，巩固培养成效，在选择培训方法时，应注重选择大多人能够参与并发挥集体智慧力量的学习方法。管理类培训适用培训方法见表 6-6。

表 6–6　　管理类培训适用培训方法

课堂讲授法	优点：信息量丰富，系统授课，短时间传递知识，不受主题、人员等的限制 缺点：信息过多，学员不易吸收，易走神，互动机会少
案例分析法	优点：提升参与感，启发思考，从不同角度分析问题 缺点：培训师实战控场能力要求较高，案例易脱离实际，个案不具代表性
小组讨论法	优点：集思广益，参与感强，聚焦性与高产出 缺点：容易失控，老师需要非常充分的准备，环境及富足物料有要求
经验分享	优点：有吸引力，内容实用性强，有很强的借鉴性 缺点：对分享者或经验分享内容要求较高
团队共创	优点：参与性强，激发团队创意与新的能量，易强化参与者的责任感 缺点：耗时，要有清晰的指导，容易失控
世界咖啡	优点：分享知识，激发创新思维，能够深层次思考问题，加深现有小组成员关系 缺点：耗时，对参与人员要求较高，讨论流程较复杂

4）技术技能类培训适用培训方法。技术技能类培训重点是在练习的层面，使学员熟练运用或掌握某项技能，因此为进一步加强学习效果，巩固培养成效，在选择培训方法时，应注重选择带有互动和练习的学习方法。技能类培训适用培训方法见表 6–7。

表 6–7　　技能类培训适用培训方法

课堂讲授法	优点：信息量丰富，系统授课，短时间传递知识，不受主题、人员等的限制 缺点：信息过多，学员不易吸收，易走神，互动机会少
案例分析法	优点：提升参与感，启发思考，从不同角度分析问题 缺点：培训师实战控场能力要求较高，案例易脱离实际，个案不具代表性
小组讨论法	优点：集思广益，参与感强，聚焦性与高产出 缺点：容易失控，培训师需要非常充分的准备，环境及富足物料有要求
演示操作法	培训师在授课过程中示范一遍，学员在一旁观摩学习。 优点：有吸引力，增强记忆，形象 缺点：耗时，适用范围有限
练习巩固法	通过让学员进行练习，巩固所学的内容，将知识技能内化为自己的能力。 优点：参与性强，及时巩固，快速掌握 缺点：耗时，要有清晰的指导，容易失控

（3）培训项目方案模板。

×××培训项目方案

一、项目概况

（一）培训期次及时间

××××年××月××日（周×） 至××××年××月××日（周×），共×天，培训×天。共1期。（培训起止时间指的是开班、结业日期；若项目起止时间是同年同月，则结束时间可省略年、月；培训天数是指安排了课程、研讨、参观等教学活动的天数，不含安排休息的天数）

若本项目为多期格式如下：

本培训项目共××期，项目实施时间为××年××月至××年××月（若项目起止时间是同年同月，则结束时间可省略年、月），每期时间安排如下：

第×期：××××年××月××日（周×） 至××××年××月××日（周×），共×天，培训×天；

第×期：××××年××月××日（周×） 至××××年××月××日（周×），共×天，培训×天。

（二）培训地点

×××（单位）（×××市×××区×××路×××号）

（三）培训对象及人数

××公司××级（领导/干部/专责人员），××人/期，共计××人。

二、方案策划

（一）需求调研

1.现状盘点

为使培训内容更具针对性，提升培训效果，×××（单位）通过深度调研和过往培训盘点发现：

（1）学员基本情况：单位、岗位、职责、新老比例、年龄、性别、学习风格、学习形式偏好等。

（2）过往培训经历：该单位在×××（单位）委托的培训项目、学员参加过的培训项目（学习内容、授课教师、满意度等）。

（3）同类项目参考：×× 公司 ×× 层级 ×× 人员 ×× 培养项目，就类似主题，举办了 ×× 培训班，培训效果 ××。

2. 需求探寻

战略发展需求（挑战）。

业务发展需求（挑战）。

能力模型需求。

岗位任职资格需求（挑战）。

3. 需求总结

基于 ×× 的总体要求，×× 公司拟开展《×× 项目》，旨在贯彻 ××，落实 ××，夯实 ××，营造 ××，打造 ××，推进 ××，开展 ××，促进 ××，加强 ××，提升 ××。

（二）培训目标

本次项目以“××”为核心，以“××”为抓手，务求达成以下目标：

（1）学员层面……

（2）团队层面……

（3）组织层面……

（三）设计思路

为深化学习效果，根据学习金字塔原理，本次项目深度分析 ×× 人群的能力模型课程体系，精准匹配课程，并根据主题设计丰富的教学活动，让学员在互动式体验中提升认知，加强知识、经验的内化。

（四）设计难点

介绍培训方案设计的难点和风险点，例如：

（1）要求新：主办方设计部分课程，新师资、新课程、老学员，此部分的项目效果把控难度大。

（2）人员杂：参训人员涵盖了 ×× 岗位 ×× 层级，专业程度和能力水平参差不齐，导致培训需求差异较大。

（3）时间紧：非计划内培训项目，培训需求提出时间与正式办班时间间隔短，预留调研时间不充分。

（4）人数多：项目参训人数超出培训最佳效果班级人数的要求。

（五）应对措施

介绍针对项目方案设计难点和风险点已采取了哪些措施，哪些课程实施时应注意哪些问题等。例如：

（1）要求新：项目评估要将不定项影响因素参考在内，同时，如果是多期项目，则可在前一期的基础上进行调整优化。

（2）人员杂：在课程设置上，重点参考通用能力要求，选择通用型课程。

（3）时间紧：适当借助外部资源，如协调主办方或授课讲师实施调研。

（4）人数多：建议主办方分班实施培训项目。

（六）实施建议

1. 人员保障

例如：成立项目团队，抽调有丰富经验的人员负责组织实施。

2. 机制保障

例如：采取定期沟通汇报机制，确保沟通顺畅，问题得到及时解决。

3. 班级管理

例如：项目管理建议设置班委，建议采用指纹记录考勤或签到记录考勤等。

4. 教学设施

例如：是否需要使用网络机房进行线上课程学习，是否需要移动评估、在线考试等。

5. 后勤服务

例如：是否需要西餐，是否需要考虑清真的学员等。

6. 宣传工作

例如：是否需要制作班级宣传的周报、月报、论文集等。

（七）评估建议

说明是否具备一、二级评估条件，以及是否应纳入公司培训考核指标统计。从学员人数、××（单位）设计课程所占比例、新师资比例等因素说明。

（八）成果产出

1. 主办单位

描述通过本培训项目，对于主办单位将产生哪些成果。例如解决工作难题的方案建议、学员能力提升将带来的好处等。

2.××（承办单位名称）

描述通过本培训项目，对于××（承办单位名称）将产出哪些成果。例如新课程、新师资、新项目经验、案例、故事集等。

3. 受训学员

描述通过本培训项目，对于受训学员将产出哪些成果。例如掌握新知识、新技能、带回问题解决方案等。

三、课程师资

（一）课程设置

课程设置见表6-8。主选课××学时，××天。备选课××学时，××天。

表6-8　课程设置

模块名称	课程名称	学时	培训方法	拟请师资	课程来源
模块名称（××天）	课程名称	4	培训方法名称	姓名（单位部门及职务）/备选师资姓名（单位部门及职务）	承办方推荐
	课程名称	8	培训方法名称	姓名（单位部门及职务）/备选师资姓名（单位部门及职务）	主办方指定
	课程名称（备选）	4	培训方法名称	姓名（单位部门及职务）/备选师资姓名（单位部门及职务）	承办方推荐
	课程名称（备选）	8	培训方法名称	姓名（单位部门及职务）/备选师资姓名（单位部门及职务）	主办方指定

（二）课程大纲

×××××

学时：×学时（×天）。

课程目标：×××。

课程内容：×××。

（三）师资简介（可选项）

姓名：×××

简介：（含师资所在单位、职务，专长领域、主讲课程和研究、教学及培训主要业绩等）。

附件：

（1）培训需求调研问卷（可选项）。

（2）培训需求分析报告（可选项）。

（3）培训历史（可选项）。

（4）参考书目（可选项）。

三、应用案例

案例：变压器检修技能培训项目策划书编制

为进一步提升变电检修人员技能和综合素质，某省级电网公司决定针对变电设备检修工（变压器）中级工开展变压器检修技能培训。完成前期培训需求调研后，公司培训中心组织了包含项目负责人、培训专家、技术专家等的培训项目策划小组，编制培训项目策划书，见表6-9。

表6-9　变压器检修技能培训项目策划书

培训项目名称：变压器检修技能培训　　编制人：××　　编制时间：××年××月

1. 培训目的：变电检修人员变压器检修专业技能和综合素质
2. 培训对象及规模：变电设备检修工（变压器）中级工，30人/每期（共3期）
3. 培训时间：2022年9月1日-9月3日
4. 课程设置：

培训课程	课时	授课师资			课程考核方式
		姓名	工作单位	职称/职业资格	
变压器本体气体继电器整体更换	4	×××	×××	高级技师	实操考核

续表

变压器高压侧套管接头发热处理	4	×××	×××	高级技师	实操考核
变压器有载分接开关吊芯检查	4	×××	×××	高级技师	实操考核
变压器呼吸器硅胶更换	4	×××	×××	高级技师	实操考核

5. 培训场地设施设备安排
（1）实训场地：公司技能培训中心。
（2）实训设备设施：×××。
6. 培训形式：现场培训
7. 费用预算：另详见经费预算表
8. 培训评估类别和实施者：培训师组织一级评估和二级评估
9. 项目负责人及联系方式：×××，×××××××××××××

备　注	培训结束后，学员需撰写培训小结及建议
专业部门意见	年　　月　日

第二节　精品实施：培训项目管理

一、学习目标

1. 知识目标

（1）能够正确阐述培训实施各阶段工作的内容。

（2）能够掌握柯氏四级评估模型，明确不同培训效果评估方法的优势、不足。

（3）能够明确培训资料归档内容。

2. 技能目标

（1）能够在培训实施前，做好相应准备工作。

（2）能够合理选择评估模型和方法，开展培训效果评估工作。

（3）能够在培训结束后，做好结算和资料归档工作。

二、学习内容

（一）培训项目实施与管理

培训项目实施是培训的具体执行环节，是培训项目成功与否、培训目标是否得以实现的关键。本节主要内容包括培训前期准备、培训中期管理、培训后期考核三个部分。通过本节的学习，将明确标准化培训项目实施与管理流程，保障培训项目顺利交付，提升培训项目质量。

1. 培训前期准备

（1）培训前期准备概述。培训前期准备主要准备工作有：时间地点协调、师资确认、课件确认、培训通知、设施设备检查调试、所需表单及资料准备等。具体准备工作参考表6-10。

表6-10　培训前准备工作

序号	确认项目	确认时间	序号	确认项目	确认时间
1	确定培训时间	培训前2周	5	发布培训通知	培训前1周
2	明确培训师资	培训前10天	6	准备培训物料	培训前2天
3	确认培训课件	培训前1周	7	布置培训场地	培训前1天
4	明确培训地点	培训前1周	8	检查设施设备	培训前1天

（2）确定培训时间。在进行培训项目策划时有明确培训时间、地点等，确定具体培训时间可优先考虑培训项目策划时间，同时要关注当下的实际情况。若当下生产或培训条件有变动，不能按计划开展培训，应及时调整，协调安排培训时间，以确保培训顺利进行。

培训时间应包括以下两个方面：

培训具体日期：如20×××年×月×日或20××年×月×日-×日。

培训具体时间安排：如培训课程开始时间、休息时间、结束时间等。一般培训课程开始时间会定在日常工作的开始时间，如上午9点；结束时间由课程时长而定，标准课时一般为半天3小时，一天6小时，包括课间休息。

（3）明确培训师资及课件。

1）培训师两大来源。电力企业培训师主要有内部培训师和外部培训师两大来源。这两种来源各有利弊，需要依据培训需求和企业实际情况来选择合适的培训师。内部培训师和外部培训对比见表6-11。

表6-11　内部培训师和外部培训师对比

培训师来源	选择要求	优势	劣势
内部培训师	·对培训感兴趣； ·具有积极的工作心态； ·具备扎实的专业知识； ·具备丰富的实践经验； ·善于人际交往	·成本较低； ·与培训对象之间相互了解，能够保证在培训过程中顺畅交流； ·对组织各方面都比较熟悉，培训更具有针对性，有利于提高培训效果	·内部选择范围窄，很难开发出高质量的培训师队伍； ·看待问题受环境限制，不易上升到新的高度； ·很难树立威望，有可能影响培训对象的积极性
外部培训师	·具备丰富的实践经验； ·在相关授课领域有一定的专项研究； ·具备独立课程开发的能力； ·具备较强的授课能力； ·授课效果反馈优秀	·可带来许多全新的理念； ·对培训对象具有较强的吸引力； ·容易营造培训氛围，从而提升培训效果； ·选择范围广，可获得高质量的培训师资源	·培训成本较高； ·对组织和培训对象工作内容不了解，可能会缺乏针对性，影响培训效果； ·可能由于缺乏实际工作经验，导致培训不能达到预期效果

2）培训师选择标准。

a. 培训师任职资格选择标准。依据《国家电网公司培训质量管理办法》，培训师资由主办部门和培训机构根据培训课程目标共同选聘，内部师资能够满足培训需要的，不得聘请外部师资。内部管理、技术类培训师应理论扎实、具有3年以上专业工作经历或中级及以上专业技术资格；内部技能类培训师应技艺精湛、具有3年以上实操经验或技师及以上技能等级。外部培训师应专业突出、行业认可，并具有或相当于副高级及以上专业技术资格。

b.培训师专业能力选择标准。培训师是对培训对象进行实际授课的主体，培训师的知识丰富程度、语言表达方式、授课形式等均会对培训效果产生重要的影响，因此需要明确选择培训师的标准，使培训课程价值最大化。培训师专业能力选择标准见表 6-12。

表 6-12 培训师专业能力选择标准

选择标准	具体内容
丰富的实践经验	培训师具备足够的实践经验，全方位融合理论知识与管理实践，能够真正帮助解决实际问题
独立课程开发的能力	培训师须具备独立的课程开发能力，能够根据培训实际需求，开发并完善培训课程，使所传授的知识和技能保持实用性和先进性
相关领域的持续研究	培训师须持续关注相关领域的最新发展状况，并不断学习和研究，确保所传授的知识符合知识的发展和培训对象的需求
授课效果好	培训师须深刻理解成人的学习过程，灵活运用多种培训方式，善于把握和控制课堂氛围，使培训效果最佳化
较强的授课能力	培训师须具有优秀的表达能力、演绎能力、良好的问题解答能力及辅导能力，以最大限度的吸引学员的注意力
良好的客户反馈	对接受过该培训师的培训班级进行实际调查，了解其所授课的实用性，授课风格、培训效果等，只有得到客户认可的培训师才可进入候选名单

3）培训师授课课件确认。与培训师确认培训时长、课程大纲、课件 PPT 等内容，以备后续根据课件内容需要准备合适的场地、物资等。如发现课件不符合培训需求或需要优化调整的地方，应与培训师做沟通协调，以确保培训效果达到预期。

（4）明确培训地点。依据培训场地选择标准，与培训室、实训室等管理人员沟通协调，落实培训地点。培训场地选择参考标准见表 6-13。

表 6-13　　培训场地选择参考标准

环境光线合适，既不过暗，也不过亮	环境空气较新鲜
环境温度可调节	培训场地通风较好
场地租赁费用符合培训预算	设备齐全，经调试未发现故障，音响、投影效果较好
桌椅数量足够，使用舒服，且质量较好	培训场地结构和空间符合培训要求
到达场地的交通较方便	环境噪声较小或可以控制
培训场地装饰淡雅、明亮	培训场地建筑质量不会出现意外事故

（5）发布培训通知。初拟培训的时间、地点、方式、内容、师资等信息，发给相关负责人审核，确认所有的信息后，拟定培训通知。注意培训通知的文号、字体、格式，发送后需登记备案。

（6）准备培训物料。培训开班资料准备，包括培训教学设备和学习物资、培训指南、学员手册、学员培训签到表、训练材料、评价表、测试题等。培训物品准备清单见表 6-14。

表 6-14　　培训物品准备清单

序号	物品名称	数量	备注	物品准备人	
				培训师	培训组织者
1	笔记本电脑				
2	大白板				
3	投影仪				
4	幕布				
5	麦克风				
6	音响				
7	电源用接线板				

续表

序号	物品名称	数量	备注	物品准备人	
				培训师	培训组织者
8	电池（7号电池、5号电池、干电池）				
9	大白纸				
10	A4纸				
11	白板笔				
12	签到笔				
13	桌牌				
14	照相机				
15	摄像机				
16	摄像机支架				
17	激光笔				
18	U盘				
19	培训指南				
20	签到表				
21	讲师课件				
22	学员讲义				
23	培训评估表				
24	海报、易拉宝				
25	奖品、纪念品、学员资料袋				
26	培训用音乐				

培训指南模版见表6-15。

表 6-15　　培训指南模板

××× 培训班培训指南
一、培训安排（课程日期、时间、课程名称、授课讲师） 二、师资简介 三、生活指南 四、管理细则 五、安全提示（可选项）

（7）布置培训场地。企业培训师需要亲自组织培训场地布置工作，或提出培训场所布置要求，由培训管理人员布置培训场地。培训场地布置主要包括讲师讲台、学员桌型、室内张贴及宣传（海报、易拉宝、条幅、引导布）等方面。

培训场地的布置方式有鱼骨形、U 形、大型圆桌形等多种，见表 6-16。具体采用哪种布置方式，要根据培训方案的需要，还要兼顾培训场地的硬件条件。

表 6-16　　培训场地布置方式

类型	样式	说明
鱼骨形	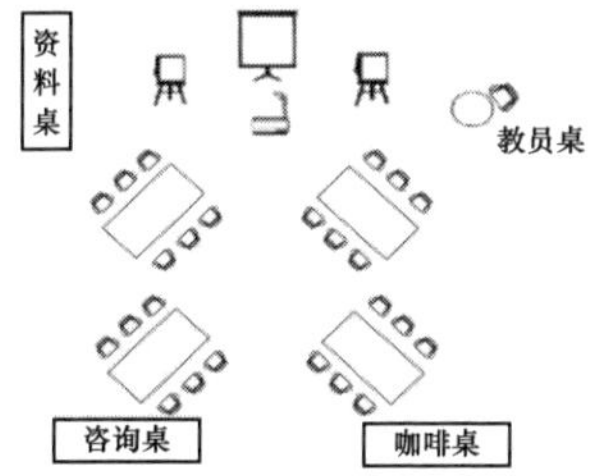 资料桌 教员桌 咨询桌 咖啡桌	适合于有较多小组研讨、小组内及小组间有充分走动与交流的培训项目，是当下广受欢迎的培训场所布置方式
会议型	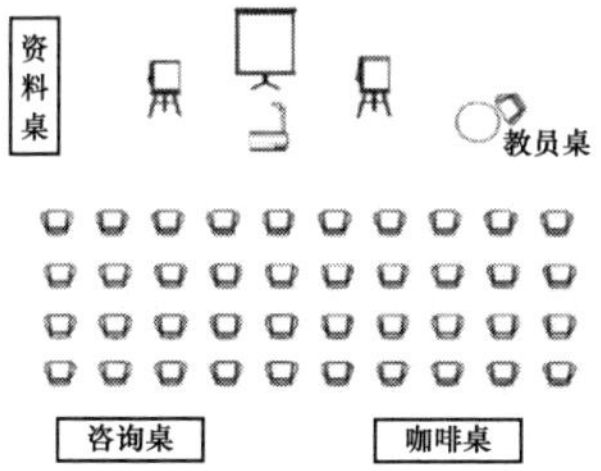 资料桌 教员桌 咨询桌 咖啡桌	适合 40 ~ 200 人的大型会议。这种布置不利于学员与培训师之间的沟通，如果学员数量较多，也不便于学员走动，培训师很难与学员互动，尤其是后排学员
双通道形	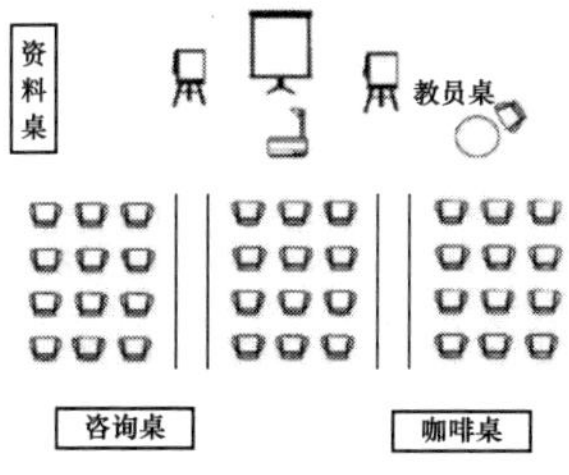 资料桌 教员桌 咨询桌 咖啡桌	优点：有助于学员将注意力集中到培训师身上，适合不需要太多互动的课堂教学； 不足：受场地、桌形和学员座位的限制，不容易活跃现场气氛，学员随时间的推移容易分散注意力

续表

类型	样式	说明
圆桌小组形	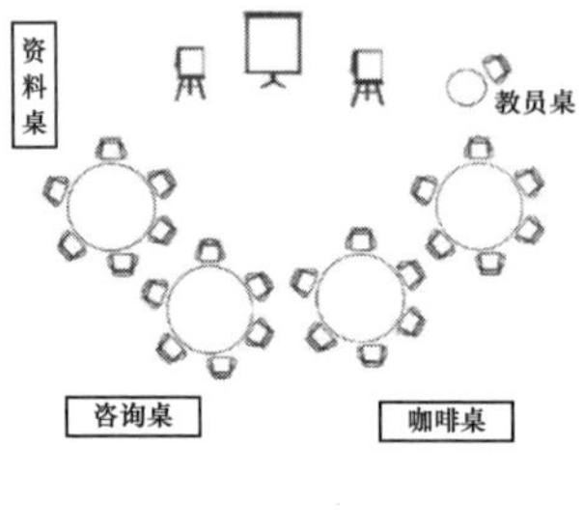 资料桌 教员桌 咨询桌 咖啡桌	适合于有小组研讨的、培训师与学员互动多的工作坊或团队型培训项目。 优点：有利于培训师激发学员参与讨论，方便培训师在场地走动与学员形成互动，还能设计多种不同的团队建设游戏，而且不会有学员背对培训师而坐（学员可以调整椅子方向）的情况； 不足：对场地空间要求大，适合于小型培训班
U 形	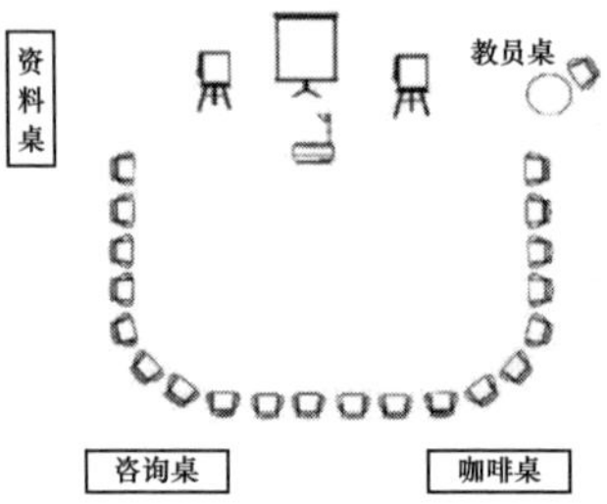 资料桌 教员桌 咨询桌 咖啡桌	优点：适合学员互动和参与活动，培训师能站在 U 形内部从而解决教室后排学员听不清楚的问题，培训师也容易和学员形成良好的互动以提升培训体验； 不足：对场地面积要求高，适合小型培训项目。高管面对面、领导座谈等项目适合采用这种形式。如果小组有研讨成果要总结，需要为每组配置立式白板
大型圆桌形	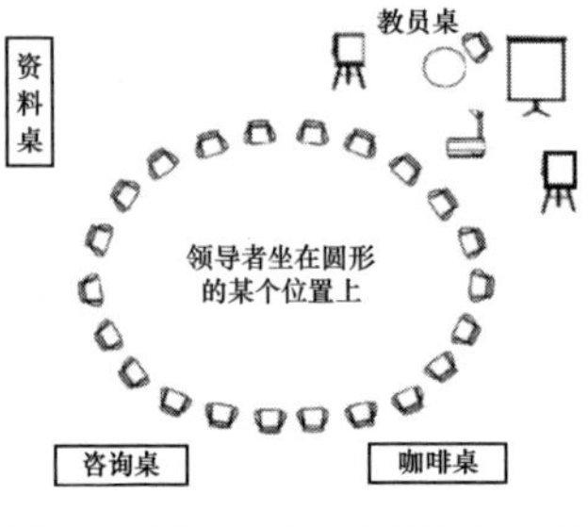 资料桌 教员桌 领导者坐在圆形的某个位置上 咨询桌 咖啡桌	适合户外体验培训及引导工作坊等项目。 优点：培训师与学员之间能产生更多的互动，有助于鼓励学员分享，增加培训体验； 不足：比较考验培训师的控场技巧和学员互动技巧

（8）检查设施设备。对培训所需投影仪、音响、话筒、耳麦、激光笔、白板、白板笔、桌椅、白板擦、电源、照明、空调、周边安静情况等进行确认与试用，对于无法正常使用的设备，要及时请维修人员进行修理或借用。

2. 培训中期管理

（1）培训中期管理概述。培训中期管理是班主任协助培训师做好培训现场控制，引导培训工作有序开展的重要措施。培训中期管理主要包括培训班开班和培训过程管理两大环节。

（2）培训班开班。

1）培训现场检查。在开课前，班主任应提前到达培训现场对培训现场的布置情况、培训设备调试情况、培训现场物资情况进行检查，如发现问题应及时反馈项目负责人进行处理，确保培训能够按时、有序地开展。

2）培训签到管理。为保证培训学员按时参加培训，班主任应提前准备好签到表，设立专项签到席，并提前群内告知学员培训相关要求，并按照要求提前10min 到教室完成签到。

3）发放培训资料。在培训实施的过程中所需要的部分授课资料，如培训讲义、案例分析等资料均需要在开课前摆放在学员的位置上。

4）组织开班。班主任组织开班，简要介绍本次培训班情况，进行纪律宣贯，实施开班引导。每门课程开始前，介绍课程和授课培训师基本情况。

（3）培训班过程管理。

1）培训班管理机制。培训班实施中期可通过五大管理机制——自主管理机制、透明机制、评价机制、荣誉机制、分享机制，充分调动学员学习的积极性，有效确保培训质量，使培训价值最大化。五大管理机制见图 6-3。

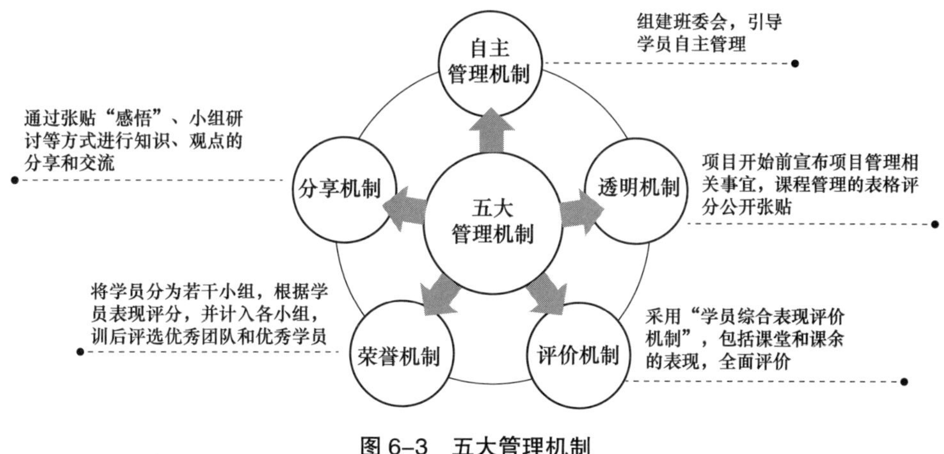

图 6–3　五大管理机制

2）培训秩序管理。项目负责人跟踪管理，与班主任共同做好培训组织与学员管理工作。

参训学员是培训实施的对象，只有参训学员按时参加，积极参与培训工作，才能有效达成培训目标，因此，项目组应做好参训学员的管理工作，如学员的出勤管理、学员的积极性管理、培训现场环境氛围、学员的课堂纪律、学员培训期间的安全管理。《培训学员听课记录表》（见附录 3）供记录使用。

班主任严格执行学员考勤、请销假、培训纪律、考试考核等管理制度，加强学员管理，形成《签到表》《培训班学员考勤表》（见附录 4）等过程性记录文件。

参培期间学员请假流程：学员报项目负责人口头申请，同意后填写请假单，向所在单位人力资源部提出书面申请，审批通过后提交书面请假单至班主任，不得口头或委托他人请假。

3. 培训后期考核

为加强班级学习管理，全面、准确地反映学员培训期间的学习表现，通过结业闭卷考试、实践考核等考核方式全面评价学员，创造比学赶超的学习氛围，让学员实现竞争竞优。如培训结束后采用闭卷笔试方式进行理论考试，出勤情况、课堂纪律、课题研究成果等均纳入考核成绩。

（二）培训效果评估

1. 培训效果评估概述

（1）培训效果评估的概念。培训效果评估是运用科学的理论、方法和程序，对培训效果进行评价、衡量的过程。培训效果评估便于培训效果的持续改进，是培训工作的重要组成部分。

（2）培训效果评估目的。培训效果评估有两个目的。第一，评价已经实施的培训是否达到当初的目标，实现培训价值；第二，发现培训执行过程中的问题，在以后的培训操作过程中进行改善。

2. 培训效果评估模型

（1）柯氏四级评估模型。根据柯克帕特里克模型，可将培训效果评估划分为四个级别，分别为反应评估、学习评估、行为评估和效果评估。这四级之间不是一种并列关系，而是层层递进的关系。评估结果作为项目验收的主要依据，并用于改进后续培训组织，持续提升培训质量。就培训评估模型而言，目前应用最广泛的是柯氏四级评估模型，如图 6-4 所示。

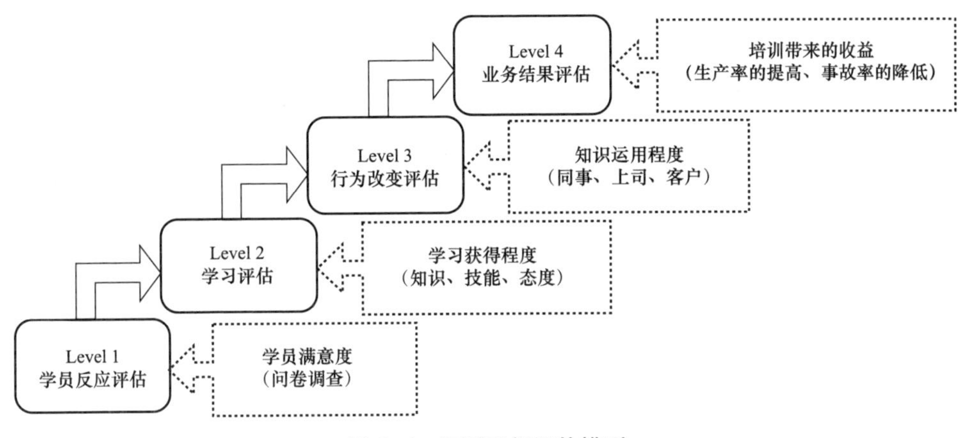

图 6-4 柯氏四级评估模型

1）反应评估（一级评估）。反应评估层面主要解决的问题是了解学员对培训计划有何反应，培训相关满意度等内容，项目组应在培训介绍后当天进行反应评估的测评工作。反应评估的具体内容见表 6-17。

表 6-17 反应层面评估

评估内容	实施方法	优势	劣势	改进策略
主要是评估学员对培训安排的总体印象和满意度，是对培训内容、师资、教学方法、任务安排、运营管理等的评估	问卷调查法；小组座谈法。常运用四分法（极好、好、一般、差）、五分法（极好、很好、好、一般、差）进行评估	容易开展，是最基本、最普遍的评估方式	会出现以偏概全，主观性强，不够理智的现象	强调评价的意义，要求全员配合；将课程评价和培训师评价区分开；结合使用问卷、座谈、面谈等方式；学员自我评估

2）学习评估（二级评估）。学习层面评估主要解决的是掌握参训学员在哪些知识、技能和态度上发生了转变，以及转变的程度如何。项目组可在培训过程中或结束后进行这一评估工作。学习评估的具体内容见表 6-18。

表 6-18　学习层面评估

评估内容	实施方法	优势	劣势	改进策略
评估学员掌握了多少知识和技能	在反应层面的基础上，要求运用所学的知识解答试题；进行现场技能操作或示范；对专业性岗位课程，要求学员提出改善方案并执行	能让学员感受到压力，使他们更认真地学习；也能让培训师感受到压力，使他们更负责、更精心地准备培训课程及辅导	压力大，可能使报名不太踊跃	针对不同的培训课程采用不同的评估方法

3）行为评估（三级评估）。行为评估层面要解决的问题是了解学员是否将所学的内容应用到实际工作中。参训学员的直接管理人员可在培训结束三个月或半年进行这一评估工作。行为层面评估的具体内容见表 6-19。

表 6-19　行为层面评估

评估内容	实施方法	优势	劣势	改进策略
主要评估学员在培训结束后的跟进过程，以及在工作行为和技能表现方面的变化	观察和绩效记录；由上级、同事、下属、客户进行评估；学员自我评估；绩效考核。这些评估需要借助评估表	可直接反应培训的效果；培训师可获得学员的支持；培训安排可获得学员认可	比较耗费时间和精力，问卷比较难设计；需要占用相关人员较多的时间，并且不容易得到学员的配合；学员的行为易受其他因素的影响	选择适合进行行为评估的课程；选择合适的评估时间；充分利用专业培训师和外部公司的力量

4）结果评估（四级评估）。结果评估层面要解决的问题是在学员培训结束后，将所学到的知识与技能应用在实际工作后所产生的影响进行评估。项目组可在培训结束半年或一年后对学员及单位绩效进行评估。结果层面评估的具体内容见表 6-20。

结果层评估是较为有效的证明培训效果、培训价值的评估，然而，不是所有的课程都适合开展结果层评估，培训效果评估工作本身也是一项资源投入，需要时间和费用，需要选择合适的培训效果评估层次。培训效果评估层次选择见表 6-21。

表 6-20　　　　　　　　　　结果层面评估

评估内容	实施方法	优势	劣势	改进策略
上述三级变化对企业发展带来的可见的、积极的作用；培训是否对企业的经营成果产生了直接的影响	通过企业制定的指标来评价，如事故率、线损降低率、客户投诉率、士气	详细的、令人信服的调查数据，能够消除领导对培训的疑虑，将加大对培训力度的支持	需要时间，在短期内很难得出结果；简单的对比数字意义不大	必须取得领导支持，拿到培训前相关的数据，分辨哪些结果与评估的课程有关联，并分析在多大程度上有关联

表 6-21　　　　　　　　　培训效果评估层次选择

项目	反应层	学习层	行为层	结果层
对培训师的满意程度	√			
对培训课程的满意程度	√			
对知识、技能类培训内容的掌握程度		√		
对知识、技能类培训内容的应用程度			√	√
员工参训后行为是否有改善			√	
培训课程与绩效结果高度关联，且容易获得绩效结果数据				√

（2）CIPP 培训评估模型。CIPP 培训评估模型可称为“背景—输入—过程—成果”评估模型，该模型完善了柯氏四级评估模型，其中最关键的是将评估活动切入到了某个培训过程的核心环节——执行培训环节。

CIPP 培训评估模型是将培训项目本身作为一个对象进行分析，它强调了评价在各个阶段的应用，目的是及时发现并解决问题。该模型具体内容见表 6-22。

表 6-22 CIPP 培训评估模型

阶段评估	阶段评估说明
背景评估	该阶段培训评估的主要任务是确定培训需求和培训目标。具体包括了解相关背景、分析培训需求和制订培训目标
输入评估	该阶段评估主要任务是评估培训资源和培训项目。具体包括收集培训资源信息，评估培训资源、培训项目规划是否有效地利用了资源，能否达到预期目标，是否需要外部资源帮助
过程评估	该阶段主要是通过评估，为实施项目的人员提供反馈信息，使他们能够在后续的培训过程中进行改善
成果评估	该阶段评估主要是对培训是否达到预期目标进行评估。具体包括学员的满意度，知识和技能的增加，行为的改善和组织绩效的提高

CIPP 评估模型具有全程性、过程性以及反馈性三大显著特点，如图 6-5 所示。

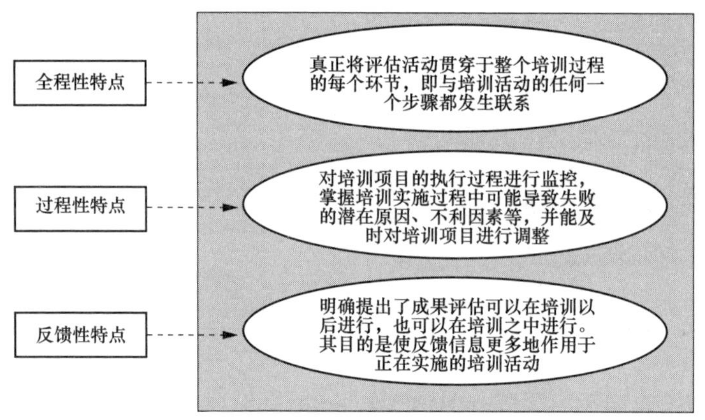

图 6-5 CIPP 评估模型三大特点

（3）考夫曼五层次评估模型。考夫曼五层次评估模型，是考夫曼（C·Kaufman）扩展了柯克帕特里克的四层次模型。考夫曼认为培训能否获得成功关键取决于培训前的各种资源的获取程度，因而，考夫曼在模型中加上了对资源获得可能性的评估，并将其放在模型的第一个层次上。

并且，组织环境与培训效果相互作用、相互影响，培训所产生的效果不仅仅对本组织有益，同样它也会反作用于组织所处的环境，环境的变化也可能给组织带来效益，因而考夫曼在模型中加上了第五层次的评价，即评价客户和社会的反应。考夫曼五层次评估模型见表 6-23。

表 6-23　　考夫曼五层次评估模型

评估层次		评估内容
1	可能性和反应评估	可能性因素说明的是针对确保培训成果所必须的各种资源的有效性、可用性、质量等问题
		反应因素旨在说明方法、手段和程序的接受情况和效用情况
2	掌握评估	用来评估学员的掌握能力情况
3	应用评估	评估学员在接受培训项目之后，其在工作中知识、技能的应用情况
4	企业效益评估	评估培训项目对企业的贡献和报偿情况
5	社会效益产出	评估社会和客户的反应，以及利润、报偿情况

3. 培训效果评估方法

（1）问卷调查法。问卷调查法是比较常用的培训评估方法，是指培训组织者借助预先设计好的调查问卷，在培训结束时向培训主体或受训学员了解培训效果的一种方法。

1）设计调查问卷的原则。一份完整的调查问卷包括问卷名称、填写说明、致谢等内容。为方便被调查对象回答问题和整理分析调查问卷资料，设计问卷问题时，应遵循以下三项原则：

区分问题类型：将问题分门别类，把相同性质或类别的问题放在一起，做到划分明确、突出重点。

符合逻辑顺序：问题排列符合调查对象的阅读习惯，先易后难、先简后繁，分封闭式和开放式。

用词通俗易懂：符合调查对象的理解能力和认知能力。

2）优秀问卷需符合的五项要求。与培训目标紧密相连；与参训人员的培训内容有关；包含培训的主要因素和主要环节，如培训讲师、训练任务安排等；评价结果较易量化；能鼓励参训人员真实反映结果。

3）开放式和封闭式调查问卷。按照不同的划分标准，可设计出不同类别的调查问卷。其中开放式和封闭式调查问卷是根据问题的表达方式进行划分的。

开放式调查问卷：开放式调查问卷设计的特点是不对调查问题的答案进行限制，由被调查者根据自己的理解和感受予以回答。其不足之处在于，如果不对问题的解答进行一定的限制，那么填写的内容并不一定是调查问卷设计人员所需要的信息。

封闭式调查问卷：封闭式调查问卷将备选答案以选项的形式列出，由被调查者从中选择自己认为是正确答案的调查问卷形式。它的不足之处在于有限的选项可能难以完全体现被调查者的真实想法。因此，设计封闭式调查问卷，应确保答案的全面性。

在设计调查问卷后，应在实施调查前进行多次的模拟调查，检验调查问卷的科学性和完善性，在对调查问卷进行反复地修改与完善后，方可正式实施问卷调查。

（2）测验法。

1）笔试测验法。笔试测验法是对参训学员的知识掌握状况（如企业规章制度、产品知识、行业知识、专业知识等）进行评估的一种方法。项目组在组卷的时候可以结合本次培训内容来进行专项设计。

2）操作测验法。操作测验法是对参训学员所掌握的技能与技术的熟练程度进行评估的一种方法，一般应用于整个培训过程，通过对参训学员实际操作过程中的现场测验来评估培训效果。此方法通常适用于学员在岗培训，旨在考察学员是否掌握了实际工作中所需要的操作技能和技术。

此方法的关键在于学员在操作测验中要完成的动作进行事先规定，包括动作标准，时间间隔及相关要求等。

参训学员在接受培训前应进行一次操作性测验并做好检测记录，同时还应预先设定好学员在操作测验中应达到的标准。接受培训后，学员须再次进行操作性测验，如果达到预先设定的操作标准，即可视为该培训具有一定的效果。

（3）关键人物评价法。关键人物评价法是指由参训学员在工作上接触较为密切的人做出对培训的评价，这里所说的关键人物可以是他的上级、同事，也可以是他的下级或者客户，其对参训学员比较了解，可提供参训学员在培训与开发前后的变化信息。

常见的关键人物评价法包括同级评价方法、上级评价法以及“360度”评价法。同级评价法作为关键人物评价法中最常用的一种方法，同其他培训效果评估方法一样，也存在缺陷，尽管同级间相互很了解，但由于存在竞争，有时会导致培训结果失真。而让上级来评估效果同样也避免不了局限性，因为有的上级不太了解情况，或者会主观臆断。因此，运用“360度”评价法（即上级、下级、客户、同事甚至培训组织者等从不同角度来评估参训学员的变化的方法）正在被越来越多地使用。此方法对了解参训学员的工作态度或培训后行为的改变比较有效。

（4）观察法。观察法是指评估人员在培训过程中和培训结束后，观察学员在培训过程中的反应情况，以及在培训结束后其在工作岗位上的表现情况。利用观察记录将相关信息记录到培训观察表中，通过比较学员在培训前后的工作业绩，从而评估培训效果。

运用观察法对培训进行评估时，关键在于对观察的所有内容进行完整、准确的记录。在进行观察记录时，应注意以下四方面的内容：

情境：是指参训学员的行为处于怎样的情境。是在培训之前还是在培训之后；是在工作之后还是工作之余。

人物：是指参训学员所接触的各类人员的身份、职位，以及被观察对象与各类人员之间的相互关系。

行为：是指参训学员的各种行为活动，如语言、表情、姿势、动作等，以及该行为的致因、目的、趋向等。

频率：是指参训学员的各种行为活动发生的次数，重复出现的时间及频率、行为延续时间等。

观察法可以直接观察到现象或行为的发生，有助于观察人员把握全局，得到参训学员不愿或不便作答的信息。如果参训学员并不知道自己正在被观察，其行为也更为客观、真实，增强了培训评估的有效性。

（5）培训效果评估方法对比。不同培训效果评估方法的优势、不足及注意事项见表6-24。

表 6-24 培训效果评估方法对比

培训效果评估方法	优势	不足	注意事项
问卷调查法	1）便于全面评估问题； 2）能够给予填写人足够的时间表达自己对整体培训的意见和建议	如果设计不当或使用时机不合适，容易流于形式	1）问卷设计时要注意必须符合培训的目的； 2）设计的问卷要充分考虑到各种不同的反应； 3）采用定性描述与等级打分制相结合的方法设计； 4）时间控制有度，填写调查问卷的时间应控制在15min以内； 5）鼓励参训人员真实填写； 6）应该在培训结束后立即进行
测验法	可以直接测验参训学员对培训内容的掌握程度	1）有可能使部分参训学员情绪紧张，不利于正常水平的发挥； 2）测验的成功并不一定意味着在实践工作中的成功	1）应针对培训内容与参训学员的特点设计相应的测试内容； 2）可以考虑将笔试和实际操作等方式一起使用； 3）最好在培训结束后立即进行
关键人物评价法	有助于全面评估参训人员的工作表现	1）周期长，成本高； 2）涉及多个部门； 3）如果没有严格的制度保障和客观、公正的评估标准，很容易流于形式； 4）数据的收集真实、全面性有待确认； 5）经营的改善取决于多种因素，有时难以判断是因为某类培训直接造成某种效果的产生	通常由上级、下级、客户、同事甚至培训组织者等共同参与进行评估
观察法	直观，便于操作	只能提供被观察者表象，不能揭示深层次原因，主观臆断性强	最好与其他的评估工具配合使用

4. 撰写培训效果评估报告

（1）培训效果评估报告的撰写内容。培训效果评估报告的撰写内容包括前言、实施过程、评估结果、附录等。具体说明见表 6-25。

表 6-25　　培训效果评估报告的撰写内容

内容	具体说明
前言	1）对培训效果的评估要点进行简要概述； 2）语言要求简明扼要
实施过程	1）说明评估实施背景，以及培训项目的情况（培训时间、地点、人数及课程等内容）； 2）明确评估目的和评估性质； 3）说明以前是否有过与此评估项目类似的评估，并进行对比
评估结果	1）阐明培训评估的结果，包括培训课程评估结果、培训师评估结果及培训组织者的评估结果； 2）尽量用图表对评估结果进行解释说明； 3）根据评估结论，提供可以改进和参考的建议或意见
附录	主要包括收集和分析资料用的图表、调查问卷及部分原始资料等

（2）撰写培训效果评估报告的注意事项。在撰写培训评估报告时应注意以下五点要求：

1）数据信息的来源：应注意选择调查对象，看是否其具有代表性，保证其能代表整个受训群体的意见，避免做出不充分的归纳。

2）整体效果：评估人员须对培训项目的整体效果进行描述，避免以偏概全。

3）实事求是：撰写评估报告时要做到实事求是，切忌过分美化评估结果，真正做到通过评估来证明培训价值。

4）参训学员的积极性：评估人员要用适当的方式描述在培训过程中出现的消极方面，避免打击相关培训学员的积极性。

5）实施监控：当项目评估超过一年以上时间时，评估人员需要撰写中期评估报告，方便公司相关领导了解评估的进展情况。

（三）培训结算与资料归档

1. 培训结算

培训机构凭审核通过的《培训班费用决算表》，提交公司人力资源部进行费用核实审批，后由公司财务部门拨付项目费用。

注意事项：一是严控培训费用标准、支出范围，据实结算，严禁超范围、超标准、超预算及违规列支培训费用；二是提交项目费用结算的材料应合规、真实、完整。票据应符合公司财务管理规定和项目真实开发情况；三是注意提交结算材料的时间节点，符合合同约定和公司要求。

2. 培训资料归档

项目结算后，培训机构根据项目开展情况，建立培训项目的档案和记录。

培训机构应定期搜集、整理、统计和归档相关培训资料，做好对档案的定期检查和保密工作。培训机构应在项目内部开展项目回顾总结和反思检讨，提出改善建议和措施，以便未来进行精益改善。

注意事项：一是纸质文档、电子文档、影像资料的归档按照相关的资料归档要求进行归档；二是各个阶段涉及到各部门签字和领导签字的扫描件要注意保存好，防止丢失。

（1）培训档案类别。培训档案包括培训经费预算表、预算签报、项目策划及实施方案、培训通知、学员登记表、学员考勤表、讲师手册、学员手册、费用签收表、调查问卷、培训评估报告、培训现场照片及报道、满意度调查表、师资评价表、学员成绩单、培训总结、培训经费结算表、培训合同（协议）等资料。

（2）培训档案管理。公司人力资源部牵头组织各单位（部门），利用人力资源管理系统建立员工培训档案和培训项目档案，实现信息化管理。

员工培训档案包括员工个人信息、员工所在岗位知识和技能要求、员工的能力现状、员工培训需求、员工培训记录、培训后员工行为和绩效改变等。培训师存档内容依照培训师工作档案填写要求进行更新。

三、应用案例

案例：某电力公司四级干部培训项目实施前的准备工作

某电力公司为助推四级干部综合素质能力提升，打造一支匹配公司高质量发展的经营管理干部队伍，公司决定开展四级干部能力提升培训。培训中心接到此培训任务后，安排相关培训管理人员张工负责本次培训工作。张工根据培训目标策划了培训项目方案，经领导审核过后，正式开展培训项目实施工作。经过前期沟通协调，已确认培训时间、地点、师资等，张工目前正在做培训前的物资准备工作，其中，制订的培训指南如下：

四级干部培训班培训指南

一、培训安排

培训时间		课程名称	授课讲师
××月××日（周一）	14：00-17：00	学员报到	×××
××月××日（周二）	08：30-11：30	《中国特色社会主义进入新时代与国网人的使命担当》	×××
	14：00-14：30	参观党建实训室	×××
	14：30-17：30	素质拓展	×××
××月××日（周三）	08：30-11：30	《国网〈建设具有中国特色国际领先的能源互联网企业〉的解读与落地》	×××
	14：00-17：00	《情绪和压力管理——心理学在情绪中的应用》	×××
××月××日（周四）	08：30-11：30	《疫情影响下的宏观经济形势》	×××
	12：30-	午饭后返程	×××

续表

培训时间	课程名称	授课讲师

上课地点：×× 楼一楼第一教室
拓展时间、地点：×× 月 ×× 日下午 14：30-17：30，羽毛球馆。
备　　注：1. 上课期间，请将手机调为静音或关闭状态。
　　　　　2. 教学安排如有调整，另行通知。
教务班主任：　　　　　　　　　　教学班主任：

二、师资简介

×××，法学博士，×× 大学马克思主义学院副教授，硕士生导师，主要从事马克思主义中国化和中共党史党建的教学和研究……

×××，著名实战派管理专家、高级培训师、资深咨询顾问、北大纵横前合伙人。北京大学等多家知名大学 EMBA 客座教授……

×××，常驻上海，×× 大学特聘心理顾问，开发设计了相应的企业课程：《情绪压力管理》《沟通技巧》《受众心理学》《如何识人有术》……

×××，省委党校经济学教研部副主任，教授，经济学博士，硕士生导师，主要从事城乡发展与制度创新、《资本论》等方面的教学和研究，研究成果曾获“21 世纪世界政治经济学杰出成果奖”……

三、生活指南

1. 就餐安排

就餐方式：自助餐（凭房卡就餐）

就餐地点：餐厅二楼 ×× 厅

就餐时间：早餐　07：30-08：30

　　　　　中餐　12：00-13：00　晚餐　17：30-18：30

2. 电话服务

总服务台：×××××××××　　客房中心：×××××××××

总机外线：×××××××××

3. 其他服务

××楼（原教学楼）一楼文印室提供打印、传真、复印，电话：××××××××

4. 培训期间防疫注意事项

（1）请科学使用口罩、手套等防疫物资；

（2）下课时间不聚集；

（3）吃饭前请用消毒洗手液正确洗手；

（4）培训期间原则上进行封闭式管理，如因公事或其他特殊事务需要外出，请向会务组和教务班主任请假报备；

（5）培训期间如有学员产生发热、咳嗽等症状，应立即报备。

5. 联系人

会 务 组：　　　　　　　　　　教务班主任：

四、管理细则

为认真贯彻落实中央政治局《关于改进工作作风、密切联系群众的八项规定》和中央组织部《关于在干部教育培训中进一步加强学员管理的规定》，坚持从严治校、从严施教、从严管理，强化作风建设，确保培训质量，形成良好的校风、学风，使学员能够顺利、圆满地完成培训任务，特制订本细则。

（1）培训实行封闭式管理，培训期间一律不允许请假。因特殊原因需请假者，需由学员向所在单位及班主任讲师请假，获得批准后方可离开，期满后及时返校并销假。

（2）培训期间，必须端正学习态度，树立学员意识，严格遵守学习培训和廉洁自律的各项规定，实现从领导到学员、从工作状态到学习状态、从家庭生活到集体生活的转变，认真完成培训任务。

（3）培训期间实行上下课签到制度，学员上课需提前五分钟到教室，不迟到早退，不无故缺席。自觉遵守课堂纪律，将手机置于静音状态，不接听电话。

（4）学员应增强保密意识，严格培训资料保密管理。未经允许，不得录音、录像、不得擅自拷贝教学资料。

（5）培训期间，应积极反映教与学中存在的问题，以便及时解决并反馈给授课教师和其他学员。

（6）培训期间，应自觉遵守作息制度，用餐时注意维护餐厅的清洁卫生，文明就餐，拒绝浪费；学员上课期间不得会客，不得私自留客住宿，不得私自接受他人宴请，自觉维护公司形象。

五、安全提示

（1）培训中心处山林地带，为消防重点防火区域，请勿携带火种进入林区，不吸烟；请勿在床上吸烟，关注疏散通道和安全出口的位置。

（2）乘坐车辆时请大家上车后自觉系好安全带。

（3）校内客房依山而建，开车上下坡时请注意减速缓行；上下楼梯台阶较多，请注意脚下安全；校内散步、观景请做到“走路不看景，看景不走路”，以防摔倒；晚上进出楼宇请注意玻璃门，谨防碰撞。

（4）在入住期间请妥善保管您的物品，贵重物品及现金建议您存放在房间保险箱或交总台保管。

（5）在客房使用外网时，请注意信息安全，避免违规使用网络现象发生。

（6）校内植被较多，请谨防蚊虫、蛇、鼠、蜈蚣等侵害叮咬。如被有毒害虫叮咬受伤请及时联系总台。

（7）糖尿病、高血压、心脏病、哮喘等慢性疾病患者，请将平时服用的药物按时服用，受检日建议不要停药。

（8）请根据自身身体状况选择健身器材适当运动，不提倡过量运动，不提倡酒后运动；游泳池地面湿滑，请小心滑倒。游泳时请注意泳池深水、浅水区域位置；不会游泳请勿随意下水。

（9）校外散步请结伴而行，避免单独活动。外出办事请注意人身、财产安全，按照培训班（会议）管理要求按时回校。

（10）不得损坏校园公共设施，文明使用相关教学及运动设施。

调研问卷模板

尊敬的领导 & 学员：

为了科学地制订 ×× 项目培训方案，提高培训的针对性和实效性，特设计、发放本调查问卷，请您在百忙之中给予大力支持！

我们将对您交回的问卷严格保密，并保证问卷只作统计使用。请您根据实际情况认真填写。您提供的信息对我们的工作非常重要！

衷心感谢您的支持与配合！

问卷填写注意事项：

（1）选择题请根据自己的判断，在与自己想法最吻合的选项前的符号上打“√”；除了有特殊提示的题目外，本问卷题目均为单选题。

（2）请于 ×××× 年 ×× 月 ×× 日前完成。

一、个人基本信息

1. 您所在的单位：（　　）

2. 您所属的职务 & 人才层级：（　　）

A. 中层干部　　B. 基层干部　　C. 普通员工

D. 国网公司 / 省公司 / 市公司级专业领军人才

E. 国网公司 / 省公司 / 市公司级专家人才

F. 国网公司 / 省公司 / 市公司级专家人才后备

3. 您所属的部门：（　　）

4. 您的年龄：(　　)

A.30 岁及以下　　B.31 ～ 40 岁

C.41 ～ 50 岁　　D.51 岁及以上

5. 您的文化程度：(　　)

A. 高中或中专及以下　　B. 专科

C. 本科　　D. 硕士研究生及以上

6. 您的专业背景：(　　)

7. 您在本岗位的工作年限：(　　)

A.1 年以下　　B.1 ～ 3 年（含 1 年）

C.3 ～ 5 年（含 3 年）　　D.5 ～ 10 年（含 5 年）

E.10 年及以上

二、培训需求调查

8. 您认为工作中面临哪方面能力或知识技能的挑战？(　　)

A. 岗位应知应会知识　　B. 专业领域更新知识

C. 岗位专有技能　　D. 通用能力素质

E. 个人修养　　F. 企业文化

G. 公司战略转型思路及要求　　H. “互联网 +”知识

9. 基础素养方面，您认为自己应参加哪些课程培训（可多选）：(　　)

A. 职业形象与商务礼仪　　B. 职业化素养修炼

C. 团队合作　　D. 人际关系与影响力

E. 有效的时间管理　　F. 专业演讲与呈现技巧

G. 高效能人士的七个习惯　　H. 项目管理

I. 公文写作

10. 您期望公司在安排培训时采用的培训方法（可多选）：(　　)

A. 移动 App　　B. 网络学院

C. 由内部有经验的人员进行讲授　　D. 邀请外部讲师集中讲授

E. 专题研讨　　F. 光碟、视频等声像资料学习

G. 案例分析　　H. 室外拓展

I. 部门内部组织经验交流与分享讨论

11. 您认为 ×× 培训应该安排在哪个时间段，以便于您能够更好地平衡工作与学习：（可多选）（　　）

A. 第 1 季度　　B. 第 2 季度　　C. 第 3 季度　　D. 第 4 季度

12. 您认为培训时间安排在什么时候比较合适：（　　）

A. 工作日（周一 ～ 周五）　　B. 周末 1 天

C. 双休日 2 天　　D. 无所谓，看课程需要来定

E. 其他

13. 您认为培训时间安排多长比较合适：（　　）

A.5 天　　B.1 ～ 2 天

C.2 ～ 3 天　　D.10 天（两周）

E. 其他

14. 您认为，对于某一门课程来讲，多长的时间您比较能接受：（　　）

A.6 小时（1 天）　　B.12 小时（2 天）

C.12 小时以上　　D. 无所谓，看课程需要来定

E. 其他

15. 您乐意接受的培训频率（包括本部门内外组织的各类培训）：（　　）

A. 每周一次　　B. 一月一次

C. 一季度一次　　D. 半年一次

E. 一年一次　　F. 其他（请说明）

16. 在安排培训时，您倾向于选择哪种类型的培训师：（　　）

A. 实战派知名企业专家，有标杆企业经验

B. 学院派知名教授学者，理论功底深厚

C. 职业培训师，丰富的授课技巧和经验

D. 内部高级人员，丰富的实战经验

E. 本职位优秀员工，对本岗位业务很了解

F. 其他

17. 以下培训师授课风格及特点，您比较看重哪一点？（　　）

A. 理论性强，具有系统性及条理性

B. 实战性强，丰富的案例辅助

C. 知识渊博，引经据典，娓娓道来

D. 授课形式多样，互动参与性强

E. 语言风趣幽默，气氛活跃

F. 激情澎湃，有感染力和号召力

G. 其他

18. 在之前的培训中，有哪些体验让您印象深刻？请具体阐述。

19. 您对本次培训还有哪些建议（具体提升的能力或需要培训的课程等）？

培训需求调研报告模板

一、培训需求背景

××年××月，通过对中层管理者进行年度培训需求调查，了解到企业现任中层管理者大部分在现任岗位上任职时间较短，并大多是从基层管理岗位或者各部门的业务骨干中提拔上来的。基于培训需求调查，把管理能力提升列为中层管理者需要培训的重点内容之一。（示例）

二、调研对象

企业各职能部门主要负责人。（共计××人）

三、调研方式

调查方式：访谈、问卷调研。

（1）访谈：由××作为培训需求调研的主要负责人，同企业各职能部门负责人分别进行面谈，并与企业部分高层分别就这40人的工作表现进行沟通。

（2）问卷调查：问卷调查共发出40份，回收有效问卷××份。

四、调研收获

调查的主要内容及其分析。

×××（以数据表或者数据图的形式，分析会对培训设计产生影响的内容）

五、差距分析

具体描述要求与现状对比得出的差距。

六、培训建议

1. 时间安排：× × 日至 × × 日，共计 × × 天。

2. 内容建议：

（1）课程主题建议。

（2）师资建议。

（3）学习活动建议。

×× 实训作业指导书

一、范围：

二、引用标准：

三、实训作业准备

<table>
<tr><td rowspan="15">作业资源准备</td><td colspan="2">项目</td><td>名称</td><td>规格</td><td>数量</td><td>要求</td><td>现场核查（√）</td><td>备注</td></tr>
<tr><td rowspan="8">物资</td><td>主要设备</td><td></td><td></td><td></td><td></td><td></td><td></td></tr>
<tr><td>辅助设备</td><td></td><td></td><td></td><td></td><td></td><td></td></tr>
<tr><td>仪器仪表</td><td></td><td></td><td></td><td></td><td></td><td></td></tr>
<tr><td>工器具</td><td></td><td></td><td></td><td></td><td></td><td></td></tr>
<tr><td>耗材</td><td></td><td></td><td></td><td></td><td></td><td></td></tr>
<tr><td>教学资料</td><td></td><td></td><td></td><td></td><td></td><td></td></tr>
<tr><td>作业资料</td><td></td><td></td><td></td><td></td><td></td><td></td></tr>
<tr><td>…</td><td></td><td></td><td></td><td></td><td></td><td></td></tr>
<tr><td rowspan="3">场地</td><td>设施</td><td></td><td></td><td></td><td></td><td></td><td></td></tr>
<tr><td>安全围栏</td><td></td><td></td><td></td><td></td><td></td><td></td></tr>
<tr><td>…</td><td></td><td></td><td></td><td></td><td></td><td></td></tr>
<tr><td rowspan="3">人员</td><td>学员出勤</td><td></td><td></td><td></td><td></td><td></td><td></td></tr>
<tr><td>学员着装</td><td></td><td></td><td></td><td></td><td></td><td></td></tr>
<tr><td>…</td><td></td><td></td><td></td><td></td><td></td><td></td></tr>
<tr><td rowspan="4">风险管控</td><td>序号</td><td colspan="3">关键风险点</td><td colspan="3">预控措施</td><td>备注</td></tr>
<tr><td>1</td><td colspan="3"></td><td colspan="3"></td><td></td></tr>
<tr><td>2</td><td colspan="3"></td><td colspan="3"></td><td></td></tr>
<tr><td>3</td><td colspan="3"></td><td colspan="3"></td><td></td></tr>
<tr><td>作业其他准备</td><td colspan="7"></td><td></td></tr>
</table>

续表

<table>
<tr><td colspan="8">四、现场作业程序及标准</td></tr>
<tr><td rowspan="4">作业
程序
及标准</td><td>序号</td><td colspan="2">作业程序</td><td colspan="3">作业标准</td><td>备注</td></tr>
<tr><td>1</td><td colspan="2"></td><td colspan="3"></td><td></td></tr>
<tr><td>2</td><td colspan="2"></td><td colspan="3"></td><td></td></tr>
<tr><td>3</td><td colspan="2"></td><td colspan="3"></td><td></td></tr>
<tr><td colspan="8">五、实训作业技能考核</td></tr>
<tr><td>考核
项目</td><td colspan="7"></td></tr>
<tr><td rowspan="4">考核
标准</td><td>序号</td><td>考核指标</td><td>考核
维度</td><td>考核标准</td><td>标准分</td><td>得分</td><td>考核
时限</td></tr>
<tr><td>1</td><td></td><td></td><td></td><td></td><td></td><td></td></tr>
<tr><td>2</td><td></td><td></td><td></td><td></td><td></td><td></td></tr>
<tr><td>3</td><td></td><td></td><td></td><td></td><td></td><td></td></tr>
<tr><td rowspan="4">考核
准备</td><td colspan="2">考核资料</td><td colspan="5"></td></tr>
<tr><td colspan="2">考核时间</td><td colspan="2">考核场地</td><td>参考人员</td><td>考核师资</td><td>备注</td></tr>
<tr><td colspan="2"></td><td colspan="2"></td><td></td><td></td><td></td></tr>
<tr><td colspan="2"></td><td colspan="2"></td><td></td><td></td><td></td></tr>
<tr><td>考核
须知</td><td colspan="6"></td><td></td></tr>
</table>

技能培训风险辨识与对策表

<table>
<tr><th colspan="2" rowspan="2">实训流程</th><th colspan="2">“人”的不安全行为</th><th colspan="2">“物”的不安全状态</th><th colspan="2">“环”的不安全因素</th><th colspan="2">“管”的管理失误</th></tr>
<tr><th>风险点</th><th>对策</th><th>风险点</th><th>对策</th><th>风险点</th><th>对策</th><th>风险点</th><th>对策</th></tr>
<tr><td colspan="2">实训准备</td><td></td><td></td><td></td><td></td><td></td><td></td><td></td><td></td></tr>
<tr><td rowspan="3">实训实施</td><td>作业检查</td><td></td><td></td><td></td><td></td><td></td><td></td><td></td><td></td></tr>
<tr><td>作业过程</td><td></td><td></td><td></td><td></td><td></td><td></td><td></td><td></td></tr>
<tr><td>作业终结</td><td></td><td></td><td></td><td></td><td></td><td></td><td></td><td></td></tr>
<tr><td colspan="2">实训收尾</td><td></td><td></td><td></td><td></td><td></td><td></td><td></td><td></td></tr>
</table>

附录5

技能考核评分标准表

序号	考核指标	考核维度	评分标准	标准分	得分
1					
2					
3					
…					

培训项目策划书

培训项目名称：　　　　　　编制人：　　　　　　编制时间：

1. 培训目的：
2. 培训对象及规模：
3. 培训时间（示例：2021 年 7 月 5 日—7 月 9 日）
4. 课程设置（课程设置应包含技能实训科目，可另附页）

培训课程	课时	授课师资			课程考核方式
		姓名	工作单位	职称 / 职业资格	

5. 培训场地设施设备安排

（1）培训教室：（50 人以下、50 ～ 100 人、100 人以上）

（2）实训场地（实训设备设施）：

6. 培训形式
7. 费用预算（另详见经费预算表）
8. 培训评估类别和实施者（根据培训时长、金额选择评估类别）
9. 项目负责人及联系方式：

备　注	
专业部门意见	年　　月　日

培训通知

培训时间	202× × 年 × × 月 × × 日—× × 月 × × 日
报到时间	202× 年 × × 月 × × 日
培训地点	省公司培训中心
培训对象及名额分配	× × 人员，名额分配见附表
培训内容	× ×
费用	培训期间食宿统一安排，费用自理
联系人	××部：× × ×，× × ×-× × × × × × × ×，1857315× × × ×； 培训机构：× ×，93334-× × × ×，1397513× × × ×
报送回执要求	截至 × 月 × 日前将报名回执通过内网邮件报技培中心 × × × ×（× × × × ×@hn.sgcc.com.cn）
注意事项	请各单位认真选派参培人员，如有重要事项确需请假，须向公司人资部提出申请

附录8

培训报名回执

序号	单位	姓名	性别	年龄（岁）	学历	现处岗位	ERP员工编号	职业资格	推荐培训岗位	参加培训期数	联系方式	备注
1	××公司	张三	男	35	本科	××县××服务部××副主任	×××××	××高级工/××技师	台区经理	第一期		
2	××公司	李四	女	30	大专	××县××服务部××班班长	×××××	××高级工/××技师	综合柜员	第一期		

培训学员听课记录表

<table>
<tr><td>培训内容</td><td></td><td>培训日期</td><td colspan="3"></td></tr>
<tr><td>培训地点</td><td></td><td>培训讲师</td><td colspan="3"></td></tr>
<tr><td colspan="2" rowspan="2">评估内容</td><td colspan="4">得分评定</td></tr>
<tr><td>很好</td><td>良好</td><td>一般</td><td>很差</td></tr>
<tr><td colspan="2">在听课过程中，培训学员的注意力集中情况</td><td></td><td></td><td></td><td></td></tr>
<tr><td colspan="2">课堂讨论氛围</td><td></td><td></td><td></td><td></td></tr>
<tr><td colspan="2">培训学员回答问题的积极性和互动情况</td><td></td><td></td><td></td><td></td></tr>
<tr><td colspan="2">培训学员的学习兴趣</td><td></td><td></td><td></td><td></td></tr>
<tr><td colspan="2">课堂讨论参与情况</td><td></td><td></td><td></td><td></td></tr>
<tr><td colspan="2">整体评价</td><td colspan="4"></td></tr>
<tr><td rowspan="3">建议或意见</td><td colspan="5">请列出本次培训课程中两个以上好的方面</td></tr>
<tr><td colspan="5">请列出本次培训课程中两个以上的不足之处</td></tr>
<tr><td colspan="5">其他建议或意见可在下面说明</td></tr>
</table>

××× 公司 ××× 培训班签到表

序号	姓名	性别	工作单位	×月×日		×月×日		×月×日		备注
				上午	下午	上午	下午	上午	下午	
1										
2										
3										
4										
5										
6										
7										
8										
9										

备注：

1. 签名必须是参培学员本人，按上午、下午分别签到，否则作旷课处理。
2. 若培训班晚上实施也需按要求签到。

培训班学员考勤表

（出勤 √； 请假 Δ； 旷课 ×； 迟到 C； 早退 T）

序号	姓名	性别	工作单位	月 日				月 日				月 日			
				早操	上午	下午	晚上	早操	上午	下午	晚上	早操	上午	下午	晚上
1			按省公司下属基层单位排序												
2															
3															
4															
5															
6															
7															
8															

培训物品准备清单

序号	物品名称	数量	备注	物品准备人	
				培训师	培训组织者
1	笔记本电脑				
2	大白板				
3	投影仪				
4	幕布				
5	麦克风				
6	音响				
7	电源用接线板				
8	电池（7号电池、5号电池、干电池）				
9	大白纸				
10	A4纸				
11	白板笔				
12	签到笔				
13	桌牌				
14	照相机				
15	摄像机				
16	摄像机支架				
17	激光笔				
18	U盘				
19	培训指南				
20	签到表				
21	讲师课件				
22	学员讲义				
23	培训评估表				
24	海报、易拉宝				
25	奖品、纪念品、学员资料袋				
26	培训用音乐				

附录12

培训指南模板

× × × 培训班培训指南

一、培训安排（课程日期、时间、课程名称、授课讲师）

二、师资简介

三、生活指南

四、管理细则

五、安全提示（可选项）

培训效果评估表——反应评估（一级评估）

为准确了解您对本次培训的意见和建议，进一步改进培训组织工作，提高培训效果，请将您的意见坦诚地反馈给我们，在评价内容后的选项上打“√”（四选一），感谢您对我们工作的支持与配合！

<table>
<tr><th colspan="6">反应评估（一级评估）</th></tr>
<tr><td>培训班名称</td><td>×××培训班</td><td>培训时间</td><td>×月×日—×月×日</td><td>培训人数</td><td>××</td></tr>
<tr><td rowspan="2">评价项目</td><td rowspan="2">评价内容</td><td colspan="4">评价结果</td></tr>
<tr><td>非常满意</td><td>很满意</td><td>基本满意</td><td>不满意</td></tr>
<tr><td rowspan="6">课程设置</td><td>课程设置的必要性</td><td></td><td></td><td></td><td></td></tr>
<tr><td>课程内容的实用性</td><td></td><td></td><td></td><td></td></tr>
<tr><td>课程内容的针对性</td><td></td><td></td><td></td><td></td></tr>
<tr><td>课程内容的时效性</td><td></td><td></td><td></td><td></td></tr>
<tr><td>示范演练正确性</td><td></td><td></td><td></td><td></td></tr>
<tr><td>安全防护到位性</td><td></td><td></td><td></td><td></td></tr>
</table>

续表

培训组织与管理	场地设施安排的合理性				
	培训教学的日常管控能力				
	班主任协调能力				
综合服务	餐饮、客房、培训场所的卫生条件				
	住宿、就餐安排的周到性				
其他建议	（您觉得哪些培训内容最有用，哪些课程效果最好；对该培训项目或相关课程有何建议？） 您觉得哪些培训课程最实用： 您觉得哪些培训课程没有必要： 您觉得还应该增设哪些课程： 您认为在培训服务方面还有哪些需要改进：				
备注	此表仅用于学员培训班课程结束评价使用				

培训效果评估表——学习评估（二级评估）

为准确了解您对本次培训的意见和建议，进一步改进培训组织工作，提高培训效果，请将您的意见坦诚地反馈给我们，感谢您对我们工作的支持与配合！

<table>
<tr><th colspan="7">学习评估（二级评估）</th></tr>
<tr><td>培训班名称</td><td colspan="2">×××培训班</td><td>培训时间</td><td>×月×日—×月×日</td><td>被评估人</td><td>××</td></tr>
<tr><td rowspan="2">评价项目</td><td colspan="2" rowspan="2">评价内容</td><td colspan="4">评价结果</td></tr>
<tr><td colspan="2">分数</td><td colspan="2">权重</td></tr>
<tr><td rowspan="2">综合表现</td><td colspan="2">出勤记录的总体评价</td><td colspan="2"></td><td colspan="2" rowspan="2">20%</td></tr>
<tr><td colspan="2">课堂表现的总体评价</td><td colspan="2"></td></tr>
<tr><td rowspan="2">理论与实操</td><td rowspan="2">考核成绩</td><td>理论考核</td><td colspan="2"></td><td colspan="2" rowspan="2">60%</td></tr>
<tr><td>实操考核</td><td colspan="2"></td></tr>
<tr><td rowspan="2">自我感知</td><td colspan="2">课程理论掌握的程度</td><td colspan="2"></td><td colspan="2" rowspan="2">20%</td></tr>
<tr><td colspan="2">课程结合实际能力的掌握程度</td><td colspan="2"></td></tr>
<tr><td colspan="3">平均分数</td><td colspan="4"></td></tr>
</table>

续表

备注	1. 分数区间为 0 ～ 100 分 2. 平均分数 = 综合表现总分 /2×20%+ 理论与实操水平总分 /2×60%+ 自我感知总分 /2×20%

说明：

二级评估是对学员的评估，评估指标分为三个部分：综合表现、理论与实操水平、自我感知。

综合表现由授课老师结合班主任进行评估，直接进行打分，分值为 0 ～ 100 分，以学员日常表现为评估标准。

理论与实操评估形式为试卷考试加实操考核，分值为 0 ～ 100 分，由授课老师按照实际考核情况进行打分。

自我感知由学员自行评估，结合自身实际直接打分，分值为 0 ～ 100 分。（自我感知部分只需要对新员工进行评估）。

培训效果评估表——行为评估（三级评估）

行为评估（三级评估）(1)

为准确了解您对本次培训的意见和建议，进一步改进培训组织工作，提高培训效果，请将您的意见坦诚地反馈给我们，在评价内容后的选项上打“√”（四选一），感谢您对我们工作的支持与配合！

<table>
<tr><td>学员姓名</td><td></td><td>岗位</td><td></td><td colspan="2">填报时间</td><td colspan="2"></td></tr>
<tr><td rowspan="2">一级指标</td><td colspan="3" rowspan="2">二级指标</td><td colspan="4">评价满意度</td></tr>
<tr><td>100%</td><td>80%</td><td>60%</td><td>0%</td></tr>
<tr><td rowspan="3">思想意识</td><td colspan="3">工作积极性</td><td></td><td></td><td></td><td></td></tr>
<tr><td colspan="3">工作廉洁意识</td><td></td><td></td><td></td><td></td></tr>
<tr><td colspan="3">工作安全意识</td><td></td><td></td><td></td><td></td></tr>
<tr><td rowspan="2">一级指标</td><td colspan="3" rowspan="2">二级指标</td><td colspan="4">掌握程度</td></tr>
<tr><td>100%</td><td>80%</td><td>60%</td><td>0%</td></tr>
<tr><td rowspan="4">技能提升</td><td rowspan="2">课程 1</td><td colspan="2"></td><td></td><td></td><td></td><td></td></tr>
<tr><td colspan="2"></td><td></td><td></td><td></td><td></td></tr>
<tr><td rowspan="2">课程 2</td><td colspan="2"></td><td></td><td></td><td></td><td></td></tr>
<tr><td colspan="2"></td><td></td><td></td><td></td><td></td></tr>
<tr><td rowspan="2">一级指标</td><td colspan="3" rowspan="2">二级指标</td><td colspan="4">评价满意度</td></tr>
<tr><td>100%</td><td>80%</td><td>60%</td><td>0%</td></tr>
</table>

续表

知识运用	工作绩效				
	职业发展规划				
	业务水平提升				
	工作创新能力				
平均分					
主观作答	您认为上述评估内容是否全面？是否需要增加新的评估内容？请简短提出您的建议				
	您认为培训过程中还有哪些地方需要改进				

注：培训班结班后 3 ～ 6 个月，由学员本人进行自我评估，并填写《行为评估（三级评估）(1)》。

行为评估（三级评估）(2)

为准确了解您对本次培训的意见和建议，进一步改进培训组织工作，提高培训效果，请将您的意见坦诚地反馈给我们，感谢您对我们工作的支持与配合！

填写人姓名		岗位		填报时间		与参培学员关系（所在班班长或专业管理专责）	
主观作答	您认为上述学员自我评估的内容是否符合实际情况？若有出入的情况，请具体说明						
	您认为他 / 她在上述几大模块中有哪些做得比较优秀或值得肯定、学习的地方？（请至少填写 3 条建议）						
	您认为他 / 她在上述几大模块中有哪些不足或需要关注提升的？（请至少填写 3 条建议）						

续表

分数	
备注	1. 分数一栏由上级根据学员自我评估情况结合工作实际情况进行综合打分。 2. 统一评分标准为 0 ～ 100 分。100 分 ≥ 分数 ≥ 90 分为优秀；90 分 > 分数≥80 分为良好；80 分 > 分数≥60 分为合格；60 分 > 分数为不合格

注：学员填写《行为评估（三级评估）（1）》后，由学员直接上级填写《行为评估（三级评估）（2）》。

行为评估（三级）评估统计表

学员名称		岗位		填报时间	
评估阶段		平均分		权重	
自我评估				40%	
直接上级评估				60%	
汇总平均分					

备注：
汇总平均分 = 自我评估平均分 ×40%+ 直接上级评估平均分 ×60%

注：学员上级填写完成《行为评估（三级评估）（2）》后，由班主任汇总学员三级评估成绩，填写《行为评估（三级评估）（3）》。

附录16

培训效果评估表——结果评估（四级评估）

项目名称：　　　　编制人：　　　　编制时间：

培训实施前后有关数据调查分析（数据样本根据培训的内容确定）：

综合衡量培训对公司安全生产、经营管理、科技进步等方面的影响，以及工作效率、盈利水平、服务满意度的变动等：

培训的综合评价：

培训改进建议：

综合评分：

培训班费用决算表

日期：　　年　　月　　日

<table>
<tr><td>培训项目名称</td><td colspan="3"></td></tr>
<tr><td>培训对象及人数</td><td colspan="3"></td></tr>
<tr><td>培训起止时间</td><td colspan="3">年　　月　　日至　　年　　月　　日</td></tr>
<tr><td>培训班序号</td><td></td><td>办班通知文号</td><td></td></tr>
<tr><td colspan="2">主办部门（单位）</td><td colspan="2">承办机构</td></tr>
<tr><td colspan="2"></td><td colspan="2"></td></tr>
<tr><td colspan="2">主办部门（单位）经手人：
（签字）</td><td colspan="2">承办机构经手人：
（签字）</td></tr>
<tr><td colspan="4">支出明细</td></tr>
</table>

<table>
<tr><td>序号</td><td>内容</td><td>计算标准</td><td>金额（元）</td></tr>
<tr><td>1</td><td>授课费</td><td></td><td></td></tr>
<tr><td>2</td><td>培训教材及资料费</td><td></td><td></td></tr>
<tr><td>3</td><td>技能实训材料费</td><td></td><td></td></tr>
<tr><td>4</td><td>其他</td><td></td><td></td></tr>
<tr><td>5</td><td></td><td></td><td></td></tr>
<tr><td>6</td><td></td><td></td><td></td></tr>
<tr><td colspan="2">合计</td><td colspan="2"></td></tr>
<tr><td colspan="2">大写</td><td colspan="2"></td></tr>
</table>

承办机构财务专用章：

参考文献

［1］张立志．20 张表单做培训——可落地的企业培训实操手册［M］．北京：人民邮电出版社，2019.

［2］国网大学（国家电网有限公司高级培训中心）．培训项目方案设计［M］．北京：中国电力出版社，2020.

［3］中国电力教育协会．电力行业企业培训师教材［M］．北京：中国电力出版社，2021.

［4］段烨．培训师 21 项技能修炼［M］．北京：北京大学出版社，2014.

［5］周平．培训师授课技能手册［M］．北京：北京联合出版公司，2015.

［6］熊亚柱．手把手教你做顶尖企业内训师：TTT 培训师宝典［M］．北京：中华工商联合出版社，2016.

［7］周平．培训师成长实战手册　引导式课程设计［M］．北京：人民邮电出版社，2019.

［8］马成功，梁若冰．培训管理从入门到精通［M］．北京：清华大学出版社，2019.